플랫폼,
경영을 바꾸다

플랫폼, 경영을 바꾸다

이 시대 최고의 플랫폼 기업들에게서 찾은 성공전략

2014년 4월 10일 초판 1쇄 발행
2022년 2월 25일 초판 13쇄 발행

지 은 이 | 최병삼 · 김창욱 · 조원영
펴 낸 곳 | 삼성글로벌리서치
펴 낸 이 | 차문중
출판등록 | 제302-1991-000066호
등록일자 | 1991년 10월 12일
주　　소 | 서울특별시 서초구 서초대로74길 4(서초동) 삼성생명서초타워 30층
전　　화 | 02-3780-8153(기획), 02-3780-8084(마케팅), 02-3780-8152(팩스)

플랫폼, 경영을 바꾸다

최병삼·김창욱·조원영 지음

삼성글로벌리서치

"전략은 변하지 않는 것에 토대를 두어야 한다. 사람들은 나에게 5년 후나 10년 후 무엇이 변할 것인지는 묻지만 무엇이 변하지 않을 것인지는 묻지 않는다. 세상이 어떻게 바뀌더라도 고객이 원하는 가치를 제공한다면 고객은 외면하지 않는다."

— 제프 베조스, 아마존 CEO

이 책은 '변하지 않는 것'에 관한 이야기다. 산업이 다르면 당연히 전략도 다르다. 기술과 사회가 변하면 전략도 변한다. 하지만 요즘처럼 산업 간 융합이 일상화되어 산업의 경계가 모호한 시대에, 기술과 사회의 변화가 너무 빠르고 다이내믹해 한치 앞을 내다보기 어려운 시대에, 어떤 전략을 선택해야 하는지 혼란스러울 수밖에 없다. 이런 때일수록 원점에서 다시 시작해야 한다. 이것이 바로 고객 가치와 기업 경쟁력의 토대인 플랫폼을 주목해야 하는 이유다.

플랫폼 전략은 1920년대 GM의 알프레드 슬론(Alfred Sloan)이 자동차산업에서 처음 도입했다. 1980년대 IBM PC가 등장하면서 플랫폼의 활용범위가 개별 기업에서 산업으로 확대되었고 윈텔(wintel, 윈도와 인텔의 합성어) 플랫폼을 중심으로 기업생태계(business ecosystem)가 형성되었다. 2007년과 2008년에 애플 아이폰과 구글 안드로이드폰이 각각 발표되어 스마트기기의 보급이 늘어나면서 그야말로 플랫폼의 시대가 되었다. 플랫폼 강자들이 검색엔진, 운영체제, SNS(소셜네트워킹서비스), 거래시스템 등 ICT산업의 주요 분야를 장악해가고 있다.

구글이나 페이스북이 처음 등장했을 때 그들이 오늘날처럼 크고 강력한 플랫폼이 되리라고 예상한 사람은 없었다. 앞으로 등장할 강력한 플랫폼도 지금 이 순간 어디선가 작고 미약하게 시작되고 있을지 모른다. IBM의 외주업체에 불과했던 MS(마이크로소프트)가 PC의 플랫폼을 장악할지 누가 알았겠는가. 그리고 철옹성 같던 MS의 플랫폼이 구글과 페이스북에 위협당하고, 휴대폰 시장의 거함 노키아가 애플에 의해 침몰할 것이라고 예측한 이는 많지 않았다. 플랫폼은 경쟁의 무대에서 지속적으로 지각변동을 일으킨다. 플랫폼으로 인해 경쟁의 법칙(rule)이 바뀌어 기존 강자가 몰락하고 새로운 강자가 탄생하는 사례가 끊임없이 등장하고 있다. 현재까지는 플랫폼이 주로 ICT산업에서 활용되었으나 향후 그외의 산업, ICT와 타 산업 간 융합 분야로도 확산될 것이다. 또한 민간 기업뿐 아니라 공공 부문에서도 활발하게 이용될 것이다. ICT산업의 기존 격전지는 물론이거니와 승자가 결정되지 않은 미개척지도 아직 많다. 플랫폼 전쟁은 이제 시작에 불과하다.

2000년대 중반 이후 학계와 산업계에서 플랫폼에 대한 문헌이 다수 발표되었다. 혹자는 플랫폼 전략을 이야기하는 것은 이제 유행이 지났다고 말할지도 모른다. 하지만 플랫폼 전략은 일시적 유행이 아니다. 5년, 10년 시간이 흘러도 변하지 않는 기업의 본질적 경쟁력을 다지는 전략이다. 지금이야말로 플랫폼 전략에 대한 논의가 본격화되어야 하고 국내 기업의 플랫폼 경쟁력을 원점에서 다시 진지하게 고민해야 할 시점이다. 국내 기업들은 새로운 성장동력을 갈망하고 있고 지속가능한 성장모델의 부재를 걱정한다. 지속가능한 성장을 위해서는 하나의 히트상품, 하나의 비즈니스 모델을 만들어내는 것만으로는 부족하다. 시간이 흐를수록 축적되는 경쟁력의 토대, 즉 플랫폼을 강화하는 노력이 필요하다. 플랫폼에 기반하지 않은 어떤 전략도 지속가능한 성장을 보장하지 않는다.

기업 간 경쟁이 점점 더 플랫폼 간 경쟁의 양상으로 전개되고 있지만 우리 기업들은 여전히 플랫폼 경쟁의 주변부에 있다. 어떤 플랫폼에 참여할까를 고민하는 수준에 머물러 있을 뿐 플랫폼을 창출하거나 기업생태계를 주도하는 역할을 하지 못하고 있다. 플랫폼 기업으로 나서기에는 보유한 역량이나 자원이 부족하다고 생각하는 기업도 많다. 하지만 이제 우리 기업들도 플랫폼 전략을 적극 전개해야 한다. 우선 우리가 가진 장점을 살리면서도 사용자에게 매력적인 가치를 제공할 수 있는 시스템이 무엇인지를 찾아내야 한다. 우선 자신의 강점을 살려 고객에게 제공할 수 있는 매력적인 가치가 무엇인지 찾아내 이를 시장에 분명하게 제시해야 한다. 고객 가치에 대한 명확한 비전 없이는 생태계를 리드할 수 없다. 생태계를 만들어가는 과정에서도 결코 자신의 힘만 과신해서는 안 되고 더 많은 아군을 모아 그들의 힘을 효과적으로 활용할 방안을 고민해야 한다. 전체 생태계를 키우는 동시에 자신의 입지도 강화하는 균형 있는 전략을 찾아내야 한다. 이와 같이 원대한 비전과 디테일한 계획을 가지고 플랫폼 전쟁에 나선다면 우리 기업들이 플랫폼 주도 기업으로 나서는 날도 멀지 않을 것이다.

더 많은 독자에게 플랫폼 전략에 대해 알리고 더 많은 기업이 플랫폼 기업으로 성장하기를 바라는 마음에서 이 책을 기획했다. 구체적으로는 2가지 목표를 가지고 이 책을 집필했다.

첫째, 아직 플랫폼에 대해 어렵게 느끼거나 자신의 업무와 무관하다고 생각하는 독자들에게는 어떤 산업에 속한 기업이든, 어떤 형태의 조직이든 플랫폼 전략을 통해 성과를 획기적으로 높일 수 있다는 점을 알리고자 했다. 최근 구글, 애플, 아마존, 페이스북 등 ICT기업의 눈부신 성과 덕분에 플랫폼에 대한 관심이 높아졌다. 하지만 이 책에서는 제조업 분야의 GM, 쿼키, 리앤펑, 물류·유통 분야의 UPS, 금융 분야의 스퀘어, Y콤비네이터, 교육 분야의 하버드경영대학원, TFA, 사회사업 분야의 키바 등 다양한 분야의 플랫폼을 소개했다. 이를 통해 누구에게나 플랫폼은 유용한 도구가 될 수 있다는 사실을 강조했다.

둘째, 현재 플랫폼 전략을 고민하고 있는 독자들에게는 보편적이고 현실적인 조언을 제공하고자 했다. 플랫폼의 개념과 중요성을 설명한 문헌이 이미 많이 나와 있고, 산업별 플랫폼 현황과 성공전략을 소개하는 자료도 다수 있지만 다양한 분야에 공통적으로 적용될 수 있는 플랫폼의 일반 전략에 대한 논의는 아직 부족하다. 필자들은 수년 간 플랫폼에 관한 연구를 하는 과정에서 어느 분야의 플랫폼이든 동일한 전략적 원리가 적용될 수 있다는 확신을 갖게 되었다. 또한 플랫폼은 일반 제품이나 서비스와는 경제적 특성이 다르기 때문에 문제와 해결방안도 다르다는 점을 알게 되었다. 예를 들어, 플랫폼 세계에서 성공하기 위해서는 자신의 힘과 외부의 힘을 결합해야 하므로 리더십이나 커뮤니케이션 등 기존과는 다른 역량이 좀 더 중요해진다. 이 책은 플랫폼 사업을 추진하는 과정에서 실제로 경영자가 직면하게 되는 19가지 문제를 다루었다. 플랫폼 전략을 효과적으로 추진해 성공한 사례와 플랫폼 사업의 고비를 넘기지 못해 실패한 사례를 바탕으로 각 문제에 대한 대응전략을 제시했다. 각각의 전략들이 보다 보편적인 상황에 적용 가능하다는 점을 강조하기 위해 관련된 이론도 함께 소개했다.

앞선 연구들과 차별화된 새로운 통찰을 제시하겠다는 꿈을 갖고 책의 집필을 시작했지만, 마무리 시점이 가까워오면서 책의 많은 부분이 그 연구들에 빚지고 있음을 절감하게 된다. 책의 곳곳에서 그들을 인용하여 존경과 감사를 나타내려 했으나 그것만으로는 우리가 그들로부터 받은 도움을 제대로 표현할 길이 없다. 앞선 연구들의 토대가 없었다면 이 책은 나올 수 없었다. 이 책 또한 이후 등장할 또 다른 시도들의 낮은 토대가 되기를 바랄 뿐이다.

출간을 위해 힘써주신 삼성경제연구소의 정기영 소장님 이하 출판팀 임진택 팀장님과 이유경 수석에게 감사의 마음을 전한다. 이분들의 격려와 관심으로 이 책이 비로소 세상의 빛을 보게 되었다. 원래 이 책의 출발점은 SERICEO의 '플랫폼으로 경영하라' 프로그램에 소개된 사례들이었다. 각 사례별로 플랫폼의 개념과 주요 전략에 대해 함께 고민해주고 맛깔스러운 원고로 다듬어준 이유림 PD에게 특별히 감사하고 싶다. 마지막으로 이 책을 저술하는 길고 긴 과정에서 변함없이 성원을 보내준 부모님과 가족들에게 깊은 사랑과 감사의 마음을 전한다.

2014년 4월
최병삼, 김창욱, 조원영

차 례

Stage 4

플랫폼 강화 단계,
플랫폼의 품질로 승부하라

Prologue

왜
플랫폼인가?

플랫폼,
경쟁의 법칙을 바꾸다

플랫폼의 힘

세상의 모든 기기와 사람이 디지털 네트워크로 연결되는 시대가 다가오고 있다. 거대한 변화의 물결은 컴퓨터와 휴대폰에 이어 TV, 자동차, 가전제품, 기계, 로봇 등 우리 주위의 모든 사물과 교통·전력 등 사회 인프라로, 선진국에 이어 개도국으로, 전문가와 마니아에서 일반 대중으로 확산되고 있다. 클라우드와 빅데이터 등 새로운 기술 패러다임이 등장하여 기기와 사람을 연결하고 가치를 창출하는 방식을 혁신한다. 역사상 그 어느 시기보다 더 많은 사람이 시공간의 제약 없이 정보를 생산하고 교환하고 소비한다. 이에 소요되는 금전적·비금전적 비용은 하루가 다르게 감소하는 반면, 창출되는 가치는 기하급수적으로 증가한다. 이렇게 유·무선 인터넷은 전 세계 사람들의 일상은 물론이고 산업의 지형도까지 송두리째 바꾸고 있다.

새로운 시대에 발 빠르게 대응하며 역사상 유례가 없는 속도로 성장한 기업들이 있다. 구글의 에릭 슈미트(Eric Schmidt) 회장이 인터넷 혁명을 주도하는 '4인방(Gang of Four)'이라 지칭한 구글, 애플, 아마존, 페이스북이 그들이다.[1] PC시대에 ICT업계의 4인방이라 하면 MS(마이크로소프트), 인텔, 시스코, 델을 떠올렸지만 불과 10여 년 만에 주인공이 모두 바뀐 것이다. ICT업계의 신(新)4인방은 자기만의 강력한 플랫폼을 구축하여 다양한 기기와 사람들을 연결하는 구심점으로 만들었다. 인터넷 세

:: 플랫폼 강자 4인방의 매출 성장세

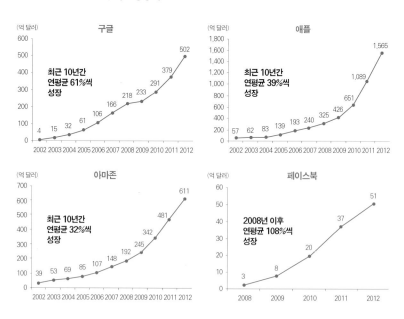

자료: 각사 IR 자료

상이 확대되면서 이들은 계속해서 높은 실적을 내고 있다.

이에 반해 PC시대를 풍미했던 인텔과 MS는 새로운 시장인 스마트폰에 대한 대응이 발 빠르지 못했다. 최근 이들은 고전을 면치 못하면서 산업 주도권을 ARM, 구글 등에 내주고 말았다. 노키아도 스마트폰 시장점유율이 2007년 49%에서 2011년 17%로 급락하면서 위기를 맞게 되었다. 당시의 노키아 CEO 스티븐 엘롭(Stephen Elop)은 "우리의 플랫폼은 지금 불타고 있습니다"라는 내용의 글을 직원들에게 보내 화제가 되기도 했다. 2013년 9월 노키아는 결국 MS에 인수되고 말았다. 이 밖에도 통신·콘텐츠·유통 분야의 수많은 업체 역시 구글, 애플, 아마존, 페이스북의 플랫폼 내에서 새로운 생존전략을 마련해야 하는 상황이 되었다.

플랫폼은 ICT산업에 국한된 토픽이 아니다. 플랫폼의 등장은, 그것을 한 기업이 내부 목적으로 사용하든, 밸류체인 또는 산업 전반에 걸쳐 다수 기업이 공유하며 혁신의 동인으로 사용하든, 오늘날 거의 모든 산업에 지대한 영향을 미치는 새로운 현상이다.[2] 이 책에 소개된 다양한 사례를 통해 알 수 있듯이, 현대는 훌륭한 플랫폼을 가진 기업이 산업을 주도하는 시대다. 앞으로도 기업 경쟁력의 핵심은 플랫폼의 활용 여부에 달려 있다. 플랫폼을 주도하지 못하면 플랫폼 기업에 종속될 수밖에 없다. 이것이 지금 우리가 플랫폼을 주목해야 하는 이유다.

세상의 다양한 플랫폼

우리는 일상생활과 비즈니스 세계에서 수많은 종류의 플랫폼을 만난다.[3] 일상생활에서 '플랫폼'이란 기차역의 승하차 공간이나 강사, 음악지휘자, 역도선수, 다이빙선수 등의 활동무대처럼 '반복활동을 하는 공간이나 구조물'을 말한다. 원유를 시추하거나 우주선을 발사하기 위해 만든 구조물도 같은 이유로 플랫폼이라 부른다. 또 정당의 강령이나 공약처럼 눈에 보이지 않는 '개념적 구조물'을 지칭하는 용어이기도 하다.

비즈니스 세계에서 '플랫폼'은 자동차·전자제품 등 제조업에서 '다양한 모델을 개발하기 위해 공통적으로 사용하는 기본 골격'이라는 의미로 사용된다. 에릭 슈미트가 말한 '4인방'을 탄생시키고 MS와 인텔을 고전하게 하며 노키아를 위기에 빠뜨린, 현대 비즈니스 세계의 화두로 떠오른 바로 그 플랫폼도 반복해서 활용하는 구조물이라는 점에서는 제조업에서 말하는 플랫폼과 동일하다. 다만 개발자와 이용자 또는 판매자와 구매자 등 다양한 이해관계자를 참여시켜 서로 만나게 하고 거래와 같은 상호작용을 중개한다는 점이 제조업에서 쓰이는 전통적 의미의 플랫폼과 다르다.

이러한 플랫폼의 예를 들자면, 검색서비스를 제공하고 이를 매개로 광고주와 이용자를 중개하는 알고리즘(구글의 플랫폼), 앱(애플리케이션) 개발자와 이용자를 연결하는 iOS 운영체제와 앱스토어(애플의 플랫폼), 외부 판매자도 이용할 수 있는 온라인쇼핑몰·물류센터·IT시스템(아마존의 플랫폼), 회원 간 중개 알고리즘과 앱개발자 지원 도구(페이스북의 플랫폼) 등이 있다. 물론 이러한 플랫폼도 세상에 존재하는 플랫폼의 일부에 불과하다. 지금도 무수히 많은 영역에서 새로운 플랫폼이 생겨나고 있다.

오늘날 수많은 산업에서 플랫폼이 활용되고 있고 세계경제에서 플랫폼이 차지하는 비중이 점점 커지고 있다. 하버드대학의 아이젠만(Thomas R. Eisenmann) 교수가 분석한 바에 따르면, 시가총액 기준 세계 100대 기업의 60%가량이 플랫폼을 활용한 비즈니스를 하고 있다.[*4] 그런데 아이젠만 교수는 양면 또는 다면 플랫폼(two-sided or multi-sided platform), 즉 둘 이상의 그룹이 사용하는 플랫폼만을 다루었으므로, 만일 여기에 플랫폼을 내부적으로 활용하는 기업까지 포함시킨다면 이 비율은 한층 더 높아질 것이다. 요컨대 정도의 차이만 있을 뿐 플랫폼을 활용하지 않는 기업은 거의 없다고 봐도 좋을 것이다. 기업만이 아니다. 이후 자세히 살펴보겠지만 많은 공공기관과 비영리기관도 플랫폼을 활용해 효과적으로 운영되고 있다.

플랫폼이란 무엇인가?

사실상 플랫폼에 대한 관심은 구글, 애플, 아마존, 페이스북의 눈부

※ 아이젠만 교수가 플랫폼을 활용하는 산업으로 언급한 것은 전력, 금융, 헬스케어, 미디어, 반도체, 소프트웨어 서비스, 하이테크 하드웨어, 통신, 운송 등이다.

신 성과 덕분에 촉발되었다. 그로 인해 플랫폼 하면 검색엔진, 운영체제,* 앱마켓,** 거래시스템, SNS(소셜네트워킹서비스) 등을 떠올리게 되었다. 하지만 이같은 플랫폼의 전형적 형태에 대한 고정관념에서 벗어나야 한다. 왜냐하면 플랫폼 사업을 발굴한다거나 플랫폼 기업이 된다는 것은 단순히 검색엔진이나 SNS를 개발하는 차원에 머무르지 않기 때문이다. 그것은 기업의 비전과 구조를 재정비하는 작업이자 기업의 핵심 인프라를 활용하여 신사업을 찾고 외부 기업과의 윈윈전략을 모색하는 등 기업의 장기적 생존을 결정하는 문제다.

한편 플랫폼에 대한 관심이 높아지고 논의가 활발해졌음에도 불구하고 플랫폼에 대한 정의는 여전히 명쾌하지 않은 것이 현실이다. 기존의 많은 문헌에서 ICT 등 특정 분야의 플랫폼만을 다루거나 복잡한 기술용어를 사용해 플랫폼을 설명하고 있다는 점도 플랫폼의 개념을 쉽고 명확히 이해하는 데 어려움을 가중시킨다. 이런 관점에서 플랫폼의 본질에 대한 통찰과 다양한 산업에 공통으로 적용될 수 있는 일반적 정의를 살펴보는 것은 적잖은 의미가 있다.

플랫폼은 다소 추상적으로 표현하면 '다양한 종류의 시스템을 제공하기 위해 공통적이고 반복적으로 사용하는 기반 모듈'이다. 보다 구체적이고 간단하게는 '다양한 제품이나 서비스를 제공하기 위해 사용하는 토대'로 정의할 수 있다. 플랫폼을 '토대'라는 다소 추상적인 말로

---

* 운영체제(operating system)는 컴퓨터, 휴대폰 등의 하드웨어와 응용 소프트웨어를 종합적으로 관리하는 소프트웨어다.
** 앱마켓은 애플의 앱스토어, 구글의 구글플레이 등과 같이 앱을 사고파는 플랫폼을 통칭한다.

정의한 이유는 보다 큰 가치를 만들기 위한 것이라면 무엇이든 플랫폼이 될 수 있기 때문이다. 제품이나 부품 같은 유형물도, 소프트웨어와 서비스·기술 같은 무형물도 활용하기에 따라서는 모두 플랫폼이 될 수 있다.

우리가 매일 사용하는 스마트폰에서도 다양한 형태의 플랫폼을 만날 수 있다. PC에서 CPU와 운영체제가 플랫폼인 것처럼 스마트폰에는 응용 프로세서와 모바일 운영체제(iOS, 안드로이드 등), 그리고 앱마켓(앱스토어, 구글플레이 등)이 플랫폼으로 탑재되어 있다. 바탕화면에 설치된 앱 중에서도 플랫폼을 발견할 수 있는데, 예를 들어 카카오톡은 모바일메신저서비스인 동시에 카카오스토리(사진 SNS), 보이스톡(인터넷전화), 카카오게임(소셜게임) 등 다양한 서비스의 플랫폼으로 성장해가고 있다.

스마트폰이라는 기기 자체도 케이스, 거치대, 이어폰 등 액세서리 비즈니스를 위한 플랫폼 역할을 한다. 최근에는 앱과 액세서리를 결합한 '앱세서리(Appcessory)'라는 신조어가 생겼다. 스마트폰 앱을 이용해 액세서리를 제어하기도 하고, 액세서리에 부착된 센서에서 수집한 정보를 관리할 수도 있다. 2014년 1월 구글이 32억 달러에 인수한 네스트랩스(Nest Labs)의 학습형 온도조절기(Nest Learning Thermostat)와 화재경보기(Nest Protect)가 그 사례다. 학습형 온도조절기는 벽에 부착한 후 1주일 정도 사용하면 사용자의 온도조절 및 외출 패턴을 학습해 자동으로 온도를 맞춰준다. 스마트폰 앱을 이용해 하루 동안의 온도조절 스케줄과 에너지 절감 내역을 확인할 수 있고 원격으로 온도변경도 가능

자료: http://community.futureshop.ca/t5/Tech-Blog/Getting-to-know-the-Nest-Learning-Thermostat/ba-p/427527; http://greendef.blogspot.kr/2013/10/nest-protect.html

하다. 화재경보기의 경우 연기나 일산화탄소를 감지해, 상황이 긴박한 정도에 따라 불빛 색과 음성 크기를 구분해 알려주고 스마트폰으로도 메시지를 보낸다. 스마트폰으로 화재경보기의 배터리 잔량, 교체시기 등도 확인할 수 있다.

플랫폼과 기업생태계

최근 플랫폼만큼 많이 언급되는 단어가 '기업생태계'일 것이다. 사실 기업생태계는 플랫폼과 떼어놓고 생각할 수 없다. 기업생태계는 특정 상품이 만들어져 소비자에게 전달되고 소비되는 과정에 관여하는 주요 참여자가 모인 시스템이다.[5] 이 시스템은 플랫폼 설계 기업 및 제공 기업, 플랫폼을 활용하여 다양한 관련 상품을 만드는 제휴사, 그리고 소비자 등으로 구성된다.

휴대폰을 예로 들어 설명하자면, 과거처럼 제조사가 휴대폰을 만들고 소비자는 이를 가지고 전화만 하던 시대에는 기업생태계라는 개념이 별로 중요하지 않았다. 휴대폰기기만 잘 만들면 되었기 때문이다. 하지만 스마트폰이 등장한 이후 스마트폰에 사용되는 앱이나 액세서리가 얼마나 좋은 품질인지, 또 얼마나 풍부한지가 스마트폰 자체의 성능 못지않게 중요한 문제로 여겨지면서 앱개발자와 액세서리 제조사 등이 참여하는 기업생태계가 매우 중요해졌다. 이를테면 스마트폰 시장이 안드로이드 진영과 애플 진영으로 나뉘면서 기업 경쟁이 기업생태계 간 경쟁, 플랫폼 간 경쟁으로 전개되고 있는 것이다.

그렇다면 플랫폼은 구체적으로 기업생태계에 어떤 영향을 미치는 것일까? 첫째, 플랫폼은 기업생태계의 성장성을 결정한다. 단기간에 적은 자원을 투입하고도 다양한 상품이 생산되어 소비자에게 제공될 수 있게 해준다. 애플 사례가 대표적이다. 2011년 영국의 IT 전문잡지 《T3》는 지난 50년간 가장 위대한 발명품이 무엇이었는지 설문조사를 실시했다. 소니 워크맨이나 페이스북 같은 경쟁자를 누르고 1위를 차지한 것은 애플의 아이폰이었다. 아이폰의 성공비결로는 멀티터치 기술을 활용한 편리한 사용법이나 심플한 디자인을 꼽을 수도 있겠지만, 무엇보다 빼놓을 수 없는 것은 소비자가 원하는 앱을 편리하게 이용할 수 있게 한 앱스토어다. 애플의 앱스토어는 2008년 7월 처음 오픈한 이후 앱의 숫자가 지속적으로 증가하여 40개월 후인 2011년 10월에는 50만 개를 기록하는 엄청난 성장세를 보였다. 또한 2013년 10월 현재 앱의 수는 100만 개를 넘어섰다.

40개월 만에 50만 개의 앱이 만들어졌다는 것은 대체 얼마만큼 놀라운 일일까? 앱 1개를 만드는 데 평균적으로 1명의 개발자가 2개월간 작업한다고 가정하면,* 1명의 개발자가 40개월간 만들 수 있는 앱은 20개이고, 따라서 50만 개를 만들려면 2만 5,000명이 필요하다는 계산이 나온다. 만약 40만 개의 앱을 애플 직원들이 직접 개발하려 했다면 어떤 일이 벌어졌을까? 당시 애플의 직원이 약 6만 명이고(2011년 9월 기준) 그중 60%가 매장 직원이었으므로(약 3만 6,000명) 이들을 제외한 애플의 전 직원이 40개월 내내 앱개발에만 매달려야 했을 것이다. 하지만 애플은 직접 앱을 개발하는 대신 앱스토어라는 플랫폼을 활용함으로써 아이폰 생태계를 더 크게 성장시킬 수 있었다. 만약 앱스토어가 없었다면 그래도 아이폰이 지난 50년간 가장 위대한 발명품에 선정될 수 있었을까?

이와 반대로 플랫폼이 필요에 따라서는 기업생태계의 성장속도를 적절히 늦추는 역할을 하기도 한다. 만약 애플이 앱스토어의 양적 성장만을 중시했다면 아마 현재보다 더 많은 개발자를 끌어들여 훨씬 많은 앱이 개발됐을지도 모른다. 하지만 그랬다면 애플의 고유한 일관성을 깨뜨리거나 질 낮은 앱이 생기거나 바이러스 때문에 문제가 생길 수도 있었을 것이다. 애플은 앱스토어의 질적 측면도 양적 성장 못지

---

* 앱개발은 보통 기획과 제작 작업을 여러 사람이 분담하고 작업기간도 경우에 따라 편차가 있지만, 한 사람을 기준으로 할 때 단순한 앱은 1개월, 복잡한 앱은 3개월 이상 걸린다고 한다.

않게 중요하다고 판단했기 때문에 외부에서 개발된 앱 중에서 애플의 시험과 승인을 거친 것만 앱스토어를 통해 판매한다는 규칙을 적용했다. 이 규칙으로 인해 앱스토어는 양과 품질의 균형이 잡힌 성장을 이뤄낼 수 있었다.

둘째, 플랫폼은 기존에 없던 새로운 기업생태계를 창조하기도 한다. 플랫폼을 설계하여 제공하는 기업에는 플랫폼 자체가 새로운 사업이 되며, 그 플랫폼을 활용하는 기업에는 그 속에서 다양한 형태의 신사업을 펼칠 기회가 주어진다. 플랫폼이라는 토대에 다양한 참여자가 모이다 보면 전혀 새로운 사업모델이 등장하는 것이다.

신용카드가 대표적 사례다. 1950년 다이너스클럽은 세계 최초로 신용카드 사업을 시작했다.[6] 그 계기가 재미있는데, 회사의 설립자 프랭크 맥나마라(Frank McNamara)는 1949년 맨해튼의 한 식당에서 지갑이 없어 당황스러운 경험을 했다고 한다. 이 일을 계기로 그는 현금이나 수표가 없더라도 식사를 할 수 있다면 편리하겠다는 생각을 했다. 당시 백화점에서는 자체 외상제도를 운영하기도 했지만 레스토랑 등 대다수 음식점은 그렇지 못했다. 그는 신용카드를 만들어 연회비 없이 맨해튼의 부유층 수백 명에게 나누어주었다. 다른 한편으로는 결제금액의 7%를 수수료로 받는 조건으로 14개의 레스토랑과 최초로 가맹점 계약을 맺었다. 회원들은 매번 현금을 들고 다닐 필요 없이 한 달에 한 번만 결제하면 되었으므로, 또 가맹점은 자체 외상시스템을 운영하는 비용을 줄일 수 있을 뿐만 아니라 고객을 늘릴 수 있었으므로 모두 신용카드 시스템에 만족해했다. 사업 1년 만에 회원은 4만 2,000명,

가맹점은 330개로 늘어났다. 이렇게 시작된 신용카드 사업이 현재는 전 세계인이 이용하는 거대 비즈니스가 된 것이다.

최근 주가를 올리고 있는 페이스북도 이와 비슷한 사례다. 11억 명이 넘는 개인이용자와 광고주, 게임업체 같은 다양한 기업을 연결하는 페이스북의 SNS는 '현대판 다이너스클럽'이라 할 수 있을 것이다. 국내 벤처기업이 만든 모바일 메신저 '카카오톡' 역시 다르지 않다.

플랫폼과 경쟁의 법칙

플랫폼은 다양한 구성원이 관련 상품을 만들고 교환하며 소비하는 토대이므로 기업생태계에서 구심점 역할을 한다. 기업생태계는 플랫폼을 매개로 성장한다. 그것은 한번 탄력을 받으면 마치 작은 눈덩이가 핵(核)이 되어 구를수록 큰 눈덩이로 커가는 것과 같다. 개별 구성원들이 서로의 자원을 최대한 활용하기 때문에 개별 구성원 입장에서는 각자 최소의 자원을 투입하여 최대의 성과를 얻게 된다. 플랫폼은 이처럼 작은 힘으로 무거운 물건을 들 수 있게 해주는 지렛대 역할을 한다. 그래서 이를 플랫폼의 지렛대 효과 또는 레버리지(leverage) 효과라고 부른다.

반면 플랫폼이 무엇인지 불분명하거나 구성원들 간에 플랫폼에 대한 공감대가 부족한 기업생태계는 성장을 기대하기 어렵다. 각 구성원들이 전체 시스템의 최적화에 대한 고려 없이 각자의 최적화를 할 뿐

이어서 최대의 성과를 내기 어렵다. 구성원들을 독려하거나 제어할 수단이 없기 때문에 기업생태계를 원하는 방향으로 이끌어가는 것도 쉽지 않다. 마치 오케스트라가 지휘자 없이 제각각 연주하는 상황에 비유될 수 있을 것이다.

또한 플랫폼이 제대로 설계되고 관리되지 않는 경우에도 심각한 문제가 생긴다. 플랫폼은 적은 자원으로 최대의 효과를 낼 수 있는 잠재력이 있는 반면, 간혹 내가 모든 것을 도맡는 기존 시스템에서는 경험하지 못하던 새로운 문제가 발생하기도 한다. 예를 들어 내가 직접 했으면 더 잘했을 텐데 외부 기업이나 파트너에게 맡기다 보니 혁신이 지연될 수 있다. 1980~1990년대에 인텔은 자신이 더 좋은 프로세서를 설계해도 MS의 운영체제나 응용 소프트웨어가 새로운 프로세서의 성능을 충분히 활용하지 못해 아무런 소용이 없어지는 상황을 자주 경험했다.[7] 또한 외부 파트너의 상품이 기업생태계에서 유통되다 보니 잘못하면 품질 낮은 상품들의 유입으로 기업생태계 전체가 위기에 처할 수도 있다. 만약 유튜브가 매일 업로드되는 14만 시간 분량 동영상의 품질관리를 잘하지 못해 폭력성이나 선정성이 지나친 콘텐츠가 범람했다면 사이트 유지 자체가 어려웠을 것이다.

플랫폼은 경쟁의 법칙(rule)을 바꾼다. 플랫폼의 세계에서는 나만 잘한다고 해서 성공할 수 없다. 하지만 남을 잘 관리한다면 엄청난 결과를 만들 수 있다. 내가 상상할 수 없었던 다양하고 기발한 혁신이 자발적으로 생성되기 때문이다. 그래서 플랫폼을 활용하는 기업에는 개발 · 제조 · 판매 역량 못지않게 리더십과 커뮤니케이션 역량이 중요하다. 더불어 플랫폼은 경쟁의 판을 키운다. 플랫폼은 잘만 활용하면 개별 기업이 따라올 수 없을 정도로 기업생태계와 구성원들의 경쟁력을 높일 수 있지만, 반대로 잘 관리하지 못할 경우 기업생태계 전체가 몰락하는 상황도 발생할 수 있다.

플랫폼과 이를 토대로 하는 기업생태계가 기업의 성패를 좌우하는 핵심요인으로 등장하고 있다. 플랫폼은 기존 산업에서 기업 순위를 역전시키기도 하고 전혀 새로운 산업을 만들거나 신규 기업의 성장을 촉진함으로써 기존의 경쟁구도를 파괴하기도 한다.

플랫폼 사업
추진을 위한 5단계

플랫폼은 그 구조나 작동원리가 일반적인 제품이나 서비스와는 매우 다르다. 플랫폼을 토대로 경제적 특성이 다른 다양한 그룹의 참여자가 모이고 각 참여자가 느끼는 가치가 서로 연계되기 때문이다. 수요가 성장하고 가치가 창출되는 패턴이 다르므로 신사업 발굴, 수요예측, 마케팅, 품질관리, 가격설정 등 기업전략의 모든 영역이 새롭게 설계되어야 한다. 최선의 전략은 전체 생태계의 가치를 극대화한 뒤 거기서 각자의 몫을 찾는 것이다. 그 때문에 각자의 이윤극대화만을 추구하는 것은 부분최적화에 그칠 뿐 아니라 때로는 최적에서 멀어지는 결과를 가져오기도 한다. 기존의 익숙한 전략이나 일반 경영학 이론이 더는 통하지 않기도 하고, 최악의 경우에는 오히려 상황을 악화시킬 수도 있는 것이다. 기존의 상식이나 직관에 의존하지 말고 플랫폼의 작동원리와 사업 추진전략에 대한 학습과 고민이 필요한 이유다.

사실 플랫폼의 중요성에 대해서는 누구나 공감하지만 플랫폼 사업의 성공을 위한 전략에 대해서는 여전히 충분한 논의가 이루어지지 못하고 있다. 특히 플랫폼 사업을 추진하면서 경영자들이 직면하게 되는 문제들을 어떻게 해결해야 하는지에 대한 가이드라인이 부족한 실정이다. 그렇다면 과연 플랫폼 사업에서 성공하려면 어떠한 맥락에서 어떠한 질문을 놓치지 말아야 할까?

플랫폼 사업을 추진하는 과정은 크게 발굴, 도입, 성장, 강화, 수확의 5단계로 나눌 수 있다. 그리고 경영자들은 플랫폼 사업을 추진하려 할 때 각 단계별로 다음과 같은 문제들을 해결해야만 한다.

발굴 단계 : 원점에서 검토하기

1단계는 플랫폼 '발굴'이다. 여기서는 플랫폼을 어디서 찾아야 하는지가 핵심 이슈다. 그런데 앞서도 말했듯, 플랫폼이 업계의 화두가 된 것은 최근 ICT업계의 신4인방인 구글, 애플, 아마존, 페이스북이 높은 성과를 내면서부터다. 그 때문에 플랫폼이라고 하면 자연스럽게 컴퓨터 운영체제, 앱마켓, SNS, 포털사이트 등을 떠올리게 되었고, 플랫폼이란 ICT산업, 특히 소프트웨어에 관계된 것이라 생각하게 되었다. 또한 새로운 플랫폼은 미지의 영역에 있을 것이므로 기업 외부에서 찾아야 한다는 선입견도 있다.

하지만 전혀 그렇지 않다. 소프트웨어만이 아니라 일반 제품·서비스, 배송 인프라, 판매조직 등 다양한 대상이 플랫폼으로 활용될 수 있다. 따라서 스마트기기와 인터넷 서비스 이외에 TV, 가전, 자동차, 기계, 미디어, 전력, 금융 등 수많은 분야에서 플랫폼 전략이 도입되어 활용될 수 있다. 또한 완전히 새로운 플랫폼을 개발할 수도 있지만 기존 자산을 플랫폼으로 선택하여 활용할 수도 있다. 기존에 자신이 보유한 그 어떤 자산이라도 플랫폼으로 활용할 수 있기 때문에 플랫폼은 현재 사업과도 밀접한 연관성을 갖는다.

다시 말하자면 플랫폼이 몇몇 소프트웨어에 국한된다는 오해를 할 경우 플랫폼이 제공하는 막대한 사업기회를 놓치기 쉽다. 컴퓨터 운영 체제, 앱마켓, SNS, 포털사이트 등에 국한해 플랫폼을 바라본다면 이미 글로벌기업들이 선점한 분야이므로 후발기업에는 기회가 없다고 속단하게 될 것이다.

한편 플랫폼 사업을 위해서는 많은 수의 참여자를 모아야 하므로 이들에게 명확한 비전과 리더십을 보여주지 못하면 성공하기 어렵다. 이러한 의미에서 자신과 고객 관점에서 플랫폼이 무엇이고 향후 성장잠재력은 어떠한지를 명확히 이해하는 것이 경영자가 해결해야 하는 가장 우선적인 과제다.

도입 단계 : 잠금효과 극복하기

2단계는 '도입'이다. 이 단계에서는 기존 플랫폼이 존재하는 상황에서 새로 플랫폼을 도입할 수 있는지와 기존 플랫폼에 어떤 전략으로 대응해야 하는지를 고민해야 한다.

시장에 한번 안착한 플랫폼은 일정 기간 성장을 보장받는다. 한번 특정 플랫폼에 참여한 이용자는 시간이 흐를수록 다른 플랫폼으로 옮겨가기가 점점 어려워진다. 아이폰 이용자가 안드로이드폰으로 이동하거나 반대로 안드로이드폰 이용자가 아이폰으로 이동하면 기존에 쓰던 앱과 정보는 대부분 잃게 되는 것처럼 말이다. 이러한 전환비용(switching cost) 탓에 이용자는 기존 플랫폼에 묶이게 되고, 기존 플랫폼 기업은 추가투자 없이도 개발자와 이용자를 유지하게 된다. 즉 잠금효과(lock-in effect) 혹은 고착화가 발생하는 것이다. 일반 제품이나 서비스에서도 잠금효과가 나타날 수 있지만 플랫폼의 경우에는 참여자가 많고 다양해 잠금효과가 더욱 커진다.*

시장에 다양한 플랫폼이 공존할 수 있는 상황이라면 잠금효과를 극복하는 것이 다소 용이할 수도 있다. 하지만 대부분의 기술표준 전쟁에서 목격하듯 시장에 복수의 플랫폼이 공존하기 어려운 경우라면 새로운 플랫폼과 기존 플랫폼의 일전(一戰)은 불가피하다. 기존 플랫폼

---

* 일반 제품이나 서비스에 비해 플랫폼에서 잠금효과가 큰 이유 중 하나는 뒤에서 설명하는 '네트워크 효과'에 있다. 참여자들이 서로를 플랫폼으로 끌어당기기 때문에 각 참여자가 이탈하기가 어려운 것이다.

은 자원과 고객 기반에서 신규 플랫폼과는 비교할 수 없을 정도로 이미 우위를 점한 경우가 대부분이다. 거기에 잠금효과까지 존재하기 때문에 새로운 플랫폼을 시장에 도입하는 전략은 리스크가 크다. 결국 새로운 플랫폼을 도입하는 기업은 자원 부족과 잠금효과를 극복하고 기존 플랫폼을 대체할 수 있는 특단의 전략을 마련해야만 한다.

성장 단계 : 닭과 달걀의 문제 해결하기

3단계는 '성장'이다. 본격적으로 성장엔진을 가동하여 참여자 저변을 확대하기 위한 전략을 마련해야 한다. 이를 위해 플랫폼이 성장하는 패턴에 대한 이해가 필요하다. 플랫폼의 중요한 특성 중 하나는 네트워크 효과(network effect)다.* 네트워크 효과란 어떤 이용자가 네트워크에서 얻는 가치가 그 네트워크에 연결되어 있는 다른 이용자의 수에 영향을 받는 것을 말한다.[8] 여기서 '네트워크'는 전화와 같은 정보통신 네트워크를 의미하기도 하지만, 스마트폰 이용자 그룹처럼 물리적 링크로 연결되어 있지는 않으면서도 유사한 특성을 갖는 가상적 네트워크(virtual network)도 포함한다. 플랫폼에서의 네트워크 효과란 한쪽 참여자(개발자나 판매자)가 플랫폼에서 얻는 가치가 다른 쪽 참여

---

* 많은 경우 네트워크 효과는 양의 값을 갖지만 음의 값을 갖는 경우도 있다. 음의 값을 갖는 경우로는 특정 도로에 있는 자동차 운전자들을 생각해볼 수 있는데, 자동차가 많을수록 도로가 정체되어 특정 운전자가 얻는 가치가 낮아진다. 이 책에서는 네트워크 효과가 양인 경우만 다룬다.

자(소비자나 구매자)의 수에 따라 증가하고 그 반대 방향도 성립하는 것을 말한다.*

　네트워크 효과는 참여자가 다른 참여자를 끌어모으기 때문에 저절로 참여자가 늘어나, 기업 입장에서는 반갑기 그지없는 상황이다. 하지만 이것은 어디까지나 참여자가 어느 정도 확보되었을 때의 이야기다. 네트워크 효과는 이미 성장한 네트워크에는 축복이지만 그렇지 못한 네트워크에는 저주다. 플랫폼이 만들어진 초기는 정반대 상황으로, 기존 참여자가 많지 않아 신규 참여자도 모이지 않기 때문이다. 서로 다른 참여자가 많아지기만을 기다리므로 어느 누구도 먼저 참여하기를 꺼린다.

　이를 '닭과 달걀의 문제(chicken-and-egg problem)'라고 하는데, 플랫폼의 가장 중요한 특징 중 하나로서 네트워크 효과가 큰 시장에서는 필연적으로 발생한다.[9] 보다 정확하게 닭과 달걀의 문제란 어떤 조건이 만족되지 않아 원하는 결과에 도달하지 못하는데 그 조건을 만족하려면 결국 원하는 결과에 도달해야만 하는 상황을 말한다. 참여자 A와 B가 모두 필요한데 A가 없어서 B가 참여하지 않고 B가 없어서 A가 참여하지 않는 상황인 것이다. 하이테크 제품이 시장에 보급될 때 초기시장

----

* 참여자들 간의 관계에 따라 2가지 종류의 네트워크 효과가 존재한다. 그들이 같은 그룹에 속해 있으면 '직접(direct) 네트워크 효과' 또는 그냥 '네트워크 효과'라고 한다. 페이스북 회원이 늘어날수록 각 회원이 느끼는 가치가 커지는 경우다. 만약 서로 다른 그룹이라면 '간접(indirect) 네트워크 효과' 또는 '교차(cross-side) 네트워크 효과'라고 부른다. 페이스북 회원이 늘어날수록 개발자가 느끼는 가치가 커지고 개발자가 늘어날수록 회원이 느끼는 가치가 커지는 경우다. 이 책에서 네트워크 효과는 직접 네트워크 효과와 간접 네트워크 효과를 모두 포함한다.

과 주류시장 사이에 대단절, 이른바 '캐즘(chasm)'이 있다고 한다.[10] 플랫폼 사업의 경우 닭과 달걀의 문제로 인해 일반적인 제품이나 서비스보다 캐즘의 폭이 한층 넓다.

닭과 달걀의 문제가 있는 상황에서는 임계점(critical mass)에 도달하는 것이 매우 중요하다. 한번 임계점에 도달하면 그 이후에는 참여자 A와 B가 서로를 끌어당기는 네트워크 효과가 나타나 이후에는 자체적으로 성장동력이 생겨난다. 따라서 어떻게 하면 플랫폼 참여자의 수와 종류를 늘려 임계점에 도달하느냐가 관건이다. 누가 핵심 참여자인지, 그들을 어떻게 참여시킬지 등에 대한 방안이 필요하다.

강화 단계 : 레몬시장 문제 해결하기

4단계는 '강화'다. 플랫폼이 지속적으로 성장하고 활성화되도록 하려면 플랫폼이 급격히 성장하는 과정에서 발생할 수 있는 제반 문제점을 해결해야 한다. 이를 위해 플랫폼의 운영규칙(rule)을 어떻게 설계해야 하는가가 강화 단계의 핵심 주제다. 플랫폼 참여자가 급격히 늘어나다 보면 수준 낮은 참여자가 플랫폼에 참여하거나 기존 참여자의 충성도가 하락해 품질 하락, 거래 감소, 참여자 활동 저하 및 이탈 등이 발생할 수 있다.

플랫폼 강화를 위해 해결해야 하는 대표적 장애물이 '레몬시장 문제(market for lemons)'다. 중고차 시장을 예로 들어보자. 판매자는 차의 상태에 대해 잘 알고 있고, 반면 구매자는 제대로 알지 못하는 것이 보통이다. 신차와 다르게 중고차는 겉만 봐서는 성능을 알 수 없고 직접 사용해봐야 알 수 있는 경험재(experience good)다. 따라서 구매자들은 외관이 멀쩡하더라도 실제 성능이 좋지 않은 차(레몬*)일 가능성을 고려해 높은 가격을 지불하려 하지 않는다. 하지만 판매자 입장에서는 실제로 성능이 좋은 차를 낮은 가격에 팔려 하지 않기 때문에 거래가 이루어지지 않고, 그러므로 성능이 우수한 차들은 매물로 나오지 않게 된다. 결국 저급한 품질의 자동차만 매물로 나와 거래가 잘 이루어지지 않는 '레몬시장'이 형성되는 것이다.**

문제의 본질은 중고차를 팔려는 측은 자동차 상태에 대해 잘 알고 있는 반면 사려는 측은 잘 알지 못하는 '정보의 비대칭성(information asymmetry)'이다. 이것이 바로 조지 애컬로프(George Akerlof)가 노벨 경제학상을 수상한 '레몬시장 이론'이다.[11] 정보의 비대칭성이 있는 시장에서는 항상 발생하는 문제지만, 벤처투자 등과 같이 거래 금액이 클수록 문제는 더욱 심각해진다. 그만큼 위험부담이 크기 때문에 그에 상당하는 신뢰와 정보가 확보되지 않으면 투자는 이루어지기 어렵다. 참여자들의 신뢰 없이는 그 어떤 생태계도 활발하게 작동할 수 없는

---

* 서양에서는 겉은 번지르르하지만 실속이 없는 물건을 레몬(lemon), 겉과 속이 다 좋은 물건을 자두(plum)라고 부른다.
** 극단적으로 단순한 예를 들어 설명하면, 시장에 1,000만 원짜리 중고차와 거의 가치가 없는 0원짜리 중고차가 1대씩 있을 때 합리적 구매자라면 1,000만 원과 0원의 평균인 500만 원까지 지불할 용의가 있을 것이다. 결과적으로 1,000만 원짜리 중고차를 가진 판매자는 시장을 떠나고, 그래서 시장에는 0원짜리 중고차만 남는다. 구매자도 이를 알기 때문에 차를 사지 않는다.

것이다. 중고차의 상태를 객관적으로 평가해 공정한 가격이 형성되도록 하는 딜러처럼 플랫폼 기업의 역할이 중요하다.

이처럼 플랫폼 기업은 지속적인 성장과 활성화를 위해 참여자를 어떻게 선별할 것인지, 참여자들의 활동을 촉진하고 충성도를 높이기 위한 방법은 무엇인지, 플랫폼과 참여자가 함께 성장하기 위해서는 어떻게 해야 하는지 등을 이 단계에서 고민해야 한다.

수확 단계 : 유연한 가격체계 설계하기

마지막 5단계는 '수확'이다. 성장과 활성화를 이룬 플랫폼을 통해 기업이 수익을 창출하는 단계다.[*] 여기서 관건은 수익을 얻으면서도 플랫폼의 성장을 둔화시키거나 활력을 저하시키지 않아야 한다는 것이다. 플랫폼 참여자 중 성장의 핵심 열쇠를 쥔 그룹에 무턱대고 높은 가격을 부과했다가는 이들이 이탈하여 갑자기 플랫폼의 성장이 정체되거나 심한 경우 붕괴될 수도 있다.

플랫폼에 기반을 둔 사업에서 이루어지는 가격결정은 전통적 가격결정 방식과 매우 다르다. 일반적으로 판매자와 구매자를 중개하는 기업은 판매자로부터 물품을 사와서 적정 이윤을 붙여서 구매자에게 판

---

[*] 물론 사업 초기부터 유료 상품을 제공한다면 이전 단계에서도 수익이 발생할 수 있다. 그런 경우 여기서는 그 이상의 수익을 얻는 방법을 논의하는 것으로 이해하면 된다.

다. 즉 구매자로부터 돈을 받아 그중 일부를 판매자에게 건넨다. 하지만 플랫폼에서는 그런 상식이 여지없이 깨진다. 수혜자(이용자)에게 '비용＋마진' 형태의 가격을 직접 부과하는 전통적 가격결정 방식은 플랫폼 활성화에 비효율적일 때가 많다. 따라서 플랫폼에서는 어떤 대상에게는 돈을 받지만 또 어떤 특별한 대상에게는 상품을 무료로 주거나 심지어 보조금 혜택을 주는 경우도 생긴다.

플랫폼 사업에서는 가격에 관한 기존의 상식에서 벗어나 가격부과 대상과 가격수준을 유연하게 설계하는 일이 매우 중요하다. 누구에게 어떤 방식으로 가격을 부과할지, 비용을 지불할 제3의 참여자는 없는지 등을 고민해야 한다. 수익화 과정에서 플랫폼 생태계에 위기가 발생하지 않도록 신중을 기해야 한다.

더 나은 플랫폼 사업을 위한 새로운 전략

이 책의 목적은 플랫폼 사업을 추진하는 과정에서 경영자가 직면하게 되는 문제에 대해 전략 가이드를 제공하는 것이다. 플랫폼은 일반 제품이나 서비스와는 특성이 다르고, 기존 산업에서 통용되던 것과는 전혀 다른 경쟁의 법칙을 요구한다. 이에 따라 플랫폼 사업에서는 기존의 경쟁전략과는 차별화되는 새로운 전략이 필요하다. 플랫폼의 잠재력을 최대한 활용해 산업을 주도하기 위한 전략은 무엇일까?

ICT산업과 일반 산업, 기업과 일반 조직 등 다양한 영역에서 플랫폼 전략을 효과적으로 추진해 성공한 사례와 플랫폼 사업의 고비를 넘기지 못해 실패한 사례가 다수 나타나고 있다. 또한 산업별로 새로이 등장하는 다양한 플랫폼을 소개하고 전략을 제언하는 책이나 논문도 다수 발표되고 있다. 하지만 플랫폼 사업에 공통적으로 적용되는 원리와 전략을 종합적으로 분석한 자료는 매우 부족한 상황이다.

이하의 글에서는 다양한 사례와 기존 문헌을 종합적으로 검토하여 플랫폼 사업의 각 단계별로 경영자가 해결해야 하는 전략적 문제들에 보다 구체적으로 접근해볼 것이다.* 자신의 기업에서 고려하거나 추진 중인 플랫폼 사업과 여기 소개하는 기업들의 성공 및 실패 사례를 비교하여 성공전략을 고민해보는 것도 이 책을 효과적으로 활용하는 방법이 될 것이다.

---

* 이 문제들은 각 단계에서 이슈화가 될 것이지만 그에 대한 대응 전략은 사업 초기에 마련해두어야 한다.

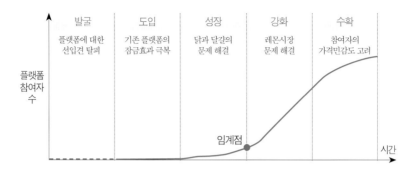

단계	플랫폼 사업의 난점	전략적 문제
1단계: 발굴	플랫폼에 대한 선입견	Q1 기존 사업에서 새로운 플랫폼을 발견할 수 있는가? Q2 고객이 원하는 플랫폼은 무엇인가? Q3 가치 있는 플랫폼의 조건은 무엇인가?
2단계: 도입	기존 플랫폼의 잠금효과	Q4 기존 플랫폼 내의 혁신인가, 새로운 플랫폼의 도입인가? Q5 강한 플랫폼이 있는 시장에 진입할 수 있는가? Q6 기존 플랫폼을 대체하기 위한 전략은 무엇인가? Q7 아군을 확장하는 플랫폼 전략은 무엇인가?
3단계: 성장	닭과 달걀의 문제	Q8 플랫폼을 성장시키려면 어떤 준비가 필요한가? Q9 닭과 달걀의 문제를 어떻게 해결할 것인가? Q10 네트워크 효과를 극대화하는 방법은 무엇인가? Q11 지배적 플랫폼이 되기 위한 방법은 무엇인가?
4단계: 강화	레몬시장 문제	Q12 플랫폼의 품질 악화를 어떻게 막을 것인가? Q13 플랫폼 참여자의 불안감을 어떻게 해소할 것인가? Q14 플랫폼의 성과를 높이려면 어떻게 설계해야 하는가? Q15 플랫폼 참여를 촉진하려면 어떻게 인센티브를 줘야 하는가? Q16 플랫폼과 참여자가 함께 성장하는 방법은 무엇인가?
5단계: 수확	참여자의 가격민감도	Q17 이용자 확보와 수익 창출, 무엇을 더 중시할 것인가? Q18 어떤 이용자에게 얼마의 가격을 부과할 것인가? Q19 추가 수익원을 어떻게 발굴할 것인가?

Stage

1

플랫폼 발굴 단계,
지름길을 만들어라

플랫폼을 어디서 찾아야 하는지가 핵심 이슈다.
플랫폼이란 오직 ICT산업에 관한 것이라거나
기업 외부의 미지의 영역에 있다는 선입견에서 벗어나야 한다.

・ ・ ・

Q1 기존 사업에서 새로운 플랫폼을 발견할 수 있는가? | Q2 고객이 원하는 플랫폼은 무엇인가? | Q3 가치 있는 플랫폼의 조건은 무엇인가?

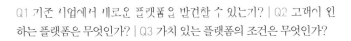

우리가 놓치고 있는
플랫폼의 진실

강도 잡는 자동차와 플랫폼 발굴 전략

미국 캘리포니아 주에서 차량강도 사건이 발생했다. 강도는 차 주인을 총으로 위협해 차를 빼앗아 사라졌다. 신고를 받고 출동한 경찰은 곧바로 차의 위치를 추적했고, 자동차 제조사인 GM의 협조를 얻어 원격으로 차를 정지시켰다. 꼼짝 못하게 된 강도는 곧 경찰에 붙잡혔다. 신고 후 16분 만의 일이었다. 이것은 영화의 한 장면이 아니라 2009년 10월 미국의 한 일간지에 보도된 실제 사건이다.

GM이 차를 정지시킬 때 사용한 프로그램은 '온스타(OnStar)'로, GM 자동차를 구매할 때 옵션 사항으로 선택할 수 있는 유료 회원제 서비스다. 평상시엔 내비게이션 기능을 제공하고, 충돌사고가 발생할 경우

자동으로 구조를 요청하는 서비스인데, 2009년부터는 도난차량 감속 및 정지 기능이 추가되어 강도까지 잡아낸 것이다. 만약 온스타 서비스센터가 경찰 지시에 따라 가속페달과 엔진의 기능을 원격으로 제어하지 못했다면, 궁지에 몰린 강도가 충돌사고를 일으켜 많은 사상자가 발생했을지도 모른다. FBI에 따르면, 미국에서는 매년 100만 대의 차량이 도난당하고 3만 건의 도주차량 추격전이 벌어져 그 과정에서 300명이 사망한다고 한다.[12]

이처럼 GM의 온스타 서비스는 자동차라는 제품을 플랫폼으로 활용하여 개발되었다. 원래 자동차산업 분야에서 플랫폼이란 자동차의 핵심 기능을 담당하는 프레임, 트랜스미션, 브레이크 등 구조물을 가리키는 용어였다. 하나의 플랫폼을 만들고 이를 여러 모델에 공통으로 적용해 개발 및 생산비를 줄이는 플랫폼 전략은 1923년 GM의 CEO 알프레드 슬론(Alfred Sloan)이 처음 도입한 이후 거의 모든 자동차 회사에서 사용하고 있는 전략이다. 하지만 GM의 온스타 서비스는 자동차산업에서도 자동차라는 제품 자체를 플랫폼으로 활용함으로써 전혀 새로운 상품이 개발될 수 있음을 보여준다.

운동화를 플랫폼으로 활용해 새로운 서비스를 개발한 사례도 있다. 바로 '나이키 플러스(Nike+)'다. 나이키 운동화 깔창 밑에 센서를 붙이고 달리면 센서와 연동된 스마트기기가 운동시간, 이동거리, 속도를 측정해 칼로리 소모량, 기록관리, 운동법 등 개인의 운동관리 서비스를 제공한다. 2013년 8월 현재 나이키의 운동관리 서비스를 이용하는 회원수가 1,800만 명을 넘어섰다고 한다.[13] 이처럼 소비자가 제품을

1

나이키+ 센서를 나이키 운동화 깔창 밑
에 있는 홈에 삽입

2

나이키+ 수신기를 스마트기기에 부착

3

센서에서 얻은 정보를 스마트기기에 저장

4

스마트기기나 웹사이트에서 정보 활용

자료: http://pics1.this-pic.com/image/nike%20plus%20shoes%C2%A0; http://www.nike.com/
nikeos/global/jsp/social/non_nike_invite_email_HTML.jsp?language=en&country=US&sen
derName=Mike%20Schippers&senderAvatar=

사용할 때의 경험과 느낌을 잘 관찰해 소비자에게 필요한 것을 서비스
로 제공한다면 제품을 토대로 한 서비스의 개발 가능성은 무궁무진하
다. 자동차, 운동화 이외의 그 어떤 제품이라도 활용 가능성이 매우 높
은 플랫폼이 될 수 있다.

야쿠르트 아줌마의 비밀

　제품이 플랫폼이 될 수 있듯 물류나 판매 인프라도 플랫폼으로 활용될 수 있다. 100년 넘는 역사를 자랑하는 수하물 배송업체 UPS가 SPL(Service Parts Logistics)이라는 신사업군을 발굴해낸 과정이 그런 사례다.[14] UPS는 1990년대 중반 새로운 성장엔진을 찾는다는 미션을 내걸고 CEO 직속으로 태스크포스(TF)팀을 만들었다. 자사의 핵심역량을 제로베이스에서 검토한 결과 자신들이 수하물 배송업을 하고 있지만 그외의 다양한 역량도 확보하고 있음을 인식하게 되었다. 보유 항공기 수가 세계 9위이고 철도화물 이용량이 세계 1위일 정도로 엄청난 규모의 글로벌 배송 인프라를 보유하고 있었을 뿐 아니라 첨단기술을 활용한 운영 프로세스도 세계 최고 수준으로 평가할 만했던 것이다.

　그러던 차에 어느 PC 제조업체 고객서비스 책임자의 고충을 듣게 되었다. PC 부품을 고객에게 전달해야 하는 시간이 과거 2일에서 최근에는 2~4시간까지 짧아져 중앙 물류센터와 세계 10개 지역 물류센터의 재고 파악, 배송, 반품 등 다양한 활동을 수행하는 것이 점점 어려워지고 있다는 이야기였다. 또 어떤 부품이 얼마나 필요한지 미리 알 수가 없어 온갖 부품을 모두 가져갔다가 사용되지 않은 것은 되가져와야 하는 번거로움도 큰 문제임을 토로했다. 이런 사정을 알게 된 TF팀은 새로운 사업기회가 있음을 간파했다. 그래서 그 PC 제조업체를 대신해 부품 물류관리 전체를 대행하는 사업을 시작했다. 이후 다른 PC 제조업체로, 그리고 의료·헬스케어 등 다른 산업으로도 고객사를 확장했다. 수하물 배송 인프라를 플랫폼 삼아 다양한 분야의 고객을 위한 물류관리 대행사업을 발굴해낸 것이다.

인프라를 토대로 사업을 확장해나간 사례는 또 있다. 방범서비스 업체인 세콤은 방범네트워크를 활용해 손해보험 분야로까지 사업을 확장했다. 방범요원이 정기적으로 순찰하는 지역에서는 주택의 화재나 도난 확률이 낮기 때문에 일반 보험사보다 보험료를 낮출 수 있었고 그 점이 고객을 확보하는 데 유리한 경쟁력이 되었다. 정수기 업체 웅진코웨이의 경우도 마찬가지다. 1998년 정수기 렌털 서비스를 도입하면서 '코디'라는 방문서비스조직을 구축한 웅진코웨이는 이후 이러한 네트워크를 기반으로 삼아 사업품목을 공기청정기와 비데 등으로 확대해나갈 수 있었다.

우리에게 친숙한 야쿠르트 아줌마도 실은 아주 훌륭한 플랫폼이다. 한국야쿠르트는 유통기한이 짧은 유제품을 신선한 상태로 배달하기 위해 흔히 '야쿠르트 아줌마'라 불리는 방문판매조직을 만들었다. 1971년 47명으로 시작한 이 판매조직은 2013년 현재 1만 3,000명으로 이루어진 막강한 조직으로 성장했다. 판매하는 제품도 늘어나 기존의 유제품에 그치지 않고 비타민 같은 건강기능식품까지 취급한다. 야쿠르트 아줌마는 한 사람이 보통 10년, 20년 동안 한 지역을 맡기 때문에 동네 구석구석 다니지 않는 곳이 없다. 그러다 보니 요즘에는 담당 지역의 독거노인이나 소년소녀가장을 찾아가 보살피기도 하고, 미아를 찾아주거나 학교폭력 예방 도우미로서 활동하는 등 봉사와 사회안전에도 큰 역할을 하고 있다.

플랫폼 전략에 대한 2가지 오해

플랫폼이 비즈니스 전략으로 처음 활용된 것은 20세기 초 자동차산업이지만 업계 화두가 된 것은 2000년대 후반 인기를 끌기 시작한 구글, 애플, 아마존, 페이스북의 영향력에 힘입은 바 크다. 플랫폼 전략의 대표적 성공사례로 이들 '4인방'이 자주 언급되다 보니 플랫폼에 대해 오해하는 경우가 많다. 그 오해란 2가지로 요약된다.

첫째는 플랫폼이 ICT산업, 그중에서도 소프트웨어에 관계된 것이라는 오해다. 물론 ICT산업은 특성상 플랫폼을 활용하기에 용이한 측면이 있고 현재 주목받는 많은 플랫폼이 소프트웨어인 것도 사실이다. 하지만 GM 자동차나 나이키 운동화 사례에서 알 수 있듯 ICT 이외의 산업에서도 플랫폼 활용은 효과적일 수 있으며, 일반 제품 역시 플랫폼이 될 수 있다. 또한 UPS, 세콤, 웅진코웨이, 야쿠르트 사례처럼 사업을 위한 배송 및 판매 인프라도 플랫폼으로 활용할 수 있다.

둘째로, 플랫폼은 기업 바깥에서 찾아야 한다는 오해다. 물론 4인방의 경우처럼 기술 및 시장 환경의 변화를 포착하여 새로운 플랫폼을 구축하는 것이 효과적일 수 있다. 하지만 앞서 소개한 많은 사례들은 제품이나 인프라 등 기업이 이미 보유한 자산도 활용하기에 따라서는 훌륭한 플랫폼이 될 수 있음을 잘 보여준다.

플랫폼에 대해 종종 갖게 되는 이러한 2가지 오해로 인해 자칫 플랫폼이 제공하는 다양한 신사업 발굴과 기업 효율화의 기회를 놓칠 수 있다. 플랫폼 전략이 앱마켓, SNS 등 하나의 신사업을 만드는 것이라는 고정관념을 갖고 있으면 글로벌기업들이 모두 선점해버렸으니 후발기업에는 기회가 없다고 속단하는 실수를 범할 수 있다. 또한 기업이 이미 확보해놓은 귀중한 자산의 가치를 평가절하할 수도 있다.

구글이나 페이스북이 처음 등장했을 때 그들이 오늘날처럼 크고 강력한 플랫폼이 되리라 예상한 사람은 없었다. 그렇다면 앞으로 등장할 강력한 플랫폼도 지금 이 순간 어디선가 작고 미약하게 시작되고 있을지 모른다. 야구 경기에서 홈런만 노리기보다는 안타를 모으는 것이 승리에 더 도움이 될 수 있지 않던가. 플랫폼에서도 마찬가지다. 무조건 업계를 주도하는 플랫폼만 꿈꾸기보다는 경쟁력을 키워주는 작은 플랫폼부터 시작하는 것도 좋은 방법이다. 플랫폼 사업을 꿈꾸는 이들이라면 플랫폼에 대한 고정관념에서 벗어나 보다 폭넓은 가능성을 주목해야 한다. 숨어 있는 고객니즈를 읽어내고 자신이 가진 제품이나 인프라의 새로운 용도를 발견해낼 통찰력을 발휘한다면, 어느 분야에 속한 기업이든 플랫폼은 그 기업에 강력한 무기가 될 수 있다.

2005년《하버드 비즈니스 리뷰》에 "모든 제품은 플랫폼이다(Every Product's a Platform)"라는 제목의 논문이 발표되었다.[15] 이는 2가지 중요한 사실을 말해주는데, 첫째는 소프트웨어가 아닌 제품도 충분히 플랫폼이 될 수 있다는 것이다. 둘째는 어떤 제품이든 상상력만 잘 발휘하면 플랫폼으로 활용할 수 있다는 것이다. 이 논문의 저자들은 모든 제품은 플랫폼이 될 수 있다고 했지만, 필자는 여기서 한 발 더 나아가 이렇게 주장하고 싶다. "모든 것이 플랫폼이다!"

기존 사업에서 새로운 플랫폼을
발견할 수 있는가?

플랫폼 전략 수립의 첫 번째 관문은 플랫폼 발굴이다. 플랫폼을 어디서 찾을 것인가? 신성장 플랫폼은 기업 외부에서 찾아야 한다는 선입견에서 벗어나 가장 먼저 기업 내부부터 들여다봐야 한다. 즉 '플랫폼 씽킹(platform thinking)'이 필요하다.[16] 플랫폼 씽킹이란 "기업이 다양한 상품을 개발하고 만들고 판매해온 과정에 공통적으로 존재하는 구조를 찾아내 이를 플랫폼으로 활용함으로써 더욱 다양한 상품을 제공해나가며 성장하는 전략"을 말한다. 1998년 미국 노스웨스턴대학의 소니(Mohanbir Sawhney) 교수가 제시한 개념이다.

플랫폼 씽킹의 3단계는 다음과 같다. 1단계는 기존 상품들의 기술, 부품, 제조 및 유통 프로세스, 기타 조직역량 등을 종합적으로 분석해 공통

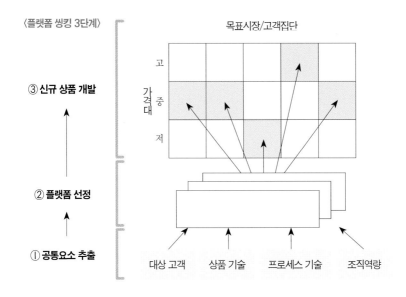

자료: Sawhney, Mohanbir S. (1998). "Leveraged high-variety strategies: from portfolio thinking to platform thinking". *Journal of the Academy of Marketing Science.* 26.1

요소를 뽑아내는 작업이다. 이때 '고객은 우리 회사의 핵심이 무엇이라고 평가하는가?' 같은 기업 외부적 관점도 함께 고려해야 한다. 2단계는 1단계에서 추출한 공통요소들을 결합해 플랫폼을 구성하는 것이다. 플랫폼은 필요에 따라 하나가 될 수도 있고 고객시장별로 여러 개를 만들 수도 있으며 상품 관련 플랫폼, 브랜드 관련 플랫폼, 프로세스 관련 플랫폼 등 기능별로 구성할 수도 있다. 마지막으로 3단계는 이 플랫폼을 토대로 다

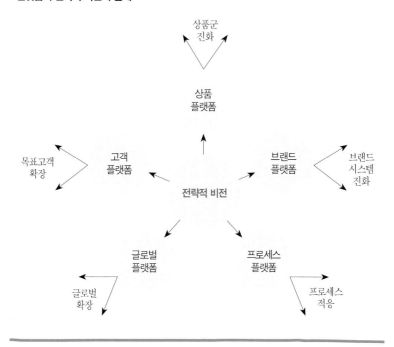

상품군
진화

상품
플랫폼

목표고객
확장
고객
플랫폼
브랜드
플랫폼
브랜드
시스템
진화

전략적 비전

글로벌
플랫폼
프로세스
플랫폼

글로벌
확장
프로세스
적응

자료: Sawhney, Mohanbir S. (1998). "Leveraged high-variety strategies: from portfolio thinking to platform thinking". *Journal of the Academy of Marketing Science.* 26.1

양한 신규 상품을 개발하는 것이다. 플랫폼 활용 주체를 자사로 한정하지 않고 자사에 더 큰 이익을 가져다줄 만한 외부 대상에 선별적으로 개방하는 것도 고려할 수 있다.

모든 기업은 정도 차이는 있지만 자사의 상품들에 대해 기술, 부품, 제조 및 유통 프로세스 등을 공통적으로 적용한다. 하지만 아직도 많은 기업이 자사의 상품들을 개별적으로 관리하는 탓에 상품들 간의 연관성을 잘 활용하지 못하고 있다고 소니 교수는 진단한다. '플랫폼 씽킹'은 기업이 포트폴리오 관점이 아니라 플랫폼 관점에서 상품 개발 및 성장 전략을 추진해야 한다는 점을 강조한다.

흔히 플랫폼 전략에 대해 논의할 때 '내 것을 외부에 개방하는 전략'만을 지나치게 강조한다. 하지만 플랫폼 전략의 핵심은 플랫폼 씽킹, 즉 자사 상품에 내재된 핵심 논리를 발견하여 강화하는 것이다. 이를 잘 활용해서 다양한 상품과 생태계를 만들고 플랫폼의 활용도가 커지면 다시 플랫폼에 재투자하여 선순환을 이루며 성장해나가는 방식이다. 플랫폼 전략은 단순히 하나의 신규 사업을 고안하거나 자산을 외부에 빌려주는 정도의 문제가 아니라 기업의 전략적 비전을 점검하고 모든 활동을 비전과 일치시키는 작업인 것이다.

지름길을 만드는 회사, 구글

구글, 너는 누구냐?

구글은 무엇을 하는 회사일까? 검색서비스 업체? 온라인 포털? 또는 크롬이나 안드로이드 같은 운영체제를 개발하는 업체라고 생각할 수도 있다. 정확한 답을 알려면 구글이 어디서 수익을 얻는지 살펴보면 된다. 2012년 구글은 460억 달러*의 수입을 기록했는데, 이 중 95%가 광고수입이다. 그러므로 구글은 광고, 구체적으로는 온라인광고로 돈을 버는 회사인 것이다. 물론 광고 제작을 대행하는 것이 아니라 방송, 신문, 잡지처럼 단지 광고를 전달하는 역할을 한다. 한마디로

---

*2012년 인수 완료한 모토로라의 매출 41억 달러를 제외한 금액이다.

말해 온라인광고 플랫폼이라 할 수 있다.

구글은 현재 미국 온라인광고 시장의 41%를 점유한다. 업계 2위인 야후가 11%를 차지하고 있으니, 압도적 1위라 할 수 있다. 특히 검색 광고 분야에서는 90%를 넘는 점유율을 기록 중이다. 그런데 구글이 등장한 1999년 당시만 하더라도 인터넷 포털은 야후가 장악하고 있었다. 그런데 5년이 채 안 된 2004년 구글은 야후를 추월했고 이후 압도적 우위를 지켜왔다.

구글은 어떻게 급성장할 수 있었을까? 본업이 온라인광고인 구글이 광고와는 무관해 보이는 수많은 서비스를 왜 그렇게 열심히 개발해 제공하는 것일까? 그 해답은 바로 '지름길 만들기'라는 말로 요약된다. 여기서 '길'이란 가치 있는 것이 전달되는 통로를 말한다. 그리고 앞서 말했듯 플랫폼은 새로운 가치를 만드는 토대 역할을 하는 동시에 기존에 만들어진 가치가 효과적으로 전달되는 통로 역할을 한다. 구글은 가치 있는 것이 빠르게 전달될 수 있는 지름길을 발굴하고 개척해 최강의 온라인광고 플랫폼을 구축했다. 구글이 만든 지름길은 어떤 것이 있는지 하나하나 구체적으로 살펴보자.[17]

구글이 개척한 3가지 지름길

첫 번째 지름길은 '페이지랭크(PageRank)'다. 이는 인터넷 이용자와 이들이 원하는 인터넷상의 정보를 연결해주는 지름길이다. 1997년 당

:: 구글의 다양한 서비스(2014년 3월 현재)

웹

웹 검색
수십억 개의 웹페이지를 검색

Chrome
속도와 편리함에 안전성을 더한 브라우저

툴바
브라우저에 검색창 추가

모바일

모바일
휴대전화로 Google 제품을 구매

모바일 지도
휴대전화에서 지도 및 내 위치를 보고 길찾기

미디어

YouTube
동영상을 시청, 업로드 및 공유

도서
책의 전체 텍스트를 검색

이미지 검색
웹에서 이미지 검색

뉴스
많은 뉴스 기사 검색

동영상 검색
웹에서 동영상 검색

Picasa
사진을 찾고 수정하고 공유함

위치정보

지도
지도 보기 및 길찾기

Panoramio
전 세계의 사진을 탐색 및 공유

전문 검색

블로그 검색
관심 있는 주제에 대한 블로그 찾기

학술검색
학술문서를 검색

알리미
선택한 주제에 대한 이메일 업데이트를 받음

가정 및 사무실

Gmail
빠르고 검색 가능하며 스팸이 적은 이메일

문서도구
문서, 프리젠테이션 및 스프레드시트를 온라인으로 만들고 공유

캘린더
일정 정리 및 친구와 일정 공유

번역
텍스트, 웹페이지, 파일 등을 50개 이상 언어로 즉시 번역

Google 클라우드 프린트
원하는 기기로 어디서든 인쇄하세요

Google Keep
떠오르는 생각을 기록하세요

소셜

Blogger
블로그를 사용하여 빠르고 쉽게 무료로 온라인에서 생활을 공유

그룹스
메일링 리스트 및 토론 그룹 만들기

Hangouts
생동감 넘치는 대화를 번세 어니서나 부료로 즐겨모세뇨.

자료: https://www.google.co.kr/intl/ko/about/products/

시 스탠퍼드대학 박사과정 학생이던 세르게이 브린(Sergey Brin)과 래리 페이지(Larry Page)는 새로운 검색 알고리즘을 개발했다. '페이지랭크'라고 이름 붙인 이 검색 알고리즘은 기존 방식과는 확연한 차이가 있었다. 간단히 설명하면, 기존의 검색이 결과를 보여줄 때 단순히 해당 검색어를 많이 포함한 순서대로 보여주었다면 페이지랭크는 해당 사이트가 다른 사이트로부터 받은 링크 수대로 순서를 정해준 것이다. 두 개발자는 논문이 다른 논문에 의해 인용된 횟수에 따라 그 중요도가 측정되는 데서 이 아이디어를 얻었다고 한다. 다시 말하면 정보의 가치를 객관적으로 측정하고 가치가 큰 것부터 보여주는 셈이다. 이 새로운 방식 덕분에 사람들은 놀라울 정도로 빠르고 편하게 유용한 정보를 찾을 수 있게 되었다.

구글 검색은 금세 입소문을 타고 퍼져나갔고 벤처투자자들로부터 투자자금이 몰려들었다. 사업화를 하지 않으면 안 되는 시점이었다. 처음에 두 사람은 자신들이 만든 검색엔진을 다른 사이트에 라이선스를 줌으로써 수익을 얻는 사업화를 시도했다. 그런데 예상외로 다른 사이트들이 검색엔진에 많은 비용을 지불하려 하지 않았고 라이선스 사업모델로는 큰 수익을 기대할 수 없었다.

그러자 구글은 두 번째 지름길을 개척하기로 했는데, 바로 '애드워즈(AdWords)'였다. 그것은 광고주와 이들이 목표로 하는 인터넷 이용자 사이의 지름길이다. 구글의 메인 페이지는 처음부터 지금까지도 단순명료함을 정체성으로 강조한다. 창업자 브린과 페이지는 이 정체성을 지키기 위해 광고를 직접적으로 노출하는 것을 극도로 피해왔다.

광고로 수익을 내야 하는데 광고를 올리지 않는다? 이런 아이러니를 그들은 어떻게 해결했을까? 답은 애드워즈에 있었다.

원래 이 아이디어의 시작은 고투닷컴(GoTo.com)이라는 회사가 개발한 '검색어 광고'였다. 검색어를 입력하면 검색결과에 그 검색어를 구매한 기업의 광고가 나오게 하는 것이다. 고투닷컴은 검색어마다 광고주를 유치하고 구글이 광고를 실어 광고수익이 발생하면 이를 나누자고 구글에 제안했다. 수익원을 개발해야 했던 구글은 그 제안을 놓고 고민했다. 분명 안정적 수익을 가져다주겠지만 검색결과에 광고가 먼저 실리는 것은 아무래도 용납하기 어려웠다. 검색결과에 광고가 먼저 뜬다면 단순명료한 구글의 강점이 유지될 수 있을까? 결국 구글은 광고주를 직접 유치하고 광고가 실리는 방식을 통제하기로 했다. 그래서 자체적으로 개발한 솔루션이 애드워즈다.

애드워즈의 특징은 먼저, 광고가 노출되는 위치를 검색페이지의 오른쪽에 따로 두어 검색결과와 광고를 분명하게 구분했다는 것이다. 지저분해 보이지 않도록 광고의 개수와 크기도 최소화했다. 다음으로, 기존 광고에는 없는, 광고주를 위한 특별한 장치를 추가한 것이다. 다른 포털사이트는 노출당 광고요금을 부과했는데 구글은 클릭당 요금을 부과하는 방식을 택했다. 광고주 입장에서 보면 비용 대비 광고 효과를 극대화할 수 있어서 매력적이었다. 구글은 이용자를 위한 기존의 지름길이 침해받지 않는 범위에서 광고주를 위한 새로운 지름길을 마련한 것이다.

구글이 개척한 세 번째 지름길은 '애드센스(AdSense)'다. 이는 광고

게재를 원하는 사이트와 광고주 사이에 만든 '길'이다. 오늘날 인터넷 이용자 대부분은 개인 블로그나 동창회 커뮤니티 등 다양한 사이트를 운영하고 있다. 그런데 내가 만든 블로그나 내가 가입한 커뮤니티에 적합한 광고를 게시하고 그로 인한 광고수익을 나누어준다면 좋지 않을까? 이 아이디어가 바로 '애드센스'의 개념이다.

방식은 간단하다. 애드센스를 통해 구글 제휴 사이트로 등록하면, 사이트 내용에 알맞은 광고를 구글이 알아서 게시해준다. 물론 애드워즈와 마찬가지로 페이지당 광고 수를 제한하고 사이트 내용과 관련이 있는 광고만을 선별하여 제시함으로써 해당 인터넷사이트 이용자들의 불편을 최소화한다는 원칙을 지켜나갔다. 간편한 온라인 솔루션을 통해 외부 사이트에는 광고를 유치할 수 있는 길을, 광고주에게는 검색 이외의 목적을 가진 인터넷 이용자에게 광고를 전달할 수 있는 길을 열어준 셈이다. 2012년 기준으로, 구글 매출에서 제휴 사이트를 통해 들어오는 광고수입은 29%를 차지했다.[18] 간편한 지름길을 하나 만든 것이 구글의 수익성에 중요한 역할을 하고 있는 것이다.

멈추지 않는 '지름길 만들기'

온라인광고 플랫폼을 지향하는 구글은 3가지 지름길, 즉 페이지랭크(검색 알고리즘), 애드워즈(광고중개 솔루션), 애드센스(외부 사이트 제휴 솔루션)를 통해 급성장할 수 있었다. 구글의 지름길 만들기는 그 이후에도 계속되었다. 웹문서 검색 외에도 이미지, 동영상, 도서, 뉴스, 논문, 지도 등 다양한 검색기능을 통합 제공하는가 하면, "세상의 모든 정보를 인터넷에 올리겠다"는 야심 아래 1,000만 권 이상의 도서를 스캔하고, 세계 각국의 도로를 촬영해 인터넷에서 검색이 가능하도록 만들고 있다. 또한 인터넷 이용자들의 니즈가 '필요한 정보 검색'에서 '이용자 간의 소통 및 콘텐츠 공유'로 진화하자 이를 위한 채널을 제공하는 일에도 적극 나섰다. G메일, 블로그, 구글 플러스 등 커뮤니케이션 관련 서비스를 계속 추가했고, 피카사와 유튜브 등을 인수하여 사진ㆍ동영상을 공유하는 기능도 통합 제공했다.

최근에는 모바일 영역까지 확장해 스마트폰 운영체제 안드로이드를 인수해 제공하고, 구글플레이(구 안드로이드 마켓)를 통해 앱개발자와 이용자 간 앱거래를 중개한다. 모바일 광고중개 솔루션인 애드몹(AdMob)을 인수해 광고플랫폼으로 활용하고 있다. 2013년 초에는 안경처럼 착용하고 음성으로 조작하는 웨어러블 기기인 '구글 글래스'를 시험사용자(explorer) 대상으로 출시했다. 이렇게 많은 지름길을 만들어 사람들이 이용하도록 함으로써 광고주 혹은 기타 수익원과 연결되는 길도 자연스럽게 만들 수 있었던 것이다.

구글의 서비스와 제품을 각각 분리해서 생각하면 왜 이런 것들이 필요할까 의아해할 수 있지만, '빠르고 간편하고 보다 가치 있는 온라인 광고 플랫폼을 구축한다'는 시각으로 바라보면 구글이 하는 일은 명쾌하다. 구글은 사람들이 원하는 것을 스스로 찾아내 그것에 쉽게 접근할 수 있도록 연결해주는 역할에 충실했다. 이것이 바로 '지름길 만들

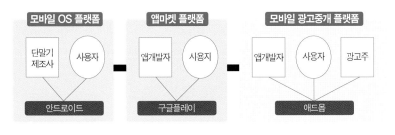

자료: 최병삼 외 (2011. 5. 4). "비즈니스 플랫폼의 부상과 시사점", 삼성경제연구소 CEO Information

기'이며, 이런 지름길이 모여 구글의 플랫폼이 되었다. 지름길이 생기면 다양한 참여자가 모여 생태계가 성장하고 이것이 또 다른 참여자를 끌어들이는 선순환효과가 나타난다. 구글의 생태계는 이렇게 더욱 커지고 점점 더 견고해지고 있다.

고객이 원하는
플랫폼은 무엇인가?

앞서 모든 대상을 플랫폼으로 활용할 수 있다고 설명했다. 하지만 특정 플랫폼이 기업의 전략적 비전을 실현하고 기업생태계를 운영하는 구심점이 되기 위해서는 마땅히 갖추어야 할 조건이 있다. MIT경영대학원의 쿠수마노(Michael A. Cusumano) 교수와 그의 제자 가우어(Annabelle Gawer) 교수는 특정 대상(제품, 서비스, 기술 등)이 '플랫폼 포텐셜'을 갖기 위해서는 2가지 조건을 충족시켜야 한다고 주장한다.[19] 물론 2가지 조건을 만족시키면 플랫폼이 반드시 성공한다고 보장할 수는 없지만 이 조건들을 만족시키지 못하면 플랫폼 역할을 제대로 할 수 없으므로 이는 플랫폼이 성공하기 위한 필요조건이라고 할 수 있다.

첫째, 특정 대상이 잠재고객에게 필수적인 기능을 제공해야 한다. 즉 업계의 기술적 또는 사업적 난제, 고객의 통점(pain point)을 해결하는 기술이나 상품이어야 하는 것이다(기능성). 특정 플랫폼의 역할이 필수적이어서 업계에서 어떤 비즈니스를 하든 이를 활용하지 않을 수 없다면 많은 기업과 소비자가 모이게 되고 결국 그 플랫폼을 중심으로 한 기업생태계가 형성된다.

플랫폼이 기업생태계 참여자들에게 제공하는 필수적 기능에는 어떤 것들이 있을까? 하버드경영대학원의 안드레이 학주(Andrei Hagiu) 교수는 플랫폼이 '탐색비용(search cost)'과 '공통비용(shared cost)'을 줄일 수 있다고 이야기한다.[20] 탐색비용은 참여자가 자신이 원하는 정보나 거래상대를 찾는 데 드는 비용이다. 공통비용은 원하는 정보나 거래상대를 발견한 후 이를 활용하거나 실제로 거래를 하는 동안 발생하는 비용이다. *

둘째, 그 대상을 활용하여 다양한 종류의 관련 제품이나 서비스를 개발하기가 용이해야 한다(확장성). 플랫폼 활용이 어렵거나 용도가 제한적이라면 관련 상품의 개발이 위축되어 기업생태계가 창출하는 경제적 가치도 커지기 어렵다.

어떤 플랫폼이 2가지 조건을 충족시키는지 알아보려면 어떻게 해야 할까? 그 플랫폼이 없으면 기업생태계가 정상적으로 작동하기 어려운지와 실

---

* 예를 들어 신용카드는 외상거래를 선호하는 개인 회원들과 외상거래를 통해서라도 고객을 확보하려는 가맹점을 서로 연결하고(탐색비용 감소), 개인 회원에게 매월 요금고지서를 발송해주는 등 가맹점 대신 외상시스템을 운영하고 있는 것이다(공통비용 감소).

:: 플랫폼 포텐셜의 조건

| 플랫폼 포텐셜 | = | 기능성 | × | 확장성 |

기능성: 잠재고객에게 필수적인 기능을 제공

확장성: 다양한 종류의 제품이나 서비스를 개발하기가 용이

| 테스트 방법 |

Q 그 플랫폼이 없으면 기업생태계가 정상적으로 작동하기 어려운가?

Q 실제로 그 플랫폼을 토대로 관련 상품이 풍부하게 개발될 수 있는가?

자료: Gawer, Annabelle and Michael A. Cusumano (2008). "How companies become platform leaders". *MIT Sloan Management Review.* 49.2

제로 그 플랫폼을 토대로 관련 상품이 풍부하게 개발될 수 있는지를 살펴보면 된다. 위의 조건 중 하나라도 충족되지 않으면 활용가치가 낮아지므로 플랫폼 포텐셜은 2가지 조건의 곱으로 표시할 수 있다.

구글은 인터넷 이용자와 광고주, 앱개발자 등의 탐색비용과 공통비용을 줄여주는 서비스와 도구들(검색 알고리즘, 광고플랫폼, 기타 다양한 서비스와 제품, API* 등)을 지속적으로 강화하고 있다.** 이처럼 구글은 플랫폼 참여자 모두에게 지름길을 제공해 기능성과 확장성을 높여가고 있다.

* API(application programming interface)는 응용 프로그램 개발환경으로, C, C^{++} 등과 같은 언어로 응용 프로그램을 만들 때 사용할 수 있는 함수(function)들의 집합이다.

** 구글은 이용자가 검색, 지도, 동영상 등 구글의 주요 기능을 활용해 다양한 웹사이트나 서비스를 개발할 수 있도록 API를 공개하고 있다. 구글이 제공하는 API와 각종 데이터를 결합하면 다양한 매시업(mashup), 즉 융합서비스를 만들어낼 수 있다. 구글 지도에 부동산 매물 정보를 결합한 하우징맵스(www.housingmaps.com)가 대표적 사례다.

아마존,
변신의 비밀은 플랫폼

변하지 않는 것을 통해 더 빨리 변화해온 아마존

"나비처럼 날아서 벌처럼 쏴라." 천재 복서 무하마드 알리가 한 말이다. 그는 헤비급 선수였지만 놀랄 만한 스피드를 보여줬다. 기업 가운데도 알리 같은 기업이 있다. 거대한 규모에도 불구하고 발군의 스피드를 보여주는 기업, 바로 아마존이다. 아마존은 구글보다 훨씬 큰 규모를 자랑하는 세계 최대의 인터넷기업으로, 2012년 매출 611억 달러를 기록했다. 2007년 매출이 148억 달러였음을 감안하면 5년 만에 매출이 4배 넘게 늘어난 것이다. 그야말로 무서운 성장이다. 아마존은 온라인서점으로 시작해 DVD, 전자제품, 의류 등으로 품목을 늘려 종합쇼핑몰로 확장하고, 이후 디지털 콘텐츠, 기업용 IT서비스(클라우

자료: Amazon.com timeline(www.amazon.com)

드), 전자사업[킨들(e북 단말기), 킨들파이어(태블릿PC)] 등에도 진출하는 등 변화무쌍한 모습을 보여주고 있다.

하지만 모든 것이 쉴 새 없이 변하는 것 같은 아마존에도 변하지 않는 것이 있다. 바로 사업의 토대인 플랫폼에 대한 투자다. 아마존은 1994년 온라인서점으로 출발한 이후 한동안 수익을 내지 못했다. 사람들은 수익이 나지 않으니 투자금을 다 쓰고 나면 결국 망할 것이라고 생각했다. 아마존이 최초로 수익을 낸 때가 2001년 4/4분기였으니 세인들의 우려도 무리는 아니었다.

아마존은 1994년 설립 이후부터 일관되고 지속적으로 플랫폼에 투자해왔다. 컴퓨터 서버와 온라인거래 소프트웨어 같은 IT시스템을 확충하고 세계 각지에 물류센터를 건설하는 데 투자를 아끼지 않았다. 성공기반을 탄탄히 다지기 위해 비용을 감수하고 자신만의 플랫폼 강화에 심혈을 쏟았던 것이다. 아마존이 새로운 제품과 서비스를 다양하게 개발할 수 있었던 비결이 바로 여기 있다. 커질수록 더 유연해지고, 변하지 않는 것을 통해 더 빨리 변화해온 아마존의 성장사는 그런 의미에서 '아이러니'가 아닐 수 없다.

아마존의 플랫폼 구축

앞서 말한 것처럼 아마존의 플랫폼을 구성하는 대표적 요소는 IT시스템이다. 아마존은 다양한 상품정보와 고객정보를 저장하고 처리하기 위한 서버의 중요성을 사업 초기부터 인식하고 있었다. 단 1대의 서버로 출발했지만 현재는 "구글 다음으로 서버가 많은 회사"로 소문이 날 정도로 방대한 규모의 서버를 보유하고 있다. 세계 각지에 9개의 데이터센터를 운영하는 한편, 이용자가 끊김 없이 디지털 콘텐츠를 이용할 수 있도록 지역별로 임시 저장 서버인 '콘텐츠 전송 네트워크(CDN, Contents Delivery Network)'를 30개나 구축해놓고 있다.

아마존의 IT시스템은 서버의 규모도 방대하지만 서버 내부에서 운영되는 온라인거래 시스템도 매우 효율적이다. 아마존은 전자상거래가 지속적으로 활성화되려면 고객들이 신용카드 등 개인정보를 제공할 수

● 데이터센터   • CDN

자료: http://aws.amazon.com/ko/about-aws/globalinfrastructure/#reglink-na

있을 정도로 신뢰를 주어야 한다고 생각하여, 안전하고 편리한 거래시스템을 만드는 데 투자를 아끼지 않았다. 현재 대부분의 전자상거래업체가 채택하고 있는 온라인거래 관련 기술들을 최초로 개발한 것이 바로 아마존이다. 고객의 구매패턴을 분석해 이용자에게 맞는 상품을 알려주는 '추천서비스', 이전에 입력한 정보를 이용해 한 번의 클릭으로 결제처리가 완료되는 '원클릭(1-Click)' 서비스 등이 그것이다. 아마존이 개발한 원클릭서비스는 애플이 라이선스를 받아 사용할 정도로 그 우수성을 인정받고 있다.

아마존 플랫폼의 또 다른 구성요소는 물류센터(fulfillment center)다. 세계 각지의 고객이 단기간 내에 자신이 주문한 상품을 수령하려면 물류센터의 규모와 역할이 중요하다. 누구보다 이 사실을 잘 알고 있던 아마존은 사업 초기부터 물류센터 건설에 주력했다. 창업 초기 제프 베조스의 창고에서 시작된 물류센터는 현재 전 세계에 60개 이상으로 늘어났다. 2012년 2월에는 미국 동부에 물류센터를 추가로 건설하는 계획을 발표했는데 그 면적이 100만 평방피트(약 2만 8,000평)로 여의도공원의 4배나 된다. 아마존은 2010년 이후 물류센터 설립에만 139억 달러를 지출했으며, 2012년 말 총 89개를 보유하고 있다.[21]

플랫폼이 아마존에 선사한 3가지 기회

경쟁력 있는 플랫폼은 아마존에 3가지 새로운 기회를 가져다주었다. 첫째, 플랫폼은 아마존에 'What', 즉 '무엇을 팔 것인가' 하는 문제에서 새로운 길을 열어주었다. IT시스템과 물류센터 구축을 통해 아마존은 판매품목을 원하는 대로 확장할 수 있었다. 아마존 로고에는 알파벳 a부터 z까지가 화살표로 이어져 있는데, 이는 '세상 모든 상품을 팔겠다'라는 아마존의 꿈을 표현한 것이다. 이 꿈은 어느새 현실이 되고 있다.

2011년 11월 아마존은 전자책 단말기 '킨들(Kindle)'의 태블릿PC 버전인 '킨들파이어(Kindle Fire)'를 출시하며 업계에 돌풍을 일으켰다. 두 달도 안 되는 기간 동안 389만 대를 판매하여 2011년 4/4분기 세계 태블릿PC 시장 점유율에서 애플 아이패드의

:: 아마존 로고

amazon.com

57%(1,543만 대)에 이어 14%로 2위를 기록한 것이었다. 재미있는 것은 킨들파이어를 아이패드와 비교할 때 하드웨어 자체로는 특별히 나은 점을 발견하기가 쉽지 않다는 점이다. 킨들파이어는 화면크기 7인치에 저장공간이 8기가바이트(GB)로, 화면크기 9.7인치, 저장공간 16~64기가바이트인 아이패드에 비해 사양이 낮다. 게다가 카메라나 마이크도 내장되어 있지 않으며, 통신기능도 없이 와이파이 접속만 가능하다.

하지만 킨들파이어의 매력은 다른 데서 찾을 수 있다. 무엇보다 아마존이 제공하는 전자책 100만 권과 TV 프로그램·영화 10만 편, 음악 1,700만 곡을 구매할 수 있어 애플보다 콘텐츠가 다양하다. 가격도 199달러로, 499~799달러인 아이패드보다 매력적이다. 콘텐츠 판매가 주요 수익원이기 때문에 기기는 저가에 공급할 수 있는 것이다. 실제로 아마존은 킨들파이어를 출시하면서 1대당 10달러를 손해 봤지만 전자책 등 콘텐츠 판매를 고려하면 1대당 136달러 수익을 거둔 것으로 추정된다.[22] 아이패드에 비해 작은 8기가바이트라는 저장공간도 결코 부족하다고 할 수 없는데, 인터넷을 통해 아마존의 서버를 저장 공간으로 이용할 수 있기 때문이다.

또 하나 빼놓을 수 없는 킨들파이어의 강점은 인터넷 접속 소프트웨어인 브라우저(browser)다. 킨들파이어는 아마존이 자체 개발한 '실크(Silk)'를 사용하는데 애플의 사파리나 구글의 크롬보다 속도가 매우 빠르다고 알려져 있다. 실크는 아마존의 '추천 서비스' 알고리즘으로 이용자의 웹 이용패턴을 분석해 웹페이지 일부를 아마존 서버에 저장해

두었다가 이용자가 요청하면 이를 빠르게 가져오기 때문이다. 즉 아마존의 킨들파이어는 제품 자체가 아니라 플랫폼과 결합함으로써 경쟁력을 갖는 구조인 것이다. 아마존은 2011년 3월 자체 앱마켓인 '아마존 앱스토어'를 개설함으로써 드디어 기기, 앱마켓, 콘텐츠 등으로 구성된 독자적 생태계를 완성했다. 아마존은 킨들파이어의 뒤를 이어 향후 휴대폰이나 TV도 출시할 계획이라고 한다.

둘째로, 플랫폼은 아마존으로 하여금 'Who', 즉 '누구에게 팔 것인가' 하는 문제에서 방법을 찾게 해주었다. 고객의 범위를 확장시킨 것이다. 아마존은 개인고객에게 상품을 판매할 때 사용하는 자사의 플랫폼 자체를 기업고객을 위한 상품으로 개발했다. 예를 들면, 서버나 저장공간 등 IT인프라를 빌려주는 'Amazon Web Service', 자신의 브랜드로 쇼핑몰을 구축하려는 기업에 전자상거래 솔루션을 제공하는 'Amazon WebStore', 판매자가 10~20% 수수료를 내면 아마존 사이트와 결제·물류 인프라를 빌려주는 'Sell on Amazon', 물류 인프라만 따로 빌려주는 'Fulfillment by Amazon' 등이 바로 그런 서비스다. 최근 파산하기는 했지만 미국에서 업계 2위였던 대형서점 보더스(Borders)도 아마존의 IT시스템을 이용했다. 이는 아마존의 플랫폼이 경쟁업체조차 이용할 수밖에 없을 정도로 강력하다는 의미다.

온라인유통업체의 핵심 경쟁력은 뭐니 뭐니 해도 판매품목이 얼마나 다양한가에 있다. 아마존이 정확한 수치를 공개하지는 않았지만, 아마존은 다른 어떤 온라인·오프라인 유통업체도 따라올 수 없을 정도로 많은 수천만 종의 품목을 취급한다. 한 조사에서 임의로 14개 카테고리를 정해 월마트닷컴(Walmart.com)과 아마존의 품목 수를 비교해봤는데 아마존이 15배나 많았다.[23] 아마존이 이렇게 다양한 품목을 확보하여 온라인유통 생태계를 확대할 수 있었던 비결 중 하나는 바로 'Sell on Amazon' 서비스다. 앞서 소개한 애플의 앱스토어 전략처럼 자사가 구축한 사업의 토대, 즉 플랫폼을 외부 업체에 개방한 뒤 그들의 힘을 빌려 품목을 대폭 확대한 것이다.

셋째, 플랫폼은 아마존에 'How', 즉 '어떻게 팔 것인가' 하는 문제에 대한 새로운 기회를 제공해주었다. 아마존은 다른 사이트를 방문한 고객을 소개받는 일종의 제휴마케팅인 'Amazon Associates'를 1996년 업계 최초로 시도했으며, 최근에는 'aStore'라는 서비스를 통해 아예 제휴사이트에서 직접 아마존 상품을 판매할 수 있게 했다. 더 많은 고객을 만나기 위해 자사 사이트뿐 아니라 타사 사이트까지 다양한 경로를 열어둔 것이다.

콘텐츠 판매도 아마존의 변화무쌍한 전략이 유감없이 발휘된 분야다. 아마존은 2007년 전자책을 편리하게 다운로드해서 볼 수 있는 기기인 킨들을 출시했는데, 애플이 곧 태블릿PC 아이패드를 내놓으면서 위기를 맞았다. 그러자 아마존은 아이패드에서 자사의 전자책을 읽을 수 있는 '킨들 앱'을 내놓았다. 킨들이 팔리면 물론 좋고 경쟁제품인 아이패드가 팔려도 킨들 앱을 통해 전자책을 팔 수 있으니 좋은 상황이 되었다. 무하마드 알리가 말한 것처럼 나비처럼 날아 애플의 펀치를 피한 셈이다. 고객과 만날 수만 있다면, 그리고 아마존의 플랫폼을 강화하는 방향이라면 자사 기기든 경쟁사 기기든 가리지 않는 유연함이

돋보인 전략이었다.

Get big fast! 남한텐 비용이지만 나한텐 핵심역량!

아마존의 플랫폼을 이야기하다 보면 의문이 하나 생길 수 있다. 다른 기업들은 비용절감을 위해 일반적으로 IT시스템과 물류센터를 아웃소싱하는데, 왜 아마존은 이를 플랫폼으로 선택해 집중적으로 투자했을까 하는 점이다. 이에 대한 아마존의 대답은 무엇일까?

제프 베조스는 창업 초 한 레스토랑에서 냅킨에 그림을 그렸다. 위쪽과 아래쪽에 선순환고리를 그려 넣은 것인데, 아래쪽의 선순환고리는 기업이 다양한 상품을 제공해(selection) 고객이 만족함으로써(customer experience) 사이트 방문횟수가 많아지면(traffic) 판매자도 많아지니까(sellers) 더욱 상품이 다양해져서(selection) 계속 성장하게 된다(growth)는 뜻을 담고 있다. 위쪽의 선순환고리는 기업이 성장할수록(growth) 원가와 가격이 낮아지는 구조가 되어(lower cost structure, lower prices) 더 많은 가치를 고객에게 제공할 수 있다(customer experience)는 의미를 갖고 있다. IT시스템과 물류센터는 다양한 상품을 제공해 고객만족을 추구하는 데 필수적인 요소다. 그래서 이것은 어떤 기업에는 단순히 비용요인이지만 아마존에는 사업의 토대이자 핵심역량이 될 수 있다는 메시지를 보여주는 그림이다.

여기서 관건은 '선점'이다. 일단 아마존이 거대한 플랫폼을 구축해

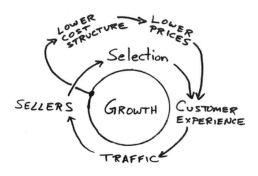

자료: http://ebaystrategies.blogs.com/ebay_strategies/2009/02/episode-iiib-amazon-and-the-cef.html

선순환고리를 만들고 나면 비용 부담으로 자체 플랫폼을 만들기 어려운 다른 경쟁업체들은 어쩔 수 없이 아마존의 플랫폼을 이용하게 된다. 경쟁사이면서도 아마존의 IT시스템을 이용할 수밖에 없었던 보더스처럼 말이다. 이를 두고 아마존은 'Get big fast', 재빨리 몸집을 키우는 전략이라고 말한다.

이미 아마존의 플랫폼은 '규모의 경제'의 선순환이 활발히 이루어져, 경쟁사가 따라갈 수 없는 수준의 저비용을 실현하고 있다. 인프라에 대한 투자를 늘린 덕분에 고객이 늘고 매출이 늘어나 다시금 투자를 늘리게 되는 것이다. 아마존은 매년 매출의 5% 정도를 인프라에 투자하고 있으며, 아마존 웹서비스 이용 가격을 수십 차례 자발적으로 인하했다. 이런 정책이 더 많은 고객을 끌어모으는 이유가 되고 있다.

하지만 시장과 기술이 급변하는 환경에서 몸집을 키우는 전략을 계속 유지하는 것은 너무 위험하지 않을까? 제프 베조스는 2007년《하버드 비즈니스 리뷰》와의 인터뷰에서 이렇게 말했다.[24] "전략은 변하지 않는 것에 토대를 두어야 한다. 사람들은 나에게 5년 후나 10년 후 무엇이 변할 것인지는 묻지만 무엇이 변하지 않을 것인지는 묻지 않는다. 아마존 사업에서 장기적으로 변하지 않을 가치는 다양한 선택(selection), 낮은 가격(low prices), 빠른 배송(fast delivery)이다. 세상이 어떻게 바뀌더라도 고객이 원하는 가치를 제공한다면 고객은 외면하지 않는다." 시간이 흘러도 변하지 않는 고객가치를 제공하기 위해, 그리고 그 토대인 플랫폼을 강화하기 위해 투자하는 것은 결코 위험하지 않다는 이야기다.

제프 베조스는 1997년 아마존 주주들에게 보낸 첫 번째 편지에서 'Get big fast' 전략으로 "지구상에서 가장 고객지향적인 기업이 되겠다(most customer-centric company on the planet)"라는 아마존의 비전을 처음 소개했다. 이 편지는 아마존에서는 바이블과도 같은 문건이어서 현재까지도 아마존의 연차보고서에 전문 그대로 수록되고 있다. "비전에는 완고하고 디테일에는 유연해야 한다(Stubborn on the vision and flexible on the details)"라는 제프 베조스의 소신을 실천하는 것이다. 미국 하버드대학교의 낸시 코헨(Nancy F. Koehn) 교수는 "아마존은 자연선택과 적응에 의해 성장하는 유기 생명체와 같다"고 말한 바 있다.[25] 변화하는 기업환경에서 아마존이 유기 생명체처럼 적응하여 생존하고 성장할 수 있었던 원동력이 바로 플랫폼이다.

가치 있는 플랫폼의
조건은 무엇인가?

모든 것은 플랫폼이 될 수 있다. 하지만 이 말은 어떤 대상이든 플랫폼으로 선택해도 무방하다는 뜻이 절대 아니다. 세상에는 플랫폼 후보가 아주 많으며, 기업은 그중 가장 가치 있는 플랫폼을 발굴해야 한다. 수많은 가능성 중에서 어떻게 가치 있는 플랫폼을 발굴할 것인가? 2006년《하버드 비즈니스 리뷰》에 발표된 논문은 이에 대한 가이드라인을 제시한다.[26]

기업의 신성장을 이끌 플랫폼을 발굴할 기회는 변화 동인, 고객 문제, 기업 역량 등 3가지 영역의 교집합에 있다는 것이다. 즉 신규 플랫폼은 신기술의 등장이나 규제 완화 등을 포착하여(변화 동인) 과거에는 충족되지 않았거나 잠재되어 있던 고객니즈를 해결할 수 있어야 한다(고객 문제). 이 프레임워크는 "고객이 원하는 플랫폼은 무엇인가?"에 대한 해결책이며, MIT

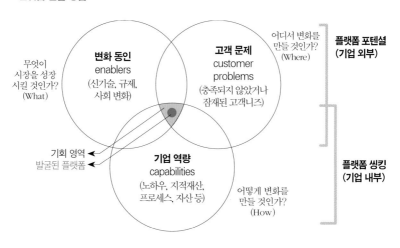

자료: Laurie, Donald L., Yves L. Doz and Claude P. Sheer (2006). "Creating new growth platforms". *Harvard Business Review*. 84.5를 토대로 구성

경영대학원의 쿠수마노 교수와 그의 제자 가우어 교수가 제시한 '플랫폼 포텐셜'과 일치한다.

또한 신규 플랫폼은 기업이 이미 보유했거나 새롭게 확보할 역량을 활용하여 만들어진다(기업 역량). 이는 "기존 사업에서 새로운 플랫폼을 발견할 수 있는가?"에 대한 해결책이며, 노스웨스턴대학의 소니 교수가 제시한 '플랫폼 씽킹'과 일치한다.

아마존은 어떤 것을 플랫폼으로 선택해야 하는지를 보여주는 좋은 사례다. 제프 베조스는 인터넷 이용자가 급증하고 있다는 뉴스를 접하고 금융회사 부사장 자리와 연봉 100만 달러를 내던지고 온라인서점 아마존을 설립했다. 인터넷의 무한한 잠재력을 간파한 것이다(변화 동인). 그리고 인터넷을 활용하여 '다양한 선택', '낮은 가격', '빠른 배송' 등 고객가치를 높이는 전자상거래를 사업영역으로 선택했다(고객 문제). 사업 초기부터 적자를 무릅쓰고 IT시스템과 물류센터에 대규모 투자를 지속함으로써 경쟁사보다 빨리 대규모 플랫폼을 확보했다(기업 역량).

이처럼 가장 이상적인 플랫폼은 기업 외부의 환경 변화와 고객니즈, 기업 내부의 역량이 결합되어야 한다. 환경 변화를 적시에 포착하고 고객니즈를 세심하게 파악하며 기업 역량을 냉정하게 평가할 때 기업의 지속성장을 가져다줄 플랫폼을 발굴할 수 있다.

Stage

2

플랫폼 도입 단계, 그들은 어떻게 강자를 넘어섰나?

기존 플랫폼이 존재하는 상황에서 새로 플랫폼을 도입할 수 있는지,
또 기존 플랫폼에 어떤 전략으로 대응해야 하는지를 고민해야 한다.
이때 기존 플랫폼의 잠금효과를 극복하는 것이 관건이다.

· · ·

Q4 기존 플랫폼 내의 혁신인가, 새로운 플랫폼의 도입인가? | Q5 강한
플랫폼이 있는 시장에 진입할 수 있는가? | Q6 기존 플랫폼을 대체하기
위한 전략은 무엇인가? | Q7 아군을 확장하는 플랫폼 전략은 무엇인가?

애플의 플랫폼 전략, 새판 짜기

아이폰, 휴대폰 시장의 판도를 바꾸다

최근의 스마트폰 시장처럼 급변하는 시장도 없을 것이다. 그리고 그 변화의 시작이 애플의 아이폰이었다는 데도 대부분의 사람들이 공감할 것이다. 아이폰이 스마트폰 시장에서 성공한 비결은 무엇일까? 물론 아이폰의 날렵한 디자인과 뛰어난 성능이 큰 몫을 했다. 하지만 또 다른 요인은 멀티터치 방식의 운영체제인 'iOS'와 앱 장터라고 할 수 있는 '앱스토어'다. 애플은 이 2가지 요소를 기반으로 이른바 '애플생태계'를 조성하여 휴대폰 시장의 판도를 바꾸어버렸다. PC와 MP3플레이어를 만들던 애플이 어떻게 이처럼 혁신적인 휴대폰을 탄생시킬 수 있었을까?

아이폰이 나오기 전에는 이동통신사가 통신망, 서비스, 콘텐츠를 모두 장악하면서 산업의 주도권을 행사했다. 이동통신사가 보유한 통신망과 포털서비스가 휴대폰산업의 플랫폼이었던 것이다. 이동통신사들은 자사 통신망과 포털서비스에 맞춰 단말기와 콘텐츠를 개발하도록 했다. 이동통신사의 승인 없이는 새로운 단말기나 콘텐츠를 출시하기가 불가능했다. 휴대폰 이용자들은 이동통신사가 구축해놓은 포털을 통해서만 인터넷에 접속해 콘텐츠를 이용할 수 있었다. 그래서 이와 같은 휴대폰 산업의 구조를 '월드 가든(walled garden)', 즉 '울타리 쳐진 정원'이라 불렀다. 정원의 주인은 이동통신사였다.[27]

당시 휴대폰 시장점유율 1위는 노키아였는데 세계 시장에서 40%에 달하는 점유율을 기록하고 있었다. 하지만 노키아의 단말기들은 운영체제라는 공통의 기반이 없었기 때문에 콘텐츠나 서비스 호환이 잘 이루어지지 않았고 최신 휴대폰조차 사용 가능한 콘텐츠와 서비스가 매우 부족했다. 한편 시장은 PC처럼 다양한 기능을 가진 '스마트폰'을 주목하기 시작했다. 물론 노키아는 선도업체답게 '심비안(Symbian)'이라는 스마트폰 운영체제를 개발하고 2002년 '노키아 7650'이라는 스마트폰을 출시하며 앞서 나갔다. 하지만 심비안은 원래 PDA용 운영체제여서 업무용에 가까웠고 비표준화된 언어를 기반으로 하고 있어 애플리케이션 개발도 어려웠다. 노키아는 스마트폰 운영체제를 신개념의 제품과 서비스를 위한 플랫폼이라기보다는 기존 휴대폰에 고급 기능을 부가하기 위한 수단 정도로만 생각했던 것이다.

애플의 시행착오

그때 애플은 어떻게 움직이고 있었을까? 스티브 잡스는 '아이팟'으로 MP3업계를 평정한 후 이제는 휴대폰 시장으로 눈을 돌리고 있었다. 애플이 아이폰을 탄생시키기까지는 세 번의 큰 전환점이 있었다.[28]

첫 번째는 2004년 모토로라와의 공동개발 프로젝트다. 애플 역시 처음에는 아이폰 같은 새로운 플랫폼을 만들겠다는 생각보다 기존 플랫폼 기반의 제품을 개발할 생각이었다. 스티브 잡스는 당시 인기를 끌던 모토로라 레이저(RAZR)폰에 흥미가 있었다. 친구이자 모토로라 CEO인 에드워드 젠더(Edward Zander)에게 레이저폰에 아이팟을 결합한 제품을 만들자고 제안했고 여기에 이동통신사 싱귤러 와이어리

:: **락커 초기 모델(E1)과 최초의 아이폰**

자료: http://www.mobilegazette.com/motorola-rokr-spotted.htm; http://www.engadget.com/2007/01/09/the-apple-iphone/

스(Cingular Wireless)도 참여시켰다. 그렇게 해서 2005년에 출시된 제품이 바로 뮤직폰 '락커(ROKR)'였다.

하지만 완성된 락커를 보고 스티브 잡스는 불같이 화를 냈다. 볼품없는 외관에, 메뉴 간 이동도 불편했다. PC에 연결해야만 음악을 다운로드할 수 있고 용량도 100곡으로 제한되었다. 임시위원회에서 3개사의 타협점을 찾아 만들다 보니 결과적으로 매우 조잡한 제품이 나왔던 것이다. 기존 플랫폼에 편승한 대가였다. 스티브 잡스는 애플이 직접 새로운 휴대폰을 만들어야겠다고 결심하기에 이른다.

애플의 도전과 마법 같은 해결책

결심이 선 스티브 잡스는 당시 싱귤러 와이어리스의 회장 스탠 시그먼(Stan Sigman)과 비밀협상에 들어갔다. 이것이 바로 아이폰 탄생의 두 번째 전환점이다. 스티브 잡스는 싱귤러에 아이폰 독점공급권을 주는 대신에 제품의 기능과 디자인에는 그 어떤 간섭도 하지 말라는 조건을 내걸었다. 당시만 해도 단말기란 그저 통신서비스를 전달하는 도구에 지나지 않는다고 여기던 때여서 이런 조건은 이동통신사 입장에서는 받아들이기 어려운 요구였다. 버라이존(Verizon) 등 미국의 다른 이동통신사가 애플의 제안을 거절한 것도 무리가 아니었다. 하지만 시그먼 회장은 통신 시장이 이미 포화상태에 접어들어 사업자들끼리 가입자를 뺏고 뺏기는 국면에 접어들고 있음을 알아차렸다. 그는 "이제 차별화된 단말기로 소비자를 끌어들이지 않으면 안 된다. 아이팟을 만든 애플은 그러한 기기를 만들 수 있을 것이다"라는 결론에 도달했고, 결국 애플과 싱귤러 사이에 제휴가 이루어졌다. 2006년 12월 싱귤러가 AT&T에 통합되어 결국 AT&T가 최초로 아이폰을 공급하는 통신사가 되었다.

싱귤러와의 협상을 통해 애플은 이동통신사가 주도하던 기존의 플랫폼에서 벗어날 수 있는 여건을 갖추게 되었다. 이제 남은 문제는 새로운 플랫폼을 만드는 일이었다. 애플은 새로운 플랫폼이 운영체제여야 한다는 것을 알고 있었다. 처음엔 아이팟에 썼던 운영체제를 사용하려고 했다. 바퀴 모양의 슬라이드인 '트랙휠(Track-wheel)'을 돌려서 선택하는 방식이었는데, 메뉴를 선택하는 데는 편리했지만 뭔가를 입력하는 데는 매우 불편했다. 그래서 선택한 방법이 바로 멀티터치 방식이었다. 여러 개의 손가락을 동시에 감지함으로써 키보드나 마우스 없이도 다양한 방식의 입력이 가능하도록 한 것이다. 원래 이 기술은 핑거웍스(FingerWorks)라는 벤처기업이 개발한 것이었는데 2005년 초 애플이 이 회사를 비밀리에 인수했다.

세상에 잘 알려진 애플의 성공신화 이면에는 좌충우돌의 시행착오도 많았다. 휴대폰 사업 경험이 일천한 애플에 아이폰 개발 작업은 산 넘어 산이었다. 아이폰 공개를 3개월여 앞둔 시점까지도 아이폰은 오류투성이였다. 오죽하면 스티브 잡스도 "우리에게는 아직 제품이 없다(We don't have a product yet)"라고 말할 정도였을까. 하지만 2006년 12월 스티브 잡스는 라스베이거스에 머물던 스탠 시그먼을 방문했다. 드디어 아이폰 시제품을 보여주기 위해서였다. 스티브 잡스가 들고 온 아이폰을 본 시그먼 회장은 "내가 본 기기 중 가장 환상적"이라고 극찬했다. 핵심 파트너였던 시그먼 회장도 공개 한 달 전에야 아이폰을 직접 봤을 정도로 아이폰 관련 내용은 철저하게 비밀유지가 되었다.

우여곡절 끝에 멀티터치 방식의 아이폰 운영체제 iOS가 탄생했다. 이동통신사를 거치지 않고 iOS에 기반한 웹환경에서 바로 인터넷에 접속하고 애플리케이션을 구동할 수 있는 휴대폰이 등장한 것이다. 이로써 휴대폰은 누구나 가지고 놀 수 있는 장난감 같은 흥미로운 기기로 변신하게 되었다.

2007년 1월 아이폰이 드디어 세상에 공개되었고, 새로운 플랫폼을 완성하게 되는 세 번째 전환점을 맞았다. 바로 앱스토어의 등장이다. 당시 애플은 애플리케이션 개발을 외부에 개방하느냐 마느냐로 중대한 기로에 서 있었다. 새로 플랫폼을 만들었으니 거기서 많은 콘텐츠와 서비스가 공급되도록 하려면 다양한 애플리케이션 개발이 필수적이었다. 가능한 한 많은 개발자를 끌어들일 필요가 있었다. 그런데 스티브 잡스는 외부 개발자들에게 아이폰용 애플리케이션 제작을 허용하려 하지 않았다. 애플의 고유한 일관성을 깨뜨릴 수 있고 질 낮은 앱이 넘쳐나거나 바이러스가 침투할 수 있다는 이유였다. 완벽주의자였던 스티브 잡스로서는 외부 개발자들에게 애플리케이션 개발을 맡기는 것이 용납할 수 없는 일이었다.[29]

하지만 애플은 과거 매킨토시 시절 이런 폐쇄성을 고집하다가 IBM 호환 PC에 밀리게 된 뼈아픈 과거가 있었다. 이 실패 사례는 플랫폼

개방을 주장하는 이사회에 힘을 실어주었다. 거듭된 회의를 통해 외부에 앱개발을 허용하되 애플의 시험과 승인을 거친 것만 앱스토어를 통해 판매하기로 결정했다. 어느 이사회 멤버는 통제를 유지하는 동시에 개방에 따르는 이점도 얻을 수 있는 이 전략을 '마법 같은 해결책'이라 평가했다.

아이폰이 출시되고 1년 뒤인 2008년 7월, 드디어 앱스토어가 문을 열었고 그 결과는 놀라웠다. 수많은 앱개발자와 아이폰 사용자가 서로의 참여를 유도하는 강력한 선순환이 일어나면서 거대한 애플생태계가 형성된 것이다.

새로운 비전으로 판 자체를 바꾸다

휴대폰 사업을 해본 적 없는 애플이 어떻게 휴대폰산업을 송두리째 뒤바꿔놓은 혁신을 만들어낼 수 있었을까? 애플의 아이폰은 플랫폼 전략의 시작은 바로 '새로운 세상에 대한 구체적이고 통찰력 있는 비전'이라는 사실을 알려준다. 플랫폼은 판을 바꾸는 전략이다. 소비자나 제휴사 등 다수 이해관계자들의 참여와 지지가 필요하다. 구체적이고 통찰력 있는 비전이 제시되면 당연히 그에 따르는 사람들도 생기기 마련이나. 운영체제나 앱마켓을 잘 만드는 일도 중요하지만 그런 것만으로 판을 바꿀 수는 없다. 플랫폼은 '토대'이기 때문에 다양한 참여자에게 매력적인 대안을 주는 비전이 없다면 그들은 그 플랫폼에 모이지 않을 것이다.

애플은 휴대폰의 미래에 대해 구체적이고 통찰력 있는 비전을 제시했다. 어디든 가지고 다니면서 인터넷을 편하게 이용할 수 있고 자신이 원하는 기능을 직접 선택할 수 있는 기기를 만들고자 했던 것이다. 스티브 잡스는 전화, PDA, MP3플레이어 같은 휴대용 기기를 여러 개 사용하는 이용자들의 불편을 해결하는 데 거대한 사업기회가 있음을 오래전에 간파했다. 2008년 3월 스티브 잡스는《포천》지와의 인터뷰에서 휴대폰 시장에 대해 자신이 어떤 생각을 갖고 있는지를 이렇게 설명했다. "우리 모두 휴대폰을 갖고는 있지만 좋아하진 않는다. 아니 끔찍이 싫어한다. 휴대폰은 훨씬 강력해질 수 있고, 시장도 거대하다. 우리가 사랑에 빠질 만한 휴대폰을 만들어보겠다."

스티브 잡스는 이런 비전을 실현하기 위한 방법으로 기존의 토대 위에 새로운 것을 쌓는 쪽이 아니라 아예 토대를 새것으로 바꾸는 쪽을 택했다. 휴대폰의 토대를 이동통신사의 통신망과 포털에서 애플이 만든 운영체제와 앱스토어로 바꾸어버린 것이다. 당시 휴대폰산업을 주도하고 있던 이동통신사의 '월드 가든'이 혁신의 한계에 이르렀다는 냉정한 판단이 있었기 때문이다. 만약 기존의 토대에 새로운 것을 쌓으려 했다면 애플은 제2, 제3의 락커폰을 만들어내며 모토로라와 똑같은 운명에 처했을지도 모른다.

기존 플랫폼 내의 혁신인가, 새로운 플랫폼의 도입인가?

플랫폼이 시장에서 성공을 거두기 위해서는 기업 내부 역량뿐 아니라 기술, 고객니즈, 경쟁 등 외부 조건도 중요하다. 따라서 플랫폼을 발굴하고 이를 시장에 도입하려는 기업은 기술과 산업의 거시적 변화를 통찰해야 한다. 새로운 플랫폼을 도입할 적기(適期)란 있는 것일까? 필립 앤더슨(Philip Anderson)과 마이클 투시먼(Michael L. Tushman)의 '기술 변화의 주기 모형'에 따르면, 기존 플랫폼 안에서 더는 혁신이 불가능하고 점진적 개선만 이루어질 때 새로운 플랫폼이 등장할 여건이 무르익는다.[30]

기술 변화의 주기 모형에서 첫 단계에는 성능이나 가격 측면에서 기존 기술을 획기적으로 혁신하는 기술, 즉 '불연속적 기술(technological discontinuity)'이 등장한다. 전혀 다른 기술적 가능성이 열리게 되면 다수

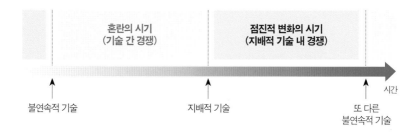

:: 기술 변화의 주기 모형(a cyclical model of technological change)

| 혼란의 시기 (기술 간 경쟁) | 점진적 변화의 시기 (지배적 기술 내 경쟁) |

시간

불연속적 기술   지배적 기술   또 다른 불연속적 기술

자료: Anderson, Philip and Michael L. Tushman (1990). "Technological discontinuities and dominant designs: A cyclical model of technological change". *Administrative Science Quarterly*. 35

기업이 이와 유사한 또는 이를 대체하는 새로운 기술을 선보이게 된다. 이른바 '혼란의 시기(era of ferment)'가 찾아온다. 이 시기에는 기술 간 경쟁이 치열하게 전개된다. 그중 시장에서 선택받은 기술이 등장하는데 이를 '지배적 기술(dominant design)'이라 부른다. 최초에 등장했던 불연속적 기술이 지배적 기술이 될 수도 있지만 산업사를 돌아보면 그렇지 않은 경우도 많았다.

지배적 기술의 등장은 산업의 경쟁 양상을 기술 간 경쟁에서 기술 내 경쟁으로 바꾼다. 기업들은 지배적 기술의 성능과 가격을 점진적으로 개선하는 데 주력한다. 이 같은 '점진적 변화의 시기(era of incremental change)'는 또 다른 불연속적 기술이 등장하면서 막을 내리게 된다. *

기업 입장에서 새로운 플랫폼을 발굴하고 시장에 도입하는 것은 리스크가 큰 전략이다. 많은 기업이 플랫폼 기업이 되어 기업생태계를 주도하기 원하지만 실제로 실행에 옮기거나 성공하는 경우는 드물다. 대부분 기존 플랫폼을 토대로 신제품을 개발하는 정도로 타협점을 찾는다. 물론 모든 기업이 플랫폼 기업이 될 필요도 없고 될 수도 없다. 플랫폼은 성공을 위한 수단일 뿐 목적이 아니다. 최종 목적은 혁신이므로 자신이 이루려는 혁신에 집중해야 한다. 하지만 이루고자 하는 혁신이 기존 플랫폼을 통해 구현될 수 없는 것이라면 위험을 감수하고라도 새로운 플랫폼에 도전해야 한다. 애플 역시 사용자 인터페이스의 근본적 혁신을 위해 새로운 플랫폼 도입이 필수적이라 판단했던 것이다.

한 가지 잊지 말아야 할 것은 불연속적 기술, 즉 혁신적 플랫폼 도입은 끝이 아니라 새로운 경쟁 주기의 시작이라는 점이다. 기존 기술과의 경쟁만이 아니라 자신의 불연속적 기술에 도전하는 신기술과도 경쟁해야 한다. 최초에 불연속적 기술을 도입한 기업이 지배적 기술이 되지 못하는 경우가 많은 것도 이런 어려움 때문이다. 애플도 아이폰을 개발하며 스마트폰 시대를 열었지만 이후 시장에 진입한 구글 안드로이드 운영체제 및 삼성 등 제조사와의 주도권 경쟁을 치열하게 전개하고 있다.

---

* 물론 여기서 소개한 모형은 일반적인 것이며 산업에 따라서는 지배적 기술이 등장하기도 전에 또 다른 불연속적 기술이 등장해 다음 주기(cycle)가 시작될 수도 있고 복수의 지배적 기술이 공존할 수도 있다.

스포티파이,
애플을 넘어설까?

애플에 도전장을 내민 벤처기업

사람들이 으레 불법 유통되는 음악 파일을 듣던 때가 있었다. 해외에서는 냅스터, 국내에서는 소리바다가 이용자들에게 선풍적 인기를 끌었다. 하지만 이들은 결국 2001년과 2002년에 서비스를 중지하거나 유료 서비스로 전환했다. 음악 콘텐츠를 보유한 음반사와의 저작권 소송 때문이었다.

저작권 문제를 정면으로 돌파하며 2001년 새롭게 등장한 것이 애플의 아이튠즈 서비스다. 애플은 음반사에 곡당 1달러라는 확실한 수익을 보장해주고 저작권 관리 기술로 불법복제나 불법유통을 방지했다. 최근 전 세계적으로 음악 시장 규모가 지속적으로 감소하고 있지만 디지털 음악 시장은 성장세를 이어가고 있다. 2012년 세계 디지털 음악 시장 규모는 56억 달러(약 6조 3,000억 원)로 전년 대비 9.8% 성장했다.[31] 디지털 음악 분야는 규모 면에서는 분명 매력적이지만, 이미 애플이 버티고 있고 여전히 많은 사람이 불법 다운로드를 이용하고 있어 신규 기업의 진입이 쉽지 않은 시장이다.

그런데 세계 디지털 음악 시장에 새롭게 도전장을 내민 기업이 있다. 스웨덴 출신의 벤처기업가 다니엘 에크(Daniel Ek)가 2008년 창업한 스포티파이(Spotify)다. 대부분의 인터넷 서비스가 미국 실리콘밸리에서 시작되는 데 반해 스포티파이는 스웨덴에서 설립되었고 2010년 본사를 런던으로 이전하는 등 유럽에서 태동한 서비스라는 점이 이색적이다. 스포티파이는 불법 다운로드 사이트와 애플 아이튠즈가 주도하는 음악 시장에서 새로운 음악플랫폼으로 자리를 잡아가고 있다.

스포티파이는 음반사를 파트너로 끌어들이는 것이 사업 성공의 필수 조건이라는 사실을 처음부터 간파했다. 물론 그들과의 협력은 쉽지 않은 일이었다. 하지만 2008년 스웨덴 유니버설 뮤직 임원들에게 스포티파이의 서비스를 시연한 뒤부터 조금씩 실마리가 풀렸다.[32] 음악 시장의 규모가 급격히 감소하는 상황에서 음반사 입장에서도 새로운 사업모델이 절실했다. 스포티파이 서비스를 체험한 음반사 임원들은 새로운 대안이 될 수 있다는 평가를 내렸다. 결국 유니버설, EMI, 소니, 워너 등 세계 4대 음반사가 자신들이 음원과 카탈로그를 스포티파이에 제공하기로 결정했다. 이때부터 음원 수가 10년간 음악사업을 해온 애플 아이튠즈와 견주어도 손색이 없는 수준으로 늘어났다.

스포티파이는 음반사와의 관계를 더욱 공고히 하기 위해 세계 4대 음반사에 20%가량 지분 투자를 허용했다. 그뿐 아니라 이용자의 음악 소비 성향에 대한 마케팅 정보도 음반사에 제공하고 있다.

서비스 제공 측면에서도 당시 일반적이었던 다운로드 방식이 아닌 스트리밍 방식을 선택했다. 이용자가 자신의 기기에 음악을 다운로드 해서 듣는 것이 아니라 서버에 있는 파일을 유·무선 통신 네트워크를 통해 전송받는 방식이다. 최근 통신 네트워크의 속도가 빨라진 덕분에 스트리밍 서비스가 현실적으로 가능해진 것이다. 또한 스포티파이의 창업자가 과거 파일 공유 서비스를 개발하며 축적한 스트리밍 기술도 큰 도움이 되었다.

불법 다운로드와 아이튠즈의 중간에서 길을 찾다

그렇다면 스포티파이는 어떻게 불법 다운로드 사이트로부터 이용자들을 데려올 수 있었을까? 스포티파이는 이용자 입장에서 불법 다운로드 사이트보다 사용이 편리한 사업모델을 설계했다. 인터넷을 통한 스트리밍 서비스를 제공하여 이용자가 듣고 싶은 음악을 클릭해서 바로 들을 수 있도록 했다. 이용자 입장에서는 네트워크 속도의 문제만 없다면 음악을 듣기 전에 기기에 미리 파일을 담아두어야 하는 다운로드 방식보다 그때그때 듣는 스트리밍 방식이 더 편리하다.

또한 무료이면서도 합법적 서비스를 제공함으로써 불법 파일을 이

:: **스포티파이의 요금제**

요금제	요금	광고	시간 제한	고급 기능
프리 요금제 (free)	무료	있음	없음	없음
무제한 요금제 (unlimited)	월 4.99달러	없음	없음	없음
프리미엄 요금제 (premium)	월 9.99달러	없음	없음	오프라인 모드, 모바일기기, 고음질, 전용 콘텐츠

주: 프리 요금제의 경우 6개월간 무제한 이용 후 월 10시간으로 제한되었으나 2014년부터는 시간 제
한이 없어졌음(http://news.spotify.com/int/2014/01/15/no-more-time-limits-on-spotify-
freeyourmusic/)
자료: http://en.wikipedia.org/wiki/Spotify 등을 토대로 구성

용한다는 이용자의 심리적 불편을 해결해주었다. 무료 서비스의 경우 광고가 표시되는 프로그램을 사용해야 한다. 이것이 불편하다면 유료 회원으로 전환해야 하는데, 월 4.99달러를 내면 광고를 보지 않아도 되고, 월 9.99달러를 내면 PC뿐 아니라 스마트폰 등 모바일기기에서도 음악을 들을 수 있다. 실제로 스포티파이의 편리함을 한번 맛본 이용자들은 유료로 전환하는 경우가 많다. 전체 이용자 1,500만 명(2012년 7월 기준) 중 유료 회원이 400만 명이나 되므로 4분의 1이 넘는 것이다. 이처럼 이용자들은 일반적으로는 공짜 서비스를 좋아하지만 편리하고 유익한 서비스가 있다면 기꺼이 지갑을 연다.

스포티파이는 애플의 아이튠즈와 어떻게 경쟁했을까? 애플 아이튠즈는 이용자 5억 7,500만 명을 확보한 음악 시장의 대표주자다.[33] 그러

나 스포티파이는 어떤 기업이든, 하물며 애플이라도 부족한 점은 있다고 판단했다. 애플의 방식은 자신이 원하는 곡을 매번 구입해 다운로드해야 하므로 번거롭다. 또한 아이튠즈는 주로 애플기기에서 사용해야 한다는 점도 불편하다. 반면에 스포티파이는 사용료만 내면 애플기기로든 안드로이드기기로든 사용할 수 있다는 것이 장점이다.

또 한 가지 스포티파이가 주력한 전략이 있다. 바로 아군 늘리기 전략이다. 스포티파이는 2011년 당시 전 세계에서 약 10억 명의 회원을 확보한 페이스북과 전략적 제휴를 맺었다. 페이스북에서 회원들끼리 플레이리스트를 공유할 수 있기 때문에 스포티파이와 페이스북은 서로에게 도움이 되는 관계라 할 수 있다. 페이스북 회원들에게 스포티파이

:: **스포티파이를 기반으로 개발된 다양한 앱**

자료: http://www.wired.com/underwire/2011/12/5-best-spotify-apps/

서비스를 6개월간 무료로 제공한 다음, 2012년 1월부터 유료 서비스를 도입했는데 많은 페이스북 회원이 유료로 전환하는 성과를 얻었다.

또한 스포티파이는 개발자들을 아군으로 확보하기 위해 음악플랫폼을 외부 앱개발자들에게 개방했다. 이들이 음악 관련 앱을 만들 때 플레이리스트 등 스포티파이 데이터를 활용할 수 있도록 제공한 것이다. 실제로 스포티파이를 이용한 앱이 다양하게 등장했다. 이용자의 취향에 맞추어 선호하는 음악을 추천하는 'last.fm', 이용자의 플레이리스트를 고려해 공연 일정을 추천해주는 'songkick', 듣고 있는 음악의 가사를 보여주는 'tunewiki' 등이 대표적 예다.

음악산업을 변화시킬 차세대 주자

과거 음악산업을 변화시킨 것은 냅스터와 아이튠즈였다. 냅스터는 디지털 음악을 대중화했고, 아이튠즈는 합법적인 음악 유통방식을 정착시켰다. 최근에는 스포티파이가 합법적이면서도 편리한 스트리밍 방식의 음악 듣기 서비스를 제공함으로써 음악산업을 변화시키고 있다.

스포티파이는 '음악계의 아마존'으로 비유되기도 한다. 아마존이 책이라는 상품을 토대로 거대한 플랫폼을 구축했다면 스포티파이는 음악을 토대로 플랫폼을 구축해나가고 있는 것이나. 또한 아마존을 통해 이미 절판되어 사라질 뻔한 옛날 책들이 다시 팔리는 '롱테일(Long Tail) 법칙'이 나타났듯 스포티파이를 통해 음악에서도 롱테일 법칙이 나타나고 있다. 음악을 1곡씩 구매할 때는 최신곡 위주로 선별해서 고르지만 무제한 스트리밍을 사용할 때는 더 다양한 곡을 선택하므로 음악의 수명이 훨씬 길어지게 되는 것이다.[34]

2013년 현재 스포티파이는 유럽과 미국 등 전 세계 35개국에서 서비스를 제공하고 있으며 점차 서비스 국가를 확대하고 있다. 냅스터의 창업자 션 파커(Sean Parker)를 비롯한 업계 전문가들은 스포티파이가 몇 년 내에 아이튠즈를 따라잡으리라고 내다보기도 한다.

음악산업의 환경은 지금 이 순간에도 다이내믹하게 변하고 있다. 미국 청소년들을 대상으로 한 조사에서 음악을 듣는 수단으로 애플 아이튠즈나 CD를 제치고 유튜브가 1위를 차지할 정도로 음악을 이용하는 채널이 다양해지고 있다. 애플 역시 2013년 세계개발자회의(WWDC)에서 스트리밍 방식의 음악 서비스 '아이튠즈 라디오'를 발표했다. 구글은 2013년 5월 스트리밍 서비스를 시작했고, Rdio, Rhapsody 등도 스포티파이와 유사한 서비스를 비슷한 가격대에 제공하고 있다. 이처럼 나날이 바뀌는 환경 속에서 새로운 플랫폼 스포티파이가 직면해야 하는 도전은 여전히 만만치가 않다.

하지만 음악을 불법 사이트에서 공짜로 다운로드해서 듣거나 곡 단위로 구매하는 방식이 일반화된 시장에서, 통신 네트워크의 발달이라는 환경 변화를 예민하게 포착해 스트리밍이라는 새로운 음악 서비스 방식을 제시하며 플랫폼을 만들어낸 스포티파이의 전략과 현재까지의 성과는 혁신을 꿈꾸는 이라면 누구나 참고할 만하다. 비영어권의 작은 벤처기업이 이루어낸 성과이기에 더욱 소중한 사례다.

강한 플랫폼이 있는
시장에 진입할 수 있는가?

기존 플랫폼이 건재한 시장에도 신규 플랫폼 사업의 기회가 있을까? 또는 신규 플랫폼은 기존 플랫폼과 공존할 수 있을까? 신규 플랫폼을 시장에 도입하고자 할 때 반드시 점검해야 할 이슈다. 일반 상품과 마찬가지로 플랫폼의 시장구조도 하나의 플랫폼이 시장을 석권하는 '독점'부터 다수 플랫폼이 치열하게 경쟁하는 '완전경쟁'까지 다양한 상황이 존재한다. 만일 치열한 경쟁 끝에 시장에 단 하나의 플랫폼만 남을 가능성이 크다면 신규 플랫폼을 기획 중인 기업은 해당 사업을 포기하거나 일전을 불사할 태세를 갖추어야 한다. 기존 플랫폼은 자원과 고객 기반에서 신규 플랫폼과는 비교가 안 될 정도로 우위를 점하고 있는 경우가 대부분이기 때문이다. 반대로 여러 개의 플랫폼이 공존할 수 있는 시장이라면, 기존 플랫폼과 차별화되기만 한다면 새로운 플랫폼이 진입할 여지는 충분하다.

그럼 이러한 플랫폼 시장의 구조를 결정하는 요소는 무엇인가? 다음과 같이 4가지 요인이 있다.[35] 첫째, 플랫폼의 고정비용(fixed cost)이 클수록 독점 구조가 되기 쉽다. 플랫폼의 고정비용이 크다면 이용자가 많은 플랫폼은 평균비용이 낮아져 가격 인하를 통해 더 많은 이용자를 모을 수 있게 된다. 이는 다시 평균비용과 가격을 낮추는 선순환으로 이어진다. 경쟁 플랫폼과의 격차가 점점 커져 시장에는 결국 하나의 플랫폼만 남게 된다. 디지털 음악의 경우 사이트 구축 비용, 서버 비용 등이 소요되지만 재고관리와 배송을 위한 물류센터 등이 불필요하므로 플랫폼의 고정비용이 시장구조의 결정적 요인은 아니라고 할 수 있다.

둘째, 네트워크 효과(network effect)다. 네트워크 효과가 큰 시장에서는 이용자와 제휴사가 서로를 끌어들여 특정 플랫폼으로 쏠림현상이 일어난다. 현재 디지털 음악 시장에는 특정 서비스에 신규 회원이 늘어나더라도 기존 회원에게 이익이 생긴다고 보기 어려우므로 네트워크 효과가 크지 않다. *

셋째, 소비자의 멀티호밍 비용(multi-homing cost)이다. 멀티호밍 비용이란 이용자가 하나 이상의 플랫폼을 모두 활용하기 위해 추가로 지불해야

---

* 물론 향후에는 네트워크 효과를 높이는 전략이 등장할 수도 있다. 예를 들어 친구 간 플레이리스트를 공유하고 무료로 음악을 들을 수 있도록 한다면 친구가 많이 이용할수록 특정 회원에게 서비스의 가치가 커지므로 네트워크 효과가 강해진다.

하는 비용을 말한다. 서비스에 가입하거나 사용법을 배우는 데 들어가는 금전적·비금전적 비용을 모두 포함한다. 만일 멀티호밍 비용이 크다면 소비자는 가격이나 네트워크 효과를 고려해 어느 하나의 플랫폼만 선택해야 할 것이다. 스마트폰을 1개 더 구입해야 하고 두 기기를 들고 다니기 불편하므로 대개의 소비자는 안드로이드기기나 애플기기 중 하나만 선택하는 식이다. 반대로 멀티호밍 비용이 크지 않다면 소비자는 하나의 플랫폼만 고집할 이유가 없기 때문에 시장에는 다수 플랫폼이 공존할 가능성이 커진다. 디지털 음악이 그런 경우다. 소비자 입장에서 서비스 이용료가 무료거

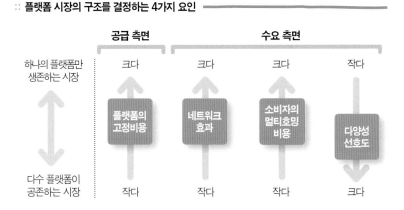

:: 플랫폼 시장의 구조를 결정하는 4가지 요인

주: 요인 간 가중치를 부여하고 요인별 점수를 평가하여 전체 가중평균을 구하면 해당 시장에 대한 '플랫폼 독점화 가능성 지표'를 산출할 수 있음

자료: Shapiro, Carl and Hal R. Varian (1999). *Information Rules*, Harvard Business School Press; Eisenmann, Thomas, Geoffrey Parker and Marshall Van Alstyne (2006). "Strategies for two-sided markets". *Harvard Business Review*. 84.10.; Eisenmann, Thomas (2007). "Winner-take-all in networked markets". Harvard Business School Case 806-131 등을 토대로 구성

나 낮은 수준이라면 새로운 서비스를 이용하는 금전적·비금전적 비용이 크지 않다. 플랫폼의 또 다른 이용자인 음반사 입장에서도 음원은 디지털 상품이므로 여러 음악 사이트에 제공하기 위해 들여야 하는 추가 비용이 크지 않다.

넷째, 차별화된 기능(다양성)에 대한 선호도(demand for differentiated features)다. 특정 기능을 선호하는 소비자들이 있다면 그들에게 초점을 맞춘 니치(niche) 플랫폼이 거대 플랫폼과 함께 생존할 수 있다. MS 윈도가 PC 운영체제 시장을 주도하고 있지만 소수의 그래픽 전문가나 애플 마니아층이 존재하여 매킨토시가 명맥을 유지할 수 있었다. 디지털 음악의 경우 대부분의 음반사가 다수 음악 사이트에 음원을 공급한다. 사이트별로 음원 종류의 차이가 크지 않기 때문에 음원 때문에 특정 사이트를 선택하는 경우는 드물다. 또한 소비자별로 메뉴 구성이나 이용방법에 따라 좋아하는 사이트가 달라질 수도 있겠지만 크게 중요한 요인은 아니다. 즉, 디지털 음악에서는 다양성 선호도가 크지 않다.

위의 4가지 요인을 종합적으로 고려할 때 디지털 음악 시장은 상대적으로 다수 플랫폼이 공존할 수 있는 조건을 갖추고 있다. 그래서 스포티파이는 애플이 건재한 시장에 진입할 수 있었다. 특히 통신 네트워크의 발달이라는 트렌드를 포착함으로써 스트리밍 서비스라는 신시장 개척이 가능했다.

미완의 혁명, 베터플레이스

새로운 생태계, 전기자동차

유가 급등으로 인한 경제적 피해와 이산화탄소 배출로 인한 지구온난화 문제를 고려한다면 전기자동차는 화석연료에 의존해온 인류에게 탁월한 대안이 될 수 있다. 하지만 전기자동차가 최초로 세상에 나온 지 100년도 넘었건만 왜 아직 충분히 보급되지 못하고 있는 것일까? 문제는 3가지로 압축된다.

첫째, 비싼 배터리 가격이다. 전기자동차가 가솔린자동차보다 값이 월등히 비싼 것은 차량 가격의 약 절반을 차지하는 배터리 가격 때문이다. 최근 하락하고 있다고는 하지만 아직도 상당히 높은 수준이다.

둘째, 짧은 주행거리다. 한번 충전해서 이동할 수 있는 거리가 200킬

로미터가 되지 않는 것이다. 서울에서 최대 용량으로 충전해도 대구를 채 못 가는 셈이다. 이를 해결하려면 충전소가 많아야 하는데 단기간에 충분한 수의 충전소를 확보하기란 쉽지 않다.

셋째, 긴 충전시간이다. 어렵게 충전소를 찾더라도 1회 충전에 4~6시간이 소요된다. 주유소에서 기름을 넣는 것에 비하면 전기자동차를 충전하는 것은 엄청나게 불편한 일인 것이다.

많은 기업이 이 같은 전기자동차의 문제점을 해결해 보급을 늘리기 위한 방법을 고민해왔다. 그 가운데 새로운 사업모델과 플랫폼으로 전기자동차의 해법을 제시하려고 시도한 기업이 있었으니, 바로 2007년 설립된 베터플레이스(Better Place)다.*

베터플레이스의 새로운 발상법

우선 사업 아이디어가 신선하다. 사실 자동차가 발명되고 대량생산에 성공한 이후 현재까지 자동차 기술은 눈부시게 발전해왔다. 하지만 소비자가 자동차를 구매해 주유소에서 연료를 채워 타고 다닌다는 이

---

* 미국의 테슬라모터스가 2012년 전기자동차의 이동거리와 충전시간 한계를 획기적으로 극복한 모델S를 출시해 가장 주목받는 전기자동차 업체로 부상하고 있다. 테슬라의 성공요인 중 하나는 기존 화석연료자동차 플랫폼을 변형하지 않고 전기자동차에 맞는 혁신적인 플랫폼을 설계했기 때문이다. 이 책에서는 기존 플랫폼에 대한 대응전략을 설명하기 위해 베터플레이스의 사례를 소개하지만, 전기자동차 산업의 미래를 조망하기 위해서는 테슬라모터스와 그 CEO 엘론 머스크(Elon Musk)를 예의 주시할 필요가 있다.

용방식에는 변함이 없었다. 그런데 베터플레이스가 제안하는 방식은 좀 다르다. 차와 배터리의 소유권을 분리해 비싼 배터리를 이용자가 구매하는 것이 아니라 베터플레이스가 빌려주는 것이다. 이용자는 매년 어느 정도 거리를 주행하겠다는 계약을 맺고 사용한 전기의 양만큼 사용료를 내면 된다. 요금제에 따라 스마트폰을 무료 또는 저가에 사용하는 것과 유사한 방식이다.

배터리 사용방식도 독특하다. 충전소에서 배터리를 충전하는 것이 아니라, 사용한 배터리를 충전된 배터리로 통째 교환하는 방식이다. 이용자가 차를 몰고 충전소에 들어가 입구 단말기에 회원카드를 긁으면 나머지는 자동세차를 하듯 자동으로 이루어진다. 배터리 교환에 채 몇 분도 걸리지 않기 때문에 주유소에서 기름을 넣는 것과 큰 차이가 없다.

:: **베터플레이스에서 배터리를 교환하는 모습**[36]

자료: http://www.popularmechanics.com/cars/alternative-fuel/electric/4336350

베터플레이스의 사업모델은 충전소 인프라만 구축된다면 배터리 가격, 주행거리, 충전시간 등 전기자동차 보급의 장애요인을 일시에 해결할 획기적인 아이디어다. 하지만 그동안 화석연료를 기반으로 움직이던 사회시스템에서 전기자동차가 보급되려면 자동차 제조사의 전기자동차 대량생산, 충전소 건설, 전력회사와의 파트너십 등 선결되어야 할 과제가 많고 또 여러 주체가 함께 움직여야 한다. 그래서 이를 진두지휘하는 기업의 비전 및 리더십과 함께 새로운 플랫폼이 필요하다.

베터플레이스 사업모델을 구현하기 위해 필요한 핵심 플랫폼은 충전소 네트워크, 배터리 규격 및 충전체계, 과금시스템 등이다. 베터플레이스는 배터리 충전과 교환에 문제가 없는 규격 및 충전체계를 설계했다. 또한 수십만 대에서 수백만 대의 전기자동차가 동시에 충전하더라도 해당 국가의 전력망에 무리를 주지 않도록 전력공급을 조절하는 소프트웨어시스템을 구축했다. 전 세계 충전소를 모두 연결하는 단일화된 과금시스템을 구축하겠다는 계획도 수립했다.

사업의 관건은 방대한 규모의 충전소 네트워크를 어떻게 구축할 것인가다. 막대한 투자비를 확보해야 하고 전력회사와의 제휴도 필요하다. 그런데 대부분의 국가에서 전력회사는 국가 소유기 때문에 해당국 정부와의 협력도 필요하다. 베터플레이스는 최초 사업지역으로 이스라엘을 선택했다. 설립자인 샤이 아가시(Shai Agassi)가 이스라엘 출신이고 이스라엘 정부가 가장 적극적으로 투자의사를 밝혔기 때문이기도 하지만 이스라엘의 지정학적 특성도 한몫했다.[37] 이스라엘은 주변 석유생산국과의 불편한 관계로 인해 국경을 넘나드는 것이 쉽지 않다.

국민 대부분이 좁은 영토 안에서 이동하기 때문에 인프라 구축이 상대적으로 용이하다는 장점이 있다. 이스라엘 정부는 2,400억 원 규모의 투자를 약속했는데, 이때 붙은 조건은 "전기자동차 200만 대를 생산할 제조사를 확보해야 한다"는 것이었다.

베터플레이스는 많은 제조사를 타진한 끝에 르노자동차로부터 협력을 이끌어냈는데, 그렇게 해서 개발된 것이 플루언스(Fluence) Z.E. 모델이다. 플루언스 Z.E.는 가정에서도 충전할 수 있기 때문에 이용자가 자기 상황에 맞추어 충전방식을 선택할 수 있다. 2012년 1월부터 르노가 플루언스 Z.E. 모델을 공급했고, 2012년 중반부터 베터플레이스는 이스라엘에서 일반고객을 대상으로 사업을 시작했다. 이스라엘에서는 계획된 45개 충전소 중 38개 충전소의 구축이 완료되었다. 이어 베터플레이스는 덴마크로 사업을 확장했으며, 호주와 중국에서도 사업을 추진했다. 일본과 네덜란드에서는 시범사업을 운영했다.

베터플레이스가 주는 교훈

그러나 베터플레이스의 혁신적 사업모델은 미완의 혁명으로 끝나고 말았다. 2012년 10월 설립자인 샤이 아가시가 CEO 자리에서 물러났고, 자금난 해소를 위해 400명 직원 중 절반가량을 해고할 계획이라는 뉴스가 보도되기도 했다. GE, 모건스탠리, HSBC 등 기존 투자자들로부터 자금을 지원받았지만 추가 투자 유치에 실패했다. 결국 2013년

5월 베터플레이스가 파산보호 신청을 했다. 누적 손실액은 5억 달러 이상이었다.

베터플레이스의 혁신은 자동차산업의 전통적 플랫폼 개념에서 탈피했다는 점에서 의미가 있다. 이들은 자동차의 물리적 골격이 아니라 산업 내 생태계의 토대를 구축하려 노력했다. 하지만 플랫폼 전략 관점에서 많은 한계점을 노출했다. 베터플레이스 사례는 신생 산업에서 플랫폼과 생태계를 만들려면 무엇이 필요한지를 잘 보여준다.

먼저, 초기 기업생태계의 규모와 다양성을 확보해야 한다는 사실이다. 소비자가 베터플레이스의 충전소를 이용하려면 르노 플루언스 Z.E. 모델만을 구매해야 한다. 전기자동차 이용방법이 아무리 편리하고 혁신적이어도 전기자동차 모델이 불충분하다면 소비자는 선택을 꺼릴 수밖에 없다. 따라서 베터플레이스는 더 많은 수의 자동차 업체와 제휴를 추진했어야 했다. 하지만 자동차 업체 입장에서 베터플레이스가 주도하는 플랫폼과 생태계에 참여할 인센티브가 있었을까?

다음으로, 소비자의 불안심리를 해소하는 것이 매우 중요함을 보여준다. 다른 신사업과 마찬가지로 플랫폼 사업을 추진하는 기업은 무엇보다 소비자의 불안심리를 고려해야 한다. 베터플레이스는 2013년 중반까지 판매실적이 750대 수준에 머물렀다. 목표치 4,000대와 비교하면 매우 초라한 실적이다. 시장은 왜 이런 반응을 보인 것일까? 다름 아니라, 베터플레이스에 대한 불안감 때문이다. 즉 기업의 역사, 자금력, 브랜드 등을 고려할 때 사업이 언제 실패로 돌아갈지, 앞으로 몇 년이나 사업을 지속할지 소비자들은 확신하기 어렵다. 배터리 성능이 전기자동차 보급의 핵심요인인데 만약 자동차 업체들이 배터리 성능을 혁신적으로 높인다면 베터플레이스의 사업모델은 더 이상 의미가 없게 되지 않을까? 만약 가솔린자동차의 성능이 대폭 개선된다면 전기자동차의 매력이 떨어지지 않을까? 이와 같은 불안감을 안고 베터플레이스의 고객이 되기를 선택하는 것은 일종의 모험이다. 기술 간 경쟁에서 실패할 기술을 선택했다가 자칫 미아가 될지 모른다는 소비자의 불안은 대부분의 '표준' 전쟁에서 공통적으로 나타나는 현상이다.

베터플레이스가 사업에 성공하더라도 소비자의 불안은 사라지지 않는다. PC산업의 MS처럼 시장을 장악한 독점 기업에 묶이게 되지 않을까 하는 우려 때문이다. 소프트웨어산업의 오픈소스처럼 어느 한 기업이 이익을 독점하지 않는 생태계가 구축되었다면, 적어도 여러 기업이 플랫폼 설계와 제공에 참여했다면, 소비자의 불안은 줄어들었을 것이다.

요컨대 베터플레이스는 하나의 기업이 혁신을 만들어내기 위해서는 기술이나 아이디어가 아니라 '시스템'에 집중해야 한다는 것을 잘 보여주는 사례다. 기술과 아이디어는 하나의 요소일 뿐이다. 베터플레이스는 기술과 사업모델은 뛰어났으나 아군이 부족한 상황에서 전혀 새로운 시장을 개척해야 하는, 리스크가 매우 큰 전략을 추진했다. 전체 시스템 관점에서 자동차 업체 등 제휴사의 참여를 유도하고 소비자가 선뜻 구매할 만한 대안을 마련하는 노력이 부족했다. 초기 기업생태계를 어떻게 구축하고 소비자의 불안을 어떻게 해소하느냐가 전기자동차를 비롯해 미래에 등장할 다양한 플랫폼에서 승부처가 될 것이다.

기존 플랫폼을 대체하기 위한
전략은 무엇인가?

    과거 산업사를 돌이켜보면 전력의 교류 대 직류, 비디오테이프의 VHS 대 베타맥스 등 기술표준 전쟁이 여러 차례 일어났다. 기술표준은 기업생태계의 토대가 되는 핵심요소로서 플랫폼의 대표적 예다. 화석연료자동차와 전기자동차 간의 기술표준 경쟁도 플랫폼 전략 관점에서 분석할 수 있다. 화석연료 고갈, 환경오염 등의 문제를 해결할 것으로 기대되는 전기자동차(새로운 플랫폼)는 화석연료자동차(기존 플랫폼)와 어떻게 경쟁해야 하는가?

    플랫폼 관점에서 자동차 시장을 보면 장기적으로 화석연료자동차나 전기자동차 중 어느 하나의 플랫폼이 시장의 대부분을 차지하는 플랫폼 독점화의 가능성이 높다. 따라서 이들 간의 경쟁은 다른 표준 경쟁과 마찬가지로 시장주도권을 두고 먹느냐 먹히느냐의 양상을 띠게 된다.

기술표준 경쟁에서 기업은 2가지 전략적 선택에 직면하게 된다.[38] 첫 번째는 '호환성(compatibility)' 전략과 '성능(performance)' 전략 사이의 선택이다. 호환성 전략은 신기술이 기존 플랫폼과 유사한 플랫폼을 채택해 기존 소비자가 신기술로 쉽게 옮겨올 수 있도록 하는 진화(evolution) 전략이다.* 자동차의 경우 하이브리드자동차가 이에 해당된다. 성능 전략은 모든 것을 원점에서 시작해 구현 가능한 최고의 성능을 추구하는 혁신(revolution) 전략이다. 자동차에서는 순수 전기자동차가 여기에 해당된다. 호환성을 통해 기존 고객을 중시할 것인가, 성능을 통해 신규 고객을 중시할 것인가를 결정해야 한다.

두 번째는 '독자활용(control)' 전략과 '외부개방(open)' 전략 사이의 선택이다. 독자활용 전략은 자기가 개발한 기술을 자신만 활용하는 전략이며, 외부개방 전략은 외부 기업도 이용할 수 있도록 인터페이스와 사양 등을 공개하는 것이다. 자신의 플랫폼이 시장에 안착하기만 한다면 독자활용 전략이 더 수익성이 높겠지만, 성공 가능성을 높이는 데는 외부개방 전략이 유리하다.

---

* 일반적으로 기존 기술을 이용하는 소비자가 신규 기술로 이전할 때는 전환비용(switching cost)이 발생한다. 새로운 디지털기기를 구입했을 때 기존에 사용하던 파일을 옮겨오는 데 드는 시간, 새로 사용법을 익혀야 하는 노력 등이 전환비용에 해당한다. 그러나 호환성 있는 기술로 이전할 때는 소비자의 전환비용이 감소한다.

		기술 활용 주체	
		독자활용 (control)	외부개방 (open)
기존 기술과의 관계	호환성 (compatibility)	'나 홀로 일보 전진' (controlled migration)	'함께 일보 전진' (open migration)
	성능 (performance)	'나 홀로 도약' (performance play)	'함께 도약' (discontinuity)

자료: Shapiro, Carl and Hal R. Varian (1999). *Information Rules*. Harvard Business School Press

2가지 딜레마를 조합하면 그림과 같이 4개 전략이 도출된다. 이 가운데 '나홀로 도약' 전략은 제로베이스에서 새로운 혁신을 추구하며 관련 기술을 독자적으로 개발하여 활용하는 전략이다. 전혀 새로운 시장을 아군 없이 개척해야 하기 때문에 4가지 전략 중 가장 대담하고 리스크가 큰 전략이다.

베터플레이스가 선택한 전략이 바로 '나 홀로 도약' 전략이었다. 배터리 교환이나 대여 등 관련된 기술과 사업모델을 베터플레이스가 독자적으로 설계하고 활용한 것이다. 베터플레이스는 성공할 경우 수익이 큰 반면 실패할 가능성도 높은 전략을 선택했고 결국 파산하고 말았다. '나 홀로 도약' 전략은 강력한 브랜드나 충분한 자금력(deep pocket)을 보유한 기업만이 활용할 수 있는 전략이다. 예를 들어, 애플 아이폰도 '나 홀로 도약'과 유사한 전략을 구사했으나 애플은 매킨토시, 아이팟 등으로 다져진 강력한 브랜드와 작지 않은 규모의 충성고객을 보유한 덕분에 성공할 수 있었다.

대부분의 후발주자들은 스마트폰 생태계의 안드로이드처럼 새로운 플랫폼을 도입할 때 대규모 제휴나 또는 오픈소스화를 통해 외부개방 전략을 선택한다. 네트워크 효과가 강한 시장에서는 특정 플랫폼이 승리하리라는 참여자들의 기대가 자기실현적 예언(self-fulfilled expectation)이 될 가능성이 크다. 잠재적 소비자와 제휴사에 자신의 플랫폼이 결국 승자가 될 것이라는 믿음을 심어줄 수 없다면 새로운 도전은 실패할 수밖에 없다.

세계인의 지식플랫폼, TED

세상을 바꾸는 아이디어, TED

지식은 일종의 공공재(公共財)다. 공공재는 더 많은 사람이 사용한다고 해서 고갈되는 것이 아니므로 일단 생산되면 널리 확산될수록 바람직하다. 인터넷의 등장으로 지식이 널리 퍼지기 쉬운 환경이 조성되면서 대학이나 연구소를 비롯한 씽크탱크들이 자신들의 지식을 공유하고 있다. 그중 가장 많은 인기를 모으고 있는 지식공유 서비스는 TED일 것이다.

TED는 '널리 전파할 가치가 있는 아이디어(Ideas worth spreading)'라는 슬로건을 내건 지식플랫폼이다. 비영리단체인 새플링재단(Sapling Foundation)이 주관하는 컨퍼런스로, 하나의 아이디어가 개인의 삶을 바꾸고 결국 세상을 바꿀 수 있다는 믿음에서 출발했다. TED는 '기술 (Technology), 오락(Entertainment), 디자인(Design)'의 앞 글자를 딴 말이지만 그 밖에도 문화예술, 비즈니스, 철학, 교육, 사회 등 거의 모든 분야의 주제를 다룬다.

컨퍼런스에는 4, 5일간 40~50명의 세계적 석학들이 연사로 등장하는데, 이들은 재미있는 입담을 쏟아내고 시연이나 공연을 하면서 주어진 15~20분 동안 1,000여 명의 청중을 사로잡는다. 물론 컨퍼런스 객석에 누구나 앉을 수 있는 건 아니다. 7,500달러라는 만만치 않은 연회비를 내야 하는데 그럼에도 불구하고 매년 신청자가 넘쳐난다. 세계에

:: **TED 컨퍼런스 모습**

자료: http://news.cnet.com/2300-1008_3-6166000.html; http://images.ted.com/images/ted/205_389x292.jpg; http://images.ted.com/images/ted/420_389x292.jpg; http://images.ted.com/images/ted/308e8d3c70e0a1bc14c2b12a116a1b009fb52152_389x292.jpg

서 가장 앞서가는 석학들의 생생한 강의를 들을 수 있고 새로운 세상을 만드는 문화운동의 현장을 직접 체험하고 싶다는 욕구를 채워주기 때문이다. 지금까지 빌 클린턴, 앨 고어, 빌 게이츠, 래리 페이지, 말콤 글래드웰 등 정치가, 기업가, 작가 등이 연사로 참여했으며, 앨 고어 전 미국 부통령은 '불편한 진실'이라는 그 유명한 강의를 TED에서 처음 공개했다.

TED는 1984년 한 건축가의 제안에 의해 일회성 이벤트로 시작되었지만 지금은 미국 캘리포니아와 영국 옥스퍼드에서 매년 개최되고 있으며 탄자니아와 인도에서도 개최된 바 있다. 그야말로 전 세계 지식인들이 선망하는 아이디어의 보고로 성장한 것이다.

플랫폼은 다양한 가치를 만들어내는 토대다. TED라는 플랫폼을 구성하는 요소는 TED 사이트, 운영규칙, 노하우 등이다. 플랫폼은 참여자가 더 많아질수록, 더 많은 아이디어가 공유될수록 그 가치가 더욱 커지는 구조를 갖는다. 하지만 플랫폼의 성장은 저절로 이루어지지 않으며 마음먹는다고 쉽게 이루어지는 것도 아니다. 기존의 틀을 깨고 새로운 시도를 하려는 결단과 외부 세계에 대한 열린 생각이 필요하다. 과연 TED는 어떤 과정을 거쳐 세계인의 지식플랫폼으로 성장할 수 있었을까?

TED의 성장 1단계 : 오프라인에서 온라인으로

TED의 첫 번째 전환점은 오프라인에서 온라인으로 공간과 매체의 틀을 깬 것이다. 만약 빌 게이츠가 TED에서 했던 강의를 듣고 싶다면, TED 사이트(www.ted.com)에서 '빌 게이츠'를 검색하기만 하면 된다. 캘리포니아 현장에서 들을 수 있다면 가장 좋겠지만, 세계 어디에 있더라도 TED 강연을 들을 수 있는 것이다. 요즘이야 이것이 당연한 이야기처럼 들리겠지만, 바로 그런 변화야말로 TED를 세계인이 참여하는 플랫폼으로 성장시킨 원동력이었다.

TED는 2007년부터 웹사이트에 강연 동영상을 올렸다. 현재 1,700개가 넘는 동영상이 제공되고 있는데, 매일 30만 명 가까이 방문한다.[39] 유튜브에도 개방되어 1억 건이 넘는 조회 수를 기록할 정도로 유튜브의 히트 콘텐츠로 자리매김했다. 아이디어를 널리 전파하려는 지식플랫폼으로서 온라인이라는 매체는 어찌 보면 필수적으로 선택해야 할 대상이므로 TED의 선택도 당연하게 여겨질 수 있을 것이다. 하지만 TED는 대중이 전문가들의 지식을 마음껏 활용할 수 있도록 다양한 매체를 통해 완전히 개방했다는 점에서 탁월함을 보였다.

대표적 예가 '크리에이티브 커먼즈(CC, Creative Commons)'라는 저작권 규정을 적용한 것이다. 원저작자를 표기한다는 '저작자 표시(BY, Attribution)', 저작물을 상업적 목적으로 사용할 수 없다는 '비영리(NC, Noncommercial)', 저작물을 변경하지 않고 원형을 유지한다는 '변경금지(ND, No Derivative Works)' 등의 조항만 지키면 누구나 무료로 시

자료: 크리에이티브 커먼즈 코리아 홈페이지(http://www.cckorea.org)

청하거나 다운로드할 수 있게 허용한다는 것이 이 저작권 규정의 특징
이다.

2010년 5월부터는 '오픈 TV 프로젝트'를 시작했는데, 전 세계 방송
사가 TED 동영상을 무료로 방송할 수 있도록 제공한 것이다. 동영상
을 편집하거나 중간에 광고를 삽입하지 않는다면 TED 동영상을 이용
한 프로그램 제작까지 파격적으로 허용하고 있다. 인터넷 속도가 느려
동영상을 보기 어려운 개발도상국에서는 TV가 TED를 접하는 유용한
매체가 되고 있다.

TED의 성장 2단계: 주최와 참여의 경계 파괴

TED의 두 번째 전환점은 주최자와 참여자의 경계를 허문 것이다.
즉 TED재단의 직원만이 TED 컨퍼런스를 준비하고 개최할 수 있는
게 아니라 전 세계 누구라도 어디서나 TED의 이름을 사용해 동일한

형식의 컨퍼런스인 'TEDx'를 개최할 수 있도록 허용했다. 예를 들어 서울시민이 개최하는 컨퍼런스는 'TEDx서울'이 되고, 구글 직원들이 개최하는 컨퍼런스는 'TEDx구글'이 되는 식이다. TEDx가 시작된 2009년부터 2012년까지 133개국 1,200개 도시에서 4,300건의 TEDx 행사가 진행되었다.[40]

하지만 이렇게 모든 것을 무조건 개방할 경우 TED가 지향하는 비전이 희석되거나 정체성에 혼란이 올 수 있다. TED의 이름을 기회주의적으로 악용하는 경우도 있을 것이다. 그래서 TED에는 누가 컨퍼런스를 개최하든지 간에 꼭 지켜야 할 규칙이 있다. 행사의 포맷·기간·초청자 수 등에서 TED의 가이드라인에 따라야 하고 연사들은 보수를 받을 수 없으며 강의 내용의 편집과 배포 권한을 TED에 부여해야 한다는 것이다. 지식플랫폼에 대한 참여를 극대화하면서도 본연의 가치를 지켜내기 위한 최소한의 안전장치를 만든 것이다. 금전이나 현물로 TED를 후원하는 기업들이 지켜야 하는 규칙도 엄격하다. 행사장 한쪽에서 기업홍보를 하거나 제품시연을 할 수는 있지만 TED의 메인 행사에서는 후원 기업의 영향력을 철저히 배제한다. 그야말로 어떤 제약이나 고정관념, 이해관계 없이 세상을 바꾸는 아이디어만이 공유되는 자리를 만들고자 하기 때문이다.

주최자와 참여자의 경계가 사라지자 TED에는 '오픈 번역 프로젝트'처럼 다른 단체에서는 쉽사리 볼 수 없는 자발적 행동가들이 나타났다. 우리나라에서도 TED 강의는 하룻밤만 지나면 한글 자막이 달려별 불편 없이 시청할 수 있는데, 오픈 번역 프로젝트에 참여하는 자원

봉사자들 덕분이다. 2009년부터 시작된 이 프로젝트에는 현재까지 1만 명이 넘는 자원봉사자가 참여해 약 4만 5,000건의 번역 스크립트를 제작했다.[41] TED 사이트에 가면 각 강의 영상을 최대 102개 언어의 스크립트로 만날 수 있고 한국어 스크립트가 있는 영상도 1,500건이 넘는다.

최근에도 TED는 전체 지식플랫폼 내에 다양한 세부 플랫폼을 만들어내며 진화하는 중이다. TED-Ed, 즉 '널리 공유할 가치가 있는 수업(Lessons worth spreading)'을 모토로 하는 교육 동영상, 가치가 높은 광고를 공유하는 '널리 전파할 가치가 있는 광고(Ads worth spreading)', TED 연사들과 회원들이 온라인상에서 만나 대화하고 협업하는 'TED 컨버세이션(TED Conversation)' 등이 그것이다. 이처럼 TED는 지속적으로 성장하고 변신하는 플랫폼의 대표 사례가 되었다.

TED 사이트에 들어가서 세계 지식인들의 동영상 강의, 자원봉사자들의 번역 스크립트 등을 보고 듣노라면 어느 순간 자신과 세상을 바꾸고자 하는 이들의 열정을 느끼게 된다. TED의 운영자 크리스 앤더슨(Chris Anderson)은 "TED의 가장 큰 장점은 행사에 참여하는 사람들의 열정이다. 그 열정은 빠르게 전염된다"라고 말한다. 플랫폼의 가치는 나눌수록 커진다는 사실을 TED를 통해 다시 한 번 깨닫게 된다.

아군을 확장하는
플랫폼 전략은 무엇인가?(1)

플랫폼 생태계는 크게 플랫폼(예를 들면, TED), 수요 측면의 이용자인 소비자(예를 들면, 컨퍼런스 참가자와 사이트 방문자), 공급 측면의 이용자인 제휴사(예를 들면, 강연자와 후원 기업) 등으로 구성된다. 플랫폼 내부로 좀 더 들어가면 플랫폼의 기능·구조·운영규칙·이용자 범위 등과 같이 플랫폼 설계와 관련된 사항들을 결정하는 플랫폼 설계자와, 이용자를 대상으로 플랫폼을 실제로 공급하는 플랫폼 제공자로 나눌 수 있다. 즉 플랫폼 제공자는 고객과의 접점이고 플랫폼 설계자는 플랫폼의 컨트롤 타워이자 실제 소유자라고 할 수 있다.

한 기업이 설계자와 제공자 역할을 모두 담당할 수도 있고 다른 기업에 일부 역할을 맡길 수도 있다. 플랫폼 공급전략은 설계자와 제공자 역할을

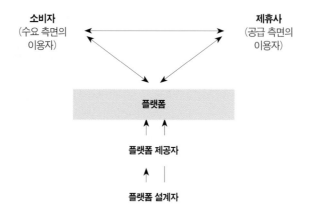

:: **플랫폼을 중심으로 한 기업생태계의 구성원**

소비자
(수요 측면의
이용자)

제휴사
(공급 측면의
이용자)

플랫폼

플랫폼 제공자

플랫폼 설계자

주: 하버드대학의 아이젠만 교수는 플랫폼 설계자를 플랫폼 후원자(sponsor)라고 부름
자료: Eisenmann, Thomas (2007). "Managing networked businesses: course overview for
　　educators". Harvard Business School Note 807-104를 토대로 구성

직접 맡는지 아니면 외부에 맡기는지에 따라 '독점', '라이선싱', '협업', '공
유'의 4가지 유형으로 정리될 수 있다.

　TED의 TEDx 운영은 플랫폼 제공자를 외부에 개방하는 라이선싱 전략
의 대표적 사례다. 플랫폼 설계는 자신이 직접 하되, 플랫폼 제공은 외부
기관도 참여하도록 한 것이다. 다양한 주체가 TEDx를 주최함으로써 아
이디어의 생명인 다양성이 극대화된다. 또한 소수의 TED 직원들이 전 세
계를 대상으로 기획과 홍보를 담당하는 데는 현실적 한계가 있기 때문에

:: 플랫폼 공급전략의 유형

		제공자 역할을 누가 맡는가?	
		직접	외부개방
설계자 역할을 누가 맡는가?	직접	**독점** (proprietary)	**라이선싱** (licensing)
	외부개방	**협업** (joint venture)	**공유** (shared)

자료: Eisenmann, Thomas, Geoffrey Parker and Marshall Van Alstyne (2009). "Opening platforms: how, when and why?". Gawer, Annabelle (ed.). *Platforms, Markets and Innovation,* Edward Elgar Publishing Inc.

다수의 아군을 참여시키는 것이 효율적이다. 다만 TED가 초기 목표를 지속적으로 추구하고 일관성을 유지하기 위해 TEDx의 운영규칙을 결정하고 다른 제공자들이 이를 철저히 따르도록 하고 있다. TED는 라이선싱 전략을 통해 TED 생태계를 극대화하는 한편, TED가 지향하는 정신과 정체성을 지켜내고 있다.

세상을 돕는 플랫폼, 키바

마이크로파이낸스 기업 키바의 특별한 플랫폼

아프리카 스와힐리어로 '연합'이라는 의미를 가진 '키바(KIVA)'는 마이크로파이낸스 기업이다. '마이크로파이낸스(microfinance)'란 저개발 국가의 가난한 이들이 창업해 자립할 수 있도록 소액의 자금을 담보 없이 빌려주는 금융업을 말한다. 한마디로 저소득층을 대상으로 하는 소액대출이다. 2005년 설립된 키바는 2013년 12월 현재 5억 달러가 넘는 자금을 120만여 명의 저개발국 사람들에게 제공하는 규모로 성장했다. 오프라 윈프리, 빌 클린턴 등 세계적인 유명 인사들로부터 관심과 지지를 받고 있다.[42]

취지가 다를 뿐 마이크로파이낸스 기업 역시 보통의 금융업과 그 구

자료: http://www.kiva.org

조는 같다. 대규모 자금과 지점 수, 즉 규모의 경제가 중요한 경쟁력으로 작용하는 것이다. 2006년 노벨평화상을 수상하면서 유명해진 대표적 마이크로파이낸스 기업 그라민은행(Grameen Bank)을 보더라도 2005년에 이미 1,700여 개 지점에서 550만 명 빈민들에게 6억 달러를 대출해주는 규모를 갖추었다.[43]

사실 제시카 재클리(Jessica Jackley)와 그녀의 전 남편 매트 플래너리(Matt Flannery)가 의기투합해 창설한 키바는 출범 당시만 해도 규모가 작았을 뿐 아니라 정식 등록된 금융기관도 아니었다. 그런데 그로부터 8년이 지난 지금은 마이크로파이낸스 분야의 대표주자로 성장했다. 과연 그 비결은 무엇일까? 그 답을 키바의 플랫폼에서 찾을 수 있다.[44]

마이크로파이낸스 플랫폼의 참여자는 크게 자금 제공자와 저개발국 대출자인데, 자금 제공자로는 통상의 이자수익을 얻으려는 금융기관이나 연기금 등이 참여한다. 그라민은행 역시 정식 은행이 된 1983년 크리쉬은행(방글라데시 농업은행)으로부터 자금을 차입하며 본격적인 성장 궤도에 올랐다. 하지만 자금 제공자에게 이자를 지급하려면 정식 금융기관으로서 증권거래위원회(SEC, Security and Exchange Commission)의 허가를 받는 등 복잡한 절차를 거쳐야 했다.

이때 생각해낸 것이 바로 '기부금'이었다. 실제로 키바가 현재 운용하는 자금은 모두 무이자 조건으로 기부자에게 제공받은 것이다. 이자가 없을 뿐 아니라 만약 대출자가 상환을 못하면 원금조차 되돌려 받지 못한다. 더욱이 수많은 단체가 기부금 모집 경쟁을 벌이기 때문에 후발주자인 키바가 충분한 자금을 모으기란 만만치 않은 과제였다. 이런 상황에서 키바는 어떤 아이디어를 썼을까? 바로 '기부 플랫폼'이었다.

기부 플랫폼의 운영방식

제시카 재클리가 키바 설립에 착안해 실질적 준비를 시작하면서 가장 먼저 한 일은 케냐에 가서 사업자금이 필요한 사람들을 인터뷰하고 돌아와 KIVA.org라는 사이트를 만든 것이었다. 재클리는 이 사이트에 케냐의 예비사업가들 사진과 현재의 생활환경 그리고 이들이 꿈꾸는 삶과 사업계획 같은 '스토리'를 담아 소개했다. 그리고 사이트 방문자들이 이들의 '스토리'를 읽고 자신이 원하는 예비사업가를 선택해 기부할 수 있게 했다. 기존 마이크로파이낸싱에서 자금 제공자들이 누

:: **키바의 운영방식**

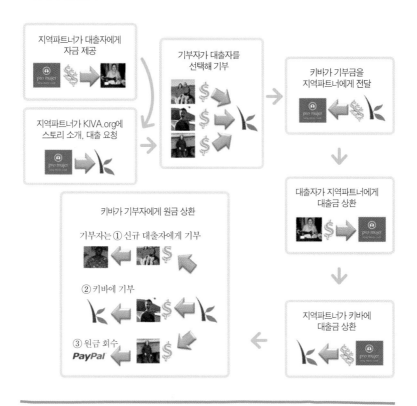

자료: http://jenniferlshelton.com/2010/03/12/get-involved-kiva-org/

구에게 어떤 일을 위해 자금이 제공되는지 알지 못했던 것과 확연히 구별되는 부분이었다. 이뿐 아니라 투자 이후 자신이 투자한 사람들의 삶이 어떻게 바뀌었는지, 사업성과는 어떤지 등의 스토리가 계속 업데 이트된다. 한마디로 말해, 키바 홈페이지를 통해 기부자와 대출자 사 이에 정서적 소통과 공유가 지속적으로 이루어지는 것이다.

더 나아가, Kivafriends.org라는 기부자 커뮤니티가 탄생해 또 다른 열정적 기부자들을 불러들이면서 키바를 지속적으로 발전시키는 강력한 플랫폼이 되어주었다. 제시카 재클리는 TED 강연에서 이렇게 말했다. "그동안의 기부금이 가난한 사람들에 대한 책임감이나 죄책감을 덜기 위한 면죄부 역할을 했을 뿐이라면 키바의 기부금은 한 개인의 삶에 애정과 관심을 갖고 지켜볼 수 있게 해준다."[45]

키바 플랫폼의 또 다른 참여자, 지역파트너

키바의 플랫폼이 더욱 발전해나가려면 또 다른 장치가 필요했다. 자금이 필요한 사람이 제대로 선별되었는지, 수혜받은 사람이 애초의 취지에 맞게 자금을 썼는지 등을 관리하고 감독하는 역할이었다. 사실 금융서비스에 생소한 저개발국 대출자들을 관리한다는 것은 매우 도전적인 과제다. 그라민은행은 매주 한 차례씩 각 지역을 돌며 대출자들을 만나 원금을 회수하는 관리업무를 담당할 직원을 3만여 명 보유하고 있다. 이것으로도 부족해, 자금을 일단 5명 단위의 그룹에 대출해주고 상환하지 못하면 그룹 전체가 책임지도록 하는 감시 시스템을 만들기도 했다. 그런데 키바는 2005년 단 2명의 인원으로 시작했고 2013년 현재도 100명 남짓한 직원이 있을 뿐이다. 대출자금 관리가 사실상 불가능한 구조다. 하지만 대출상환율이 99%가 넘는다. 그렇다면 키바의 관리시스템은 어떤 메커니즘으로 작동하는 것일까?

키바는 120만 명의 대출자를 대신 관리해줄 책임감 있고 유능한 파트너를 찾아냈다. 바로 각 지역 금융기관이다. 키바는 이들을 지역파트너(field partner)라고 부른다. 키바로부터 기부금 전액을 전달받은 지역파트너는 기부자가 이미 지정한 사람에게 돈을 빌려주고, 대출기간이 지나면 원금의 22%에 해당하는 이자를 더해 상환을 요구한다. 이자가 22%라고 하니 다소 비싸 보이지만 소액대출의 심사부터 회수까지 발생하는 관리비용을 감당하기 위해서는 어쩔 수 없는 부분이다. 그라민은행의 대출이자 역시 20% 수준이다.

그렇다면 이때 키바는 무슨 역할을 할까? 약 240개에 달하는 지역파트너를 관리하는 일을 맡는다. 대출자에게 돈을 제대로 전달하는지,

:: **키바 사이트의 지역파트너 평가 페이지**

Field Partner Name and Country	Field Partner Social Performance Strengths	Partner Risk Rating	Delinquency Rate	Default Rate
XacBank 60 months on Kiva Mongolia		★★★★★	0.36%	0.14%
Negros Women for Tomorrow Foundation, Inc. (NWTF) 54 months on Kiva Philippines		★★★★½	0.06%	0.12%
Hattha Kaksekar Limited (HKL), a partner of Save the Children 71 months on Kiva Cambodia Thailand		★★★★½	0.00%	0.04%
CSC MDO "IMON International" 73 months on Kiva Tajikistan		★★★★½	0.57%	0.02%
Fundación Paraguaya 80 months on Kiva Paraguay		★★★★½	3.07%	0.01%

자료: http://www.kiva.org/partners

허위로 서류를 꾸며 돈을 받아내지는 않는지 여부를 철저히 감시하는 것이다. 사업 초기 이런 감사활동을 통해 지역파트너 6곳의 비리를 적발해내기도 했다.[46] 도덕성이 생명인 자선단체 입장에서 이것은 사업의 존폐를 결정할 정도로 중대한 사건이었다. 하지만 키바는 최대한의 투명성을 발휘해 위기를 극복해냈다. 비리를 저지른 지역파트너를 적발하자마자 기부자들에게 사실을 알리고 지역파트너에게 책임을 묻는 등 사후관리를 철저히 함으로써 향후 동일한 문제가 발생하지 않도록 했다. 키바 사이트에서는 각 지역파트너별로 채무불이행 등의 리스크를 평가해 공개하고 있다.

키바의 성공비결은 금융기관이 아닌 자선단체라는 한계와 부족한 인력자원 등을 두루 고려해 기부자와 대출자 간 교류 및 지역파트너와의 협업을 최대한 활용하는 사업모델을 설계한 것에 있다. 키바는 기부자와 대출자 간 정서적 소통을 중개하는 웹사이트와 대출자 관리를 대행하는 지역파트너 네트워크를 플랫폼으로 활용하여 그라민은행 등 다른 마이크로파이낸스 기업보다 적은 인력과 자원으로 그에 버금가는 투자규모를 달성했다. 만일 제시카 재클리가 그라민은행 같은 큰 규모의 마이크로파이낸스 기업이 되겠다는 목표를 설정하고 무리해서 사업을 추진했다면 지금처럼 성공적인 플랫폼 기업이 되지는 못했을 것이다.

아군을 확장하는
플랫폼 전략은 무엇인가?(2)

앞서 소개했듯이 플랫폼 생태계는 설계자, 제공자, 소비자, 제휴사 등 4가지 구성원으로 구성된다. 각 구성원의 범위를 결정하는 플랫폼의 개방 및 폐쇄 전략은 플랫폼의 성과를 좌우하는 핵심이슈다. 플랫폼 설계자와 제공자 그리고 제휴사 역할을 자신이 모두 맡을 것인지 아니면 외부에도 개방할 것인지, 소비자에게 참여제한을 둘 것인지 등을 결정해야 한다.

플랫폼의 개방 및 폐쇄 전략은 플랫폼 생태계가 만들어내는 전체 가치, 즉 파이의 크기(size of the pie)를 중시할 것인가 아니면 파이 중에서 내가 차지할 몫(share of the pie)을 중시할 것인가에 따라 결정된다. 더 많은 역할을 외부에 개방할수록 플랫폼 확산이 촉진되어 파이는 커지지만 내 몫은 줄어들기 마련이다. 그렇더라도 모든 역할을 수행하기에는 자원이 부족하거나 효율성이 떨어지는 경우 폐쇄전략보다는 개방전략을 선택하는 것이 바람직하다. 키바도 앞서 소개한 TED처럼 플랫폼 설계와 제공 역할을 분리함으로써 플랫폼 생태계가 확장된 사례다.

플랫폼 사업을 추진하는 기업이 플랫폼의 폐쇄/개방 여부를 결정할 때 '생태계 전략 캔버스'를 도구로 활용할 수 있다.* 그림과 같이 플랫폼 생태계를 구성하는 플랫폼 설계자, 제공자, 소비자, 제휴사 각각에 대해 폐쇄전략을 선택할 경우 아래쪽에, 개방전략을 선택할 경우 위쪽에 표시한다. 일반적으로 플랫폼 설계와 제공을 자신이 직접 담당하고 소비자와 제휴사는 별다른 제한 없이 가능한 한 많은 수를 끌어모으는 전략을 선택할 수 있다. 이 경우 플랫폼 생태계는 그림의 점선인 '일반 생태계'와 같이 표현된다. 하지만 많은 아군이 필요할 경우 플랫폼 제공자 역할을 외부에 개방하고, 플랫폼의 품질관리를 위해 이용자를 선별적으로 참여시키는 등 각자 상황에 맞춰 플랫폼 생태계를 유연하게 설계할 수 있다.

키바는 대출자를 직접 관리하는 대신에 약 240개의 지역파트너에게 위임하고 이들 지역파트너만을 관리한다. 또한 금융기업으로서 당연한 일이겠지만 대출자의 신용도 지역파트너를 통해 관리한다. 플랫폼 제공자와 소비자에 대해 완전 개방이나 완전 폐쇄가 아닌 중간을 택하고 있는 것이

---

* 기본 발상이나 '전략 캔버스'라는 용어 등 많은 부분을 김위찬 (2005). 《블루오션 전략》. 교보문고에서 빌려왔다.

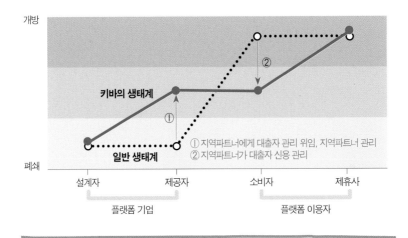

개방

키바의 생태계

① 지역파트너에게 대출자 관리 위임, 지역파트너 관리
② 지역파트너가 대출자 신용 관리

폐쇄

일반 생태계

| 설계자 | 제공자 | 소비자 | 제휴사 |

플랫폼 기업　　　　　　　　　　플랫폼 이용자

자료: Eisenmann, Thomas, Geoffrey Parker and Marshall Van Alstyne (2009). "Opening platforms: how, when and why?". Gawer, Annabelle (ed.). *Platforms, Markets and Innovatio*, Edward Elgar Publishing Inc.를 토대로 구성

다. 키바의 플랫폼 생태계를 그려보면 그림의 실선과 같은 양상으로 나타난다. 플랫폼 사업을 추진하는 기업은 자신의 생태계가 점선의 형태를 띠는 것이 적절할지, 일부 구성원의 폐쇄/개방 여부를 조정할 여지는 없는지 신중히 분석해야 한다. 예를 들어 베터플레이스가 독자노선을 가지 않고 플랫폼 설계자 및 제공자 역할을 외부에 개방하고 자동차업체 등의 제휴사를 더 많이 모았더라면 더 많은 소비자를 확보했을 것이다.

Stage
3

플랫폼 성장 단계,
딜레마 극복이 관건이다

본격적으로 성장엔진을 가동하여
참여자 저변을 확대하기 위한 전략을 마련해야 한다.
어떻게 하면 플랫폼 참여자의 수와 종류를 늘려 임계점에 도달하느냐가 관건이다.

. . .

Q8 플랫폼을 성장시키려면 어떤 준비가 필요한가? | Q9 닭과 달걀의 문제를 어떻게 해결할 것인가? | Q10 네트워크 효과를 극대화하는 방법은 무엇인가? | Q11 지배적 플랫폼이 되기 위한 방법은 무엇인가?

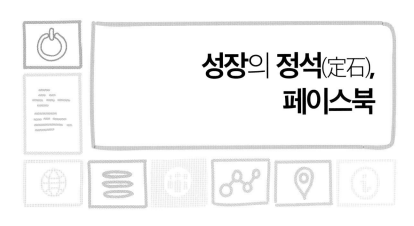

성장의 정석(定石), 페이스북

페이스북은 어떤 플랫폼을 가졌는가?

페이스북을 창업한 마크 주커버그의 이야기를 담은 영화 〈소셜네트워크〉가 2010년 개봉했다. 실존 기업인을 소재로 한 영화는 이전에도 많았지만 최연소로 영화화된 인물은 주커버그가 아닐까 한다. 20대에 이미 《포천》지가 선정한 IT업계 최고 CEO 반열에 오른 주커버그와, 2003년 설립 이후 10년 만에 세계 인터넷 사용 인구의 절반가량을 회원으로 확보한 페이스북의 드라마틱한 성장은 영화로 만들기에 부족함 없는 소재임이 틀림없다. 페이스북이 그 짧은 기간 동안 세계 최대 회원을 보유한 인터넷 서비스 기업이 된 비결은 무엇일까?

페이스북은 온라인 소통에 기초해 인맥을 만들어주는 커뮤니티 서비스인 SNS다. 이용자가 가입 시에 기록한 인적사항을 분석해 소속이나 관심사가 유사한 다른 이용자들과 연결해주는 것이다.* 자기 소식을 알리고 친구들의 근황을 확인하며, 채팅 및 사진공유 기능을 이용해 이용자 간의 일상적 소통을 가능하게 한다. 포털사이트에서 뉴스를 보거나 쇼핑몰에서 상품을 둘러보다가 '좋아요(Like)' 버튼을 클릭하면 그 정보가 나의 페이스북 페이지에 저장되어 친구들이나 모든 이용자와 공유할 수 있다. 이처럼 페이스북은 다른 이용자들과 소통하고 웹에서의 경험을 공유하는 편리한 환경을 제공한다.

페이스북은 국내 토종 SNS 싸이월드나 아이러브스쿨보다 5년 정도 늦게 시작한 서비스이고 미국에서도 마이스페이스닷컴보다 뒤늦게 출발한 후발주자이지만 현재는 세계 시장을 완전히 석권했다. 2013년 9월 현재 매월 1회 이상 방문하는 '실제 활동회원(monthly active users)'이 약 11억 9,000만 명이다. 매일 7억 3,000만 명이 방문할 정도로 이용도 활발하고 회원의 80% 이상이 북미 이외 지역에 있을 정도로 글로벌화되어 있다. 약 12억 명의 실제 활동회원 중 7억 3,000만 명은 PC뿐 아니라 스마트폰 등 모바일기기로도 서비스를 이용한다.[47]

페이스북 같은 SNS의 플랫폼은 과연 무엇일까? '다양한 제품이나 서비스를 제공하기 위한 토대'라는 플랫폼의 정의에 입각해서 보면, 페이스북의 플랫폼은 회원들이 사이트에 방문해 인맥을 형성하도록

---

* 페이스북은 프로필과 정보를 바탕으로 규정한 회원들 간의 관계를 '소셜 그래프(Social Graph)'라고 부른다.

도와주거나 개발자들이 애플리케이션을 만들 수 있도록 지원하는 각종 도구들이다. 기본적으로는 페이스북이 보유한 서버와 고객 데이터베이스 등 IT인프라가 해당된다. 또한 외부개발자들이 응용 프로그램을 쉽게 개발할 수 있도록 지원하는 API도 빼놓을 수 없다. 그러나 무엇보다 핵심적인 요소는 다양한 서비스 알고리즘이다. SNS의 로그인 정보를 이용해 다른 사이트에도 쉽게 로그인할 수 있도록 하는 '소셜 로그인', 검색어를 입력하면 페이스북에 공유된 정보를 바탕으로 결과를 찾아주는 '그래프 서치', 뉴스 구독, 콘텐츠 감상 등 다양한 웹활동을 공유하는 '오픈 그래프' 등이 대표적이다.

마이스페이스는 몰랐으나 페이스북은 알았던 것!

사실 SNS가 대중화되면서 가장 먼저 주목을 받은 곳은 페이스북이 아니라 그보다 6개월 먼저 서비스를 시작한 마이스페이스(MySpace)였다. 네트워크 효과에 힘입어 마이스페이스는 회원수가 한때 1억 명까지 늘었고 2008년 4월까지 4년 이상 1위를 유지했다. 그러나 1년도 채 지나지 않아 마이스페이스는 매달 100만 명의 회원이 탈퇴하면서 인기가 급격히 추락했다. 반대로 페이스북은 2007년부터 회원이 급증하기 시작했고 순식간에 마이스페이스를 추월했다. SNS는 네트워크 효과로 인해 한번 탄력을 받으면 놀라운 속도로 성장한다. 페이스북의 경우 창업 후 1억 명의 회원이 모이는 데 꼬박 4년 6개월이 걸렸지만,

회원수가 7억 명에서 8억 명으로 1억 명 증가하는 데는 4개월이 채 걸리지 않았다.

커뮤니티 서비스의 특성상 회원이 많아지면 회원의 개인정보나 서로 주고받은 정보가 쌓여 다른 서비스로 옮겨가기가 어려워지기 때문에 하나의 서비스로 쏠림현상이 나타나기 마련이다. 선발주자가 있을 경우 후발주자가 역전하기 어렵다는 것이 업계의 기존 상식이었다. 그런데 이런 상식과는 반대로 마이스페이스가 몰락하고 페이스북이 눈부신 약진을 했다. 그동안 이들에게 무슨 일이 있었던 것일까?

페이스북은 2004년 창업 후 3년 6개월 동안 아무런 수익 없이 이용자를 모으는 데만 주력했다. SNS 사이트가 이용자들에게 매력적이려면 처음부터 많은 이용자가 있어야 하므로 사업자 입장에서 마음이 급했을 법도 하지만 페이스북은 신중했다. 처음엔 하버드나 스탠퍼드 같은 명문대 학생에게만 가입을 허용했다. 그다음엔 미국 내 800여 개 대학 학생들에게 문을 열었고, 이후 고등학생과 직장인 순으로 가입대상을 확대해나갔다. 2006년 9월부터는 이메일 주소를 가진 사람으로서 13세 이상이면 누구나 가입할 수 있도록 했다. 이렇게 점진적으로 가입대상을 확대한 것은 성장에 치중하느라 사이트의 질적 수준을 떨어뜨리는 실수를 범하지 않기 위해서였다.

프라이버시 측면에서도 마이스페이스 등 기존 SNS와는 정책을 달리했다. 회원이 프로필을 만들고 나서 다른 회원들과 소식을 주고받으려면 친구요청을 하거나 초대를 받도록 했다. 물론 상대방은 친구요청을 거절하거나 차단할 수 있고, 자신의 신상정보를 어디까지 공

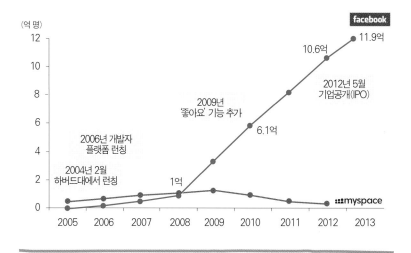

자료: 최병삼 외 (2011. 5. 4). "비즈니스 플랫폼의 부상과 시사점". 삼성경제연구소 CEO Information; 각사 사이트

개할지도 조절할 수 있도록 함으로써 회원들의 프라이버시를 보호했다. 이처럼 용의주도한 서비스 전략을 통해 페이스북은 질 좋은 성장을 이어갈 수 있었다.

또한 광고주의 플랫폼 참여를 원천 봉쇄하고 벤처캐피털의 투자에만 의존해 플랫폼 기반을 다지는 데 주력했다. 마크 주커버그는 회원이 급속도로 늘어나는 상황에서도 회원들이 페이스북에서 얻는 가치를 훼손할 수 있는 수익화에 반대했고, 광고를 통해 수익을 거두려던 공동 창업자 에두아르도 세브린(Eduardo Saverin)과도 결별을 선택했다. 2006년에는 야후로부터 10억 달러의 인수 제의를 받았지만 마크 주커버그는 페이스북의 가치는 그보다 훨씬 크다고 호언장담하며 단호히 거절해 화제가 되기도 했다. 이후 주커버그는 금전적 이유에서가 아니라 자신이 계획했던 서비스를 완성하고 싶은 꿈 때문에 그렇게 한 것이라고 회고했다.[48]

이에 반해 마이스페이스는 친구가 아니더라도 누구나 프로필 등 개인정보를 제한 없이 접근할 수 있게 허용했다. 회원수가 급증해 일견 성공한 것처럼 보였지만 많은 회원이 인맥이나 소통보다는 상업적 홍보를 위해 모인 사람들이었다. 마이스페이스의 지나친 개방전략은 SNS의 커뮤니티 요소를 없애 저질 콘텐츠와 상업광고가 난무하는 장소로 전락해버렸고 점차 SNS의 기능을 상실하고 말았다.

승부처에서는 수익화보다 성장이 중요하다

페이스북은 창업 이후부터 지금까지 매년 엄청난 규모의 IT인프라 투자를 해왔다. 2011년과 2012년에 구축한 데이터센터의 면적만 약 12만 5,000제곱미터, 즉 서울시청 앞 광장의 10배 규모에 달한다. 페이스북은 인터넷 서비스 기업임에도 불구하고 하드웨어 기술력도 뛰어나다. 데이터센터에서 사용하는 서버와 스토리지를 IBM이나 HP 같은 외부 업체에서 구매하지 않고 자신들이 직접 서버를 설계해 제조만 대만 업체에 맡기는 방식으로 데이터센터를 구축했다.

SNS는 인프라 지원이 원활하지 않아 서비스가 느려진다거나 자주 장애가 발생하면 이용자가 급격히 이탈할 수 있다. 페이스북은 단기간에 엄청난 속도로 이용자가 늘어나는 상황에서도 서비스에 차질이 생기지 않도록 적절한 시기에 서버, 네트워크, 스토리지 등의 인프라를 확충했다. 사진공유 서비스를 시작할 때는 향후 6개월 동안 사용할 계획이던 서버와 스토리지가 6주 만에 소진되는 일도 있었는데 이에 대해서도 신속하게 대응해 문제를 해결했다. 마크 주커버그는 "페이스북은 절대로 접속이 끊겨서는 안 되고 이것이 바로 다른 SNS와 가장 크게 다른 점"이라고 강조해왔다.

또한 SNS에 필수적인 소프트웨어 알고리즘을 보완하는 작업도 게을리하지 않았다. 영화〈소셜네트워크〉를 보면 하버드대학에서 프로그램 경진대회를 통해 페이스북 개발자를 뽑는 장면이 나오는데, 실제로도 탄탄한 알고리즘을 설계할 수 있는 우수한 소프트웨어 인력을 선발하기 위해 투자를 아끼지 않았다. 구글의 핵심기술을 개발하던 상당수의 인재가 대거 페이스북으로 이직하여 현재 페이스북 인력의 10% 정도를 차지하고 있다.

이와 대조적으로 수익화를 중시한 마이스페이스는 "온갖 저질스러운 광고가 범람하는 흉물스러운 SNS가 되었다"[49]라는 악평만 듣고 있었다. 2005년 뉴스 코퍼레이션(News Corp.)에 인수되면서 이런 경향은 더욱 심해졌다. 뉴스 코퍼레이션은 '관심사를 위주로 한 정보공유와 신뢰 형성'이라는 SNS의 특성을 이해하기보다는 전통적 미디어 기업의 관점에서 섣부른 수익화를 시도했다. 뉴스 코퍼레이션에 인수된 후에도 한동안 마이스페이스의 경영을 맡은 창업자 크리스 드울프(Chris DeWolfe)는《비즈니스위크》지와의 인터뷰에서 당시 상황을 이렇게 설명했다. "수익화의 압력에 너무 시달렸다. 페이스북이나 트위터가 자유롭게 서비스를 개발하는 동안 우리는 분기별 광고수익 목표를 채우느라 정신이 없었다." 결국 회원을 중시했느냐 수익을 중시했느냐로 두 기업의 명암이 갈렸던 것이다.

또한 마이스페이스는 기술에 대한 초기 투자가 중요하다는 사실을 간과했다. 단적인 예로 사이트를 빨리 오픈하기 위해 '콜드퓨전(ColdFusion)'이라는 아주 단순한 프로그래밍 언어를 사용해 알고리즘을 설계했는데, 개발이나 사용은 쉬운 반면 기능제약이 심해 새로운 서비스를 도입할 때마다 여기에 발목이 잡혔다. 결국 마이스페이스는 2006년 무섭게 추격해오는 페이스북과 일전을 벌여야 하는 결정적 시기에 사이트를 재정비하는 대공사를 벌이느라 귀중한 시간과 자원을 낭비해야 했다.

또 하나의 네트워크 효과를 만들다

페이스북 회원수가 가파르게 성장하고 있던 2007년 5월, 페이스북은 또 하나의 혁신적 전략을 도입했다. 페이스북 기반 애플리케이션을 개발할 때 사용하는 API를 외부 개발자들에게 공개한 것이다. 페이스북은 외부 개발자들에게 페이스북의 새로운 기능과 지원도구를 소개하는 'f8 컨퍼런스'를 매년 개최했다. 외부 개발자들은 공개된 제작도구를 활용해 게임을 비롯한 페이스북 기반의 다양한 응용 프로그램을 개발해냈고 이는 애플리케이션의 폭발적 증가로 이어졌다.*

외부 개발자들은 페이스북의 성장에 큰 기여를 했다. 이용자가 온라인상 어디에 머물더라도 페이스북의 SNS 기능을 사용할 수 있는 '커넥트(connect)' 기능은 외부 개발자의 작품이다. 커넥트는 이용자의 행위를 페이스북 웹페이지에 가두는 것이 아니라 인터넷상에서 이루어지는 이용자의 활동과 정보가 모두 페이스북으로 수렴되도록 하는 기능이다. 페이스북을 기반으로 하는 베스트셀러 소셜게임인 징가(Zynga)의 팜빌(FarmVille)도 외부 개발자에 의해 탄생했다.

2007년 가을부터는 광고 등을 통해 본격적인 수익 창출에 나섰다. 페이스북은 같은 해 'Facebook Ads'를 발표했는데, 페이스북 페이지를 기업에 제공해 회원들과 우호적인 인맥을 맺게 해주고 맞춤형 광고 캠페인을 수행할 수 있도록 개인정보를 제공하는 방식이다. 많은 글로벌기업이 온라인광고보다 훨씬 정교하고 효과적인 광고 캠페인을 수행할 수 있는 페이스북의 광고플랫폼으로 모여들었다.

이처럼 페이스북은 이용자 관점에서 서비스를 설계하고 어떤 상황에서도 이용자가 서비스를 이용하는 데 불편함이 없도록 인프라에 투자해왔다. 페이스북은 플랫폼을 탄탄하게 구축하고 이를 광고주와 애플리케이션 개발자에게 개방함으로써 광고수익과 애플리케이션 수수료 수익을 통해 성장하고 있다.

---

* '8'이라는 명칭은 컨퍼런스를 마친 후 약 8시간 동안 서비스에 대한 아이디어를 짜내는 행사를 여는 페이스북의 전통에서 유래한다.

플랫폼을 성장시키려면
어떤 준비가 필요한가?

　네트워크 효과는 ICT 시장에서 사업의 성패를 결정짓는 핵심요소 중 하나다. SNS에서도 예외는 아니다. SNS 플랫폼이 잘 구축되어 지인들 간의 소통과 인맥 형성이 쉬워지면 당연히 회원들이 모인다. 열대기단이 몰려들어 태풍이 되듯 이렇게 모인 회원들이 또 다른 사람들을 끌어들여 SNS의 가치는 더욱 커진다. 이것이 바로 네트워크 효과다. 사람들은 회원이 많은 SNS를 더 좋아하고 그래서 거기에 더 많은 회원들이 모인다. 결국 해당 플랫폼은 더욱 크고 강력해진다.

　SNS같이 네트워크 효과가 중요한 시장에서는 승자독점(winner-take-all) 현상이 나타나기 쉽다. 일단 이용자가 어느 수준을 넘어선 네트워크는 이후 더욱 커지는 반면, 경쟁에 뒤진 네트워크는 점점 작아진다. 결국 비

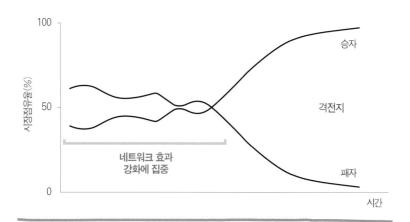

자료: Shapiro, Carl and Hal R. Varian (1999). *Information Rules*, Harvard Business School Press 를 토대로 구성

숫한 규모에서 경쟁을 시작한 두 네트워크가 시간이 지남에 따라 승자와 패자로 극명한 대조를 이루게 되는 것이다.

다만 실제 비즈니스에서 네트워크 효과가 어떤 방향으로 시장에 영향을 미칠지를 정확히 전망하기는 어렵다. 자기실현적 예언을 플랫폼에 적용해 보자면, 이용자들이 승자가 되리라고 예상해 몰려가는 그 플랫폼이 실제로도 승자가 된다. 디지털 경제학 분야의 대가인 칼 샤피로(Carl Shapiro) 교수와 할 배리안(Hal R. Varian) 교수는 이렇게 말한다. "네트워크 효과가 중요한 경제에서는 인내심과 예측력 그리고 상당한 행운이 필요하다." [50]

네트워크 효과를 자신에게 유리하게 활용하기 위해 플랫폼 기업은 구체적으로 무엇을 해야 하고 무엇을 하면 안 되는가? 사업 초기에는 이용자가 늘어나지 않더라도 꾸준히 인프라에 투자하며 기다려야 한다. 향후 규모가 급격히 증가하는 상황에 대비해야 하는 것이다. 이용자가 임계점을 넘어서면 규모가 급속도로 커지기 시작하는데 이때도 섣부른 수익화는 금물이다. 시장의 승자가 확실히 가려지기 전까지는 다른 무엇보다 네트워크 효과를 중시해야 한다. 현재 자신이 경쟁사를 다소 앞서고 있다 해도 여전히 격전지(battle zone)에 있지 않은지 냉정히 평가해야 하고, 만일 그렇다고 판단되면 거기서 벗어나 승부가 판가름 날 때까지 수익화보다는 이용자 가치를 높이기 위한 서비스 개선에 집중해야 한다.

페이스북은 후발주자임에도 불구하고 창업 초기에는 네트워크 효과의 불리함을 극복했으며 이후에는 네트워크 효과에 힘입어 경쟁에서 승리했다. 이는 초기 수익화 혹은 외부 기업 인수라는 유혹을 모두 물리치고 자신들은 이용자의 가치를 가장 중시한다는 믿음을 시장에 심어준 덕분에 가능한 승리였다. 또 외부 개발자에게 플랫폼을 개방한 전략이 주효했고, 스마트폰 보급이 급격히 늘어난 시장 환경도 행운으로 작용했다.

결제플랫폼의 다크호스, 스퀘어

결제시스템은 가장 오래된 플랫폼

100원짜리나 500원짜리 동전의 테두리에 왜 톱니바퀴 모양의 줄무늬가 있을까? 이것은 만유인력의 법칙을 발견한 영국 과학자 뉴턴과 밀접한 관련이 있다. 뉴턴이 살던 당시에는 동전을 액면가와 같은 값어치의 금이나 은으로 만들었다. 10달러짜리 금화는 10달러어치 금으로 만드는 식이었다. 그러다 보니 사람들이 동전 가장자리를 조금씩 깎아내는 일이 생겼다. 시장에선 성한 동전을 찾아보기가 어렵게 되었고 금화나 은화를 받지 않으려는 상인이 늘어났다. 화폐의 가장 중요한 역할인 거래수단으로서의 기능에 문제가 발생한 것이다. 영국의 시장질서가 혼란에 빠지자 당시 영국 왕립 조폐국장이던 뉴턴은 문제를 해결해달라는 요청을 받았다. 뉴턴은 동전을 깎아내면 바로 알아차릴 수 있도록 테두리에 줄무늬를 새기는 묘안을 내놓았다. 물론 요즘에는 금이나 은으로 동전을 만들지 않지만 동전을 구별하기 위해 여전히 테두리에 줄무늬를 넣고 있다.

동전 테두리 이야기처럼 시장에서 결제시스템이 작동하기 위해서는 교환비율 등의 규칙이 있어야 하고, 돈을 내는 사람과 받는 사람이 여기에 따라야 한다. 이처럼 결제시스템은 돈을 내는 사람과 받는 사람이 함께 이용하는 전형적인 플랫폼이다. 기원전 7세기부터 금이나 은으로 만든 최초의 동전이 사용되었다고 하니 결제시스템이야말로 가장 오래된 플랫폼 중 하나인 셈이다.[51] 물론 결제시스템도 계속 진화한다. 1950년대 최초의 신용카드 회사인 다이너스클럽이 출현한 후 신용카드는 현금과 함께 대표적인 결제수단으로 사용돼왔다.

그렇다면 앞으로도 결제시스템에서 현금과 신용카드의 양강구도가 유지될까? 또 다른 결제수단으로 어떤 것이 유망할까? 현재 가장 강력한 후보로 거론되는 것은 스마트폰이다. 스마트폰은 사람들이 항상 휴대하는 기기이고 게임, TV 시청, 내비게이션 등 점점 더 다양한 기능을 하고 있기 때문이다. 스마트폰이 현금 같은 결제수단 역할을 하도록 만들기 위해 구글, 애플 등 모바일 트렌드를 주도해온 기업과 여러 통신사가 꾸준히 노력해왔다. 일례로 구매자가 자신의 금융 정보를 동글(dongle)*이라는 작은 기기에 담아 스마트폰에 꽂아 사용하는 서비스가 있다. 그런데 동글로 결제하려면 판매자는 신용카드 단말기 이외에 동글을 인식하는 단말기를 추가로 설치해야 한다. 동글을 꽂은 스마트폰을 단말기에 갖다 대면 신용카드를 긁듯 결제가 이루어진다.

하지만 결제시스템 같은 사회 인프라를 새로 구축하기란 결코 쉽지 않다. 구매자 쪽에서는 동글을, 판매자 쪽에서는 단말기를 많이 갖고 있어야 하는데 어느 쪽도 먼저 적극적으로 나서지 않기 때문이다. 양쪽 모두를 설득해 기기를 보급하고 사용하게 하자면 비용도 많이 들고 시간도 오래 걸릴 수밖에 없다. 플랫폼 보급 초기에 흔히 나타나는 '닭과 달걀의 문제'가 발생하는 것이다. 그래서 스마트폰을 이용한 결제방식은 아직까지 널리 보급되지 못했다. 이런 가운데 한 벤처기업이 결제플랫폼 세계에서 괄목할 만한 성과를 내고 있다. 바로 '스퀘어(Square)'다.[52]

스퀘어의 해법, 한쪽에만 충실하라!

스퀘어는 2009년 잭 도시(Jack Dorsey)와 짐 멕켈비(Jim McKelvey)가 미국 실리콘밸리에 설립한 벤처기업이다. 2006년 트위터를 공동창업했던 잭 도시가 설립한 회사여서 초기부터 투자자들의 관심을 모았다. 2012년 9월에는 미국 《포천》지가 "스퀘어의 기업가치는 30억 달

＊ 동글은 컴퓨터나 휴대폰 등 전자기기에 연결하는 작은 크기의 하드웨어로 인증, 데이터 전송 등의 기능을 수행한다.

러가 넘는다"라고 보도하기도 했다. 그렇다면 스퀘어는 과연 플랫폼의 '닭과 달걀의 문제'를 어떻게 해결했을까?

스퀘어는 발상의 전환을 시도했다. 구매자와 판매자 양쪽이 새로운 결제시스템을 적용하도록 설득하는 대신 한쪽만 설득한 것이다. 그리고 기존 통신사들이 스마트폰에 신용카드를 결합하는 방식을 사용했던 것과 달리 스퀘어는 구매자의 신용카드는 그대로 두고 스마트폰을 판매자의 카드단말기로 활용하는 아이디어를 생각했다.

스퀘어의 결제방식은 구체적으로 이렇다. 우선 제품이나 서비스를 판매하려는 사람이 스퀘어의 웹사이트(squareup.com)에서 회원가입을 하고 결제정보를 입력하면 소형 카드리더기를 무료로 발송해준다. 이 리더기는 엄지손가락 크기의 정사각형 모양이고, 그래서 명칭도 '스퀘어'다. 결제를 하려면 판매자는 이 리더기를 자신의 스마트폰 이

:: **스퀘어의 결제방식**

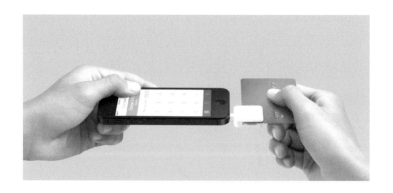

자료: 스퀘어 홈페이지(squareup.com)

어폰 단자에 꽂고 기존 카드단말기에 할 때처럼 구매자의 신용카드를 긁은 다음, 구매자가 스마트폰 화면에 서명하거나 비밀번호를 입력하면 된다. 구매자는 기존 신용카드를 그대로 사용하니까 별도로 준비할 것이 없고, 판매자는 번거롭게 단말기를 설치하는 대신 스마트폰에 작은 리더기만 부착하면 되는 것이다.

스퀘어는 비자카드와 마스터카드 같은 신용카드 회사와 마찬가지로 거래수수료를 통해 수익을 거둔다. 스퀘어는 판매자로부터 판매금액의 2.75%에 해당하는 금액을 거래수수료로 받고 이 금액의 70~80%를 신용카드사에 나누어준다.[53] 판매자는 스퀘어에만 수수료를 내면 되고 신용카드사에 별도로 내는 수수료는 없다.

"더 단순하게!", 결제방식의 진화

최근 스퀘어는 새로운 결제방식을 추가했다. 바로 스마트폰에 내장된 디지털지도와 GPS를 이용해 이용자 주변에 위치한 매장을 검색하고 제품을 구매할 수 있는 '스퀘어 월렛(Square Wallet)'이라는 위치 기반 서비스다. 이용자는 스퀘어가 무료로 배포하는 스마트폰 앱을 다운로드받아 자신의 신용카드 정보를 등록한다. 그리고 구매를 원할 때 주변에서 스퀘어로 결제가 가능한 매장을 검색한다. 원하는 상점을 선택한 다음 거기서 판매하는 상품을 고르면 이용자의 정보와 선택한 상품의 정보가 그 상점으로 전송된다. 구매자가 상점에 들러 준비된 상품을 건네받으며 스퀘어 앱에서 '결제' 버튼을 클릭하면 상점주인의 스퀘어 앱에 '결제' 버튼을 클릭한 손님의 리스트가 나타나고, 상점 주인이 리스트에서 그 손님을 선택하고 손님이 동의하면 결제가 완료된다.

결제가 완료되는 동시에 스마트폰으로 결제됐다는 문자메시지가 뜨기 때문에 결제가 문제없이 처리되었음을 곧바로 확인할 수 있다. 자주 이용하는 매장으로 등록하면 매장에 들어서는 순간 자동으로 결제 요청이 되도록 설정할 수도 있다. 이 서비스를 이용하면 이용자는 굳이 신용카드를 지갑에 넣고 다닐 필요가 없고 가맹점도 별도의 리더기를 보유하지 않아도 결제를 할 수 있다.

스퀘어의 CEO 잭 도시는 한 인터뷰에서 "스퀘어의 경쟁력은 '복잡한 것을 단순화하는 능력'이다"라고 언급한 바 있다.[54] 트위터가 소통을 단순화한 것과 같이 스퀘어는 결제를 단순화한 것이다. 이처럼 스퀘어 리더기나 앱을 이용한 결제방식의 가장 큰 장점은 단순하고 편리하다는 점이다. 예를 들어, 늘 가는 근처 커피집을 검색해 원하는 메뉴를 주문해놓았다가 매장에 갔을 때 기다릴 필요 없이 준비된 커피를 받아서 나오는 것도 가능하다. 바로 이 점을 주목한 스타벅스는 2012년 8월 2,500만 달러를 스퀘어에 투자할 것이며 CEO 하워드 슐츠가 스퀘어 이사회의 멤버가 될 것이라고 발표한 바 있다.* 그만큼 스퀘어의 미래를 긍정적으로 전망한다는 의미다. 또한 스타벅스는 미국 내 7,000여 개 매

---

* 실제로 하워드 슐츠는 2012년 8월부터 2013년 10월까지 스퀘어의 이사회 멤버로 활동했다.

장에서 스퀘어를 사용해 지불이 가능하도록 했다. 현재 애플, 월마트, 베스트바이 등 100만 개 사업자가 스퀘어를 결제수단으로 사용하고 있으며 그 수는 더욱 늘어날 전망이다.

스퀘어가 제공하는 서비스를 이용하면 큼직한 카드단말기를 굳이 갖춰놓을 필요가 없어지므로 1인 창업자 같은 소규모 판매자도 고객과 카드거래를 할 수 있다. 즉 스퀘어 서비스를 이용하면 계좌이체 등 현금거래에만 의존해온 개인 간 상거래에서도 신용카드 거래가 가능해진다. 신용카드로 기부도 할 수 있고, 선거자금도 모을 수 있다. 실제로 오바마 대통령은 재선을 위해 선거운동을 할 때 스퀘어를 통해 후원금을 모금해 화제가 되었다.

결제플랫폼의 미래는?

현재 스퀘어라는 작은 벤처기업이 혁신적 서비스를 출시하며 앞서 가고 있지만 막대한 시장으로 성장할 결제플랫폼 분야의 전쟁은 이제 시작에 불과하다. 최근 온라인 결제 분야의 강자 페이팔이 '페이팔 히어(Paypal Here)'를 출시하며 출사표를 던졌고, 구글도 NFC(Near Field Communication) 기반의 '구글 월렛'이라는 자체 결제시스템을 도입하는가 하면, AT&T 같은 통신사, 월마트를 비롯한 유통업체들도 독자적 결제시스템 도입을 서두르고 있다. 2012년 9월에는 애플이 iOS6를 발표하며 자체적으로 개발한 모바일 결제시스템 '패스북(Passbook)'을 함께 소개했다.*

스퀘어가 향후에도 쟁쟁한 경쟁사들의 틈바구니에서 결제플랫폼의 강자로 군림할 수 있을지는 누구도 장담할 수 없다. 또한 신용결제 분야의 터줏대감인 신용카드사들과의 수익배분 문제도 골치 아픈 문제로 떠오를 수 있다. 하지만 작은 벤처기업으로서 사업 초기에 '닭과 달걀의 문제'를 해결하고 의미 있는 규모의 참여자를 확보하기 위해 찾아낸 스퀘어의 해법은 플랫폼 사업을 구상하는 모든 기업이 되새겨볼 만한 가치가 있다.

---

* 이들 업체는 결제 분야의 주도권을 잡기 위해 지속적으로 새로운 서비스를 소개하고 있다. 2013년에는 애플의 '아이비컨(iBeacon)', 페이팔의 '페이팔 비컨(Paypal Beacon)' 등 블루투스 기술을 이용해 주변 상점에서 쿠폰을 발행하거나 비접촉 방식으로 결제를 할 수 있는 서비스가 경쟁적으로 출시되었다. 2014년에는 애플의 부사장 에디 큐(Eddy Cue)가 새로운 모바일 결제시스템을 출시하기 위해 업계 협력을 이끄는 데 주력한다는 소식이 《월스트리트저널》을 통해 전해지기도 했다.

닭과 달걀의 문제를
어떻게 해결할 것인가?(1)

새로운 사업을 시작해 생존할 수 있는 수준까지 올려놓는 일은 어렵다. 대부분의 신생 기업이 그렇게 되기 전에 실패를 맛본다. 미국의 신생 기업 중 설립된 지 5년 이내에 사라지는 비율이 61%나 된다는 조사결과도 있다. 플랫폼 사업은 문제가 더욱 심각하다. 신생 기업들이 흔히 겪는 문제와 함께 이른바 '닭과 달걀의 문제'까지 해결해야 하기 때문이다.

닭과 달걀의 문제가 있는 상황에서는 임계점에 도달하는 것이 매우 중요하다. 한번 임계점에 도달하면 그 이후에는 참여자들이 서로를 끌어당기는 네트워크 효과가 나타나 자체적으로 성장동력이 생기기 때문이다. 네트워크 효과가 큰 시장에서 임계점은 그림의 C1-C2와 같이 참여자 A와 B가 어느 정도 충분히 확보된 점들의 집합 형태가 된다. 어느 한쪽이 다른

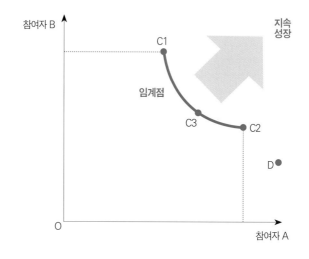

자료: Evans, David (2009). "How catalysts ignite: The economics of platform-based start-ups". Gawer, Annabelle (ed.). *Platforms. Markets and Innovation*, Edward Elgar Publishing Inc. 를 토대로 구성

한쪽보다 너무 적으면 계속 성장하기 어렵기 때문에 D와 같은 점은 임계점이 되기 어렵다. 예를 들어 임계점 중의 하나인 C3와 비교하면, 참여자 A의 수는 많지만 참여자 B의 수가 부족하기 때문이다. 원점 O에서 시작한 사업이 일정 기간 동안 C1-C2의 임계점에 도달하지 못하면 초기 얼리어답터들이 더는 방문하지도, 다른 이들에게 추천하지도 않게 되어 사업은 성장 동력을 잃고 위축되다가 결국 사라진다.

임계점에 도달하기 위한 전략은 산업의 특성이나 시장 상황에 따라 달라진다. 크게 닭과 달걀의 문제를 우회하는 전략과 정면돌파하는 전략으로 나눌 수 있는데, 여기서는 먼저 우회 전략을 소개한다. 닭과 달걀의 문제는 다른 참여자가 많아지기를 기다리며 서로 먼저 참여하기를 꺼리는 상황이므로 이때 효과적인 전략은 '단면우선 전략(Divide and Conquer)'이다. 여러 참여자 그룹 중 상대적으로 끌어들이기 쉬운 그룹을 선택해 먼저 확보하는 것이다. 3가지 방법을 살펴보자.

첫 번째, 다른 그룹에 대해 상대적으로 가치를 덜 느끼는 그룹을 먼저 참여시키는 방법이다. 예를 들어 미디어 시장이 원활히 돌아가려면 소비자(TV 시청자, 신문 독자 등)와 광고주가 모두 많아야 한다. 하지만 소비자는 재미있고 유익한 콘텐츠(TV 프로그램, 신문 기사 등)가 무료로 제공되기만 한다면 광고주가 없어도 미디어를 이용한다.* 따라서 미디어 기업은 시청자가 원하는 콘텐츠를 무료 또는 저가에 제공하여 시청자를 충분히 확보하고 이들에게 광고하기를 원하는 광고주를 모으는 식으로 닭과 달걀의 문제를 해결할 수 있다.

검색서비스도 마찬가지다. 예를 들어 구글은 사업 개시 후 23개월 동안 광고 없이 무료로 검색엔진을 운영했다. 이 기간 동안 10억 개의 페이지를 인덱싱하고 매일 1,800만 번의 검색질의를 확보한 후 검색결과 페이지를

---

* 시청자가 광고가 있든 없든 개의치 않는다면 0의 네트워크 효과가 있는 것이고 광고를 싫어한다면 음의 네트워크 효과가 있는 것이다.

광고주에게 제공했다. 페이스북 등 인터넷 서비스도 이와 유사한 방식으로 성장한다. 이용자들이 원하는 서비스를 제공하여 충분한 가입자를 확보하고 이를 바탕으로 광고주나 기타 제휴사를 참여시키는 것이다.

두 번째, 한쪽 참여자 그룹이 플랫폼에 참여하는 비용을 줄여주는 방법이다. 어도비의 PDF(Portable Document Format)가 대표적 예다. PDF 문서포맷이 활발히 이용되려면 문서파일을 제작하는 프로그램과 이를 읽는 프로그램이 모두 많이 배포되어 있어야 한다. 어도비는 문서파일을 보낼 때 읽는 프로그램(뷰어)도 같이 보내거나 사이트에서 쉽게 다운로드할 수 있도록 하여 문서를 읽는 이용자의 불편을 최소화했다. 이렇게 문서를 읽는 참여자를 충분히 확보한 다음 기업이나 학교 등 문서를 제작하는 기관 이용자가 제작 프로그램을 구매하도록 한 것이다. 인터넷 전송이 가능한 디지털 상품에서는 이와 같은 전략을 활용할 수 있다.

스퀘어는 닭과 달걀의 문제를 회피하는 세 번째 방법을 제시했다. 즉 양쪽 참여자를 동시에 모으는 것이 아니라 어느 한쪽은 기존 이용자 그룹을 그대로 수용하는 방법이다. 구매자와 판매자 모두에게 새로운 결제수단을 갖도록 하는 대신 구매자는 기존 신용카드를 그대로 사용하도록 했다. 판매자가 자신의 스마트폰에 작은 기기를 부착하기만 하면 결제가 가능하도록 한 것이다. 이처럼 기존 방식을 이용하던 참여자가 아무런 노력 없이 새로운 플랫폼으로 옮겨올 수 있도록 플랫폼을 설계한다면 닭과 달걀의 문제를 우회할 수 있다.

구글 헬스는 왜 실패했을까?

원숭이가 나무에서 떨어지다

인터넷의 등장은 많은 측면에서 선순환 효과를 만들어내고 있다. 사람들이 인터넷을 매개로 모임으로써 정보가 쌓이고, 이 정보를 활용한 새로운 서비스가 등장함으로써 더욱 많은 사람이 모이는 것이다. 그 중심에 플랫폼이 있다. 플랫폼을 활용해 정보를 모으고 이를 새로운 서비스 발굴에 활용하는 데 발군의 실력을 발휘하는 기업이 있다. 바로 구글이다. 1998년 설립 이후 현재까지 구글은 정보가 축적되면 그것이 자연스럽게 경쟁력으로 연결되는 분야에서 강점을 보여왔다. 웹사이트에 링크가 하나 늘거나 이용자가 검색을 하면 할수록 검색엔진은 더욱 정확해져 이용자가 증가하고, 이용자가 광고를 클릭할수록 광고주가 늘어나 구글의 수익이 증가하는 것처럼 말이다.

하지만 구글에 뼈아픈 실패를 안겨준 플랫폼도 있었으니, 구글 헬스(Google Health)가 그것이다. 구글 헬스는 2008년 5월 구글이 오픈한 '의료정보 플랫폼'이다. 이용자가 자신의 의료정보를 한곳에 모아두고 언제 어디서나 인터넷을 통해 무료로 관리하고 활용하도록 한 서비스다. 그야말로 "전 세계의 정보를 체계화하여 언제 어디서나 접근 가능하고 유용하게 만든다"라는 구글의 비전을 의료 분야에서 실현한 꿈의 서비스라 할 수 있다. 서비스 발표 당시 기자들이 구글 헬스 사업을 시작하는 이유를 묻자 당시 CEO였던 에릭 슈미트는 "의료정보가 가장 중요한 정보니까"라고 간단히 대답했다.[55] 가장 중요한 정보를 체계화하는 플랫폼을 구축하면 구글의 수익에 큰 도움이 되리라 판단한 것이다. 하지만 구글은 서비스 개시 3년 만인 2011년 6월 구글 헬스 서비스를 2012년 1월부터 중단하겠다고 발표했다.

물론 서비스를 시작했다가 중단하는 것은 인터넷 서비스 업계에서 드문 일이 아니다. 구글 역시 신규 서비스를 베타 서비스 형태로 오픈했다 중단한 적이 많다. 하지만 정보화가 가장 늦은 분야 중 하나인 의료 분야에 구글이 뛰어들어 야심 차게 시작한 서비스였기 때문에 구글의 중단 결정에 대해 이용자나 전문가들은 아쉬움을 나타냈다.

구글은 이 서비스를 시작하면서 어떤 꿈을 꾸었던 것일까? 구글 헬스 이용자가 평소 직접 또는 병원이나 약국을 통해 자신의 건강상태나 치료기록을 구글 헬스에 입력해두면 정기적으로 건강에 유익한 정보를 제공받는다. 의료기관은 구글 헬스의 정보를 통해 환자의 상태를 정확히 파악해 치료에 활용하고 치료 후에도 관련 정보를 다시 구글 헬스에 저장한다. 이렇게 구글 헬스를 이용하는 개인과 의료기관이 많아지면 방대한 분량의 의료정보가 쌓이게 될 테고 이를 활용하면 혁신적 의료 서비스를 개발할 수 있으리라고 생각했던 것이다. 2008년 구글 헬스가 하버드대학의 의학 연구팀을 지원하거나, 2007년 유전자 검사 서비스 업체(23AndMe)에 390만 달러를 투자한 것만 봐도 이런 전략적 의도를 파악할 수 있다. 구글은 개인 이용자와 의료기관, 연구기관, 제휴 기업 등이 참여해 선순환하는 가치를 만들어가는 의료 생태계를 만들고자 했던 것이다.

하지만 3년여의 서비스 기간에도 불구하고 구글 헬스의 이용자 수는 구글이 공개를 꺼릴 정도로 미미한 수준에 그치고 말았다. 시장조사기관 IDC가 2011년 3월 발표한 설문조사 결과에 따르면, 조사대상 미국인 중 구글 헬스 같은 PHR(Personal Health Record)을 이용해본 적이 있다고 응답한 비율은 고작 7%에 불과했다.[56]

왜 이런 결과가 나온 것일까? 전문가들은 구글 헬스의 실패 이유를 투자 부족과 책임자의 중도 퇴직 등 구글 내부에서 찾고 있다. 또한 이용자 인터페이스나 이용자 간 소통 불편 등 사이트 설계에도 문제가 있었다는 의견이다. 만약 투자를 좀 더 늘리고 사이트 설계를 잘했다면 성공할 수 있었던 것일까? 구글 헬스가 실패한 까닭을 좀 더 본질적으로 고찰해보기 위해 플랫폼 참여자 관점에서 이 서비스가 지닌 문제점을 살펴보자.

구글 헬스가 실패한 까닭

구글 헬스 서비스를 이용하려면 우선 의료정보를 입력해야 한다. 의료정보는 개인이 입력할 수도 있고 병원 등 의료기관에서 입력할 수도 있다. 개인이 직접 자신의 증상을 입력하는 페이지를 예로 들어 살펴보면, 상당히 방대한 정보를 입력할 수 있게 만들어져 있다. 증상뿐 아니라 약물, 시술, 알레르기, 검사 결과, 예방접종까지 다양한 내용을 기록하도록 되어 있고, 'more info'를 클릭하면 항목별 설명도 자세하다. 하지만 증상에 대한 주관적 느낌을 기록하는 것이어서 제대로 된

:: **구글 헬스의 의료정보 입력 화면**

자료: http://blogoscoped.com/archive/2008-05-19-n87.html

진단에 따라 정확한 정보를 입력했는지는 확인할 길이 없다. 더군다나 의학정보가 부족한 개인이 이와 같이 방대하고 자세하게 데이터를 입력하기란 실질적으로 상당히 어려운 일이다.

그렇다면 이미 상당한 규모의 의료정보를 갖춘 병원이나 약국 등에서 정보를 입력하는 것은 어떨까? 구글 헬스는 이용자가 원할 경우 자신이 이용한 의료기관으로부터 진료기록을 가져올 수 있는 기능을 제공한다. 하지만 이 역시 쉽지 않다. 아직 의료 분야는 정보표준화 수준이 낮아 의료기관마다 데이터 형식이 다르다. 애써 정보를 모았다 해도 그것을 유용하게 쓰기란 쉽지 않다.

한편 의료정보를 입력한 구글 헬스의 이용자는 과연 어떤 편익을 누릴 수 있을까? 구글 헬스는 처방받은 약이 알레르기를 일으킬 수 있다거나 함께 복용하면 부작용이 발생할 수 있다거나 하는 정보를 알려주는 등 몇 가지 서비스를 제공했지만 전반적으로 이용자의 기대는 미치지 못했다. 의료 분야에서는 전문가의 지식이 중요한 역할을 하기 때문에 개인 의료정보를 '축적'하는 것만으로 가치를 만들어내기는 어려웠던 것이다. 구글 헬스 서비스가 미래에 만들어낼 잠재적 가치는 무궁무진하지만 이용자들이 당장에 얻게 되는 편익은 들이는 노력에 비해 보잘것없었다.

또한 구글 헬스에는 의료정보가 많이 축적될수록 이용자가 더 좋은 의료서비스를 제공받게 되거나 플랫폼을 강화하는 네트워크 효과가 만들어지는 메커니즘이 없었다. 구글 헬스의 이용자가 늘어난다 해도 기존의 이용자에게는 별 이익이 없었다는 것이다. 먼 미래의 불확실한 편익을 위해 지금 당장 큰 비용을 지불하라고 요구하는 플랫폼이라면 누구라도 선뜻 참여하기 어려울 것이다.

일반 이용자에게는 매력적인 서비스를 제공하지 못했더라도 의사나 제약회사 등 전문가에게는 의미 있는 플랫폼이 될 수 있지 않았을까? 하지만 2011년 1,000여 명의 미국 의사를 대상으로 실시한 조사에서 "개인이 직접 입력하고 관리하는 의료정보를 신뢰하지 않는다"고 응답한 비율이 79%나 되었다.[57] 개인이 입력하고 관리하는 의료정보는 전문가들에게 신뢰를 주지 못하기 때문에 활용도가 낮을 수밖에 없었던 것이다.

그렇다면 의료기관이 정보를 입력하고 의료기관이 사용하는 것은 어떨까? 여기에는 법적 책임이라는 문제가 걸려 있다. 다른 의료기관에서 제공한 정보를 바탕으로 진료를 했는데 의료사고가 생겼다면 책임은 누가 질 것인가? 이런 리스크를 감수하면서까지 의료진이 구글 헬스의 자료를 활용할 이유는 별로 없었다. 비용이 조금 들더라도 정보를 직접 관리하려 할 것이다. 결국 구글 헬스는 그 원대한 비전과 달리, 심각한 질병 걱정 없이 다이어트나 일상적 건강관리 목적으로 활용하려는 인터넷 이용자를 위한 서비스에 그치고 말았다.

선순환 동력을 만드는 법

의료 분야는 인간의 생명을 다루는 만큼 이용자나 의료기관이 매우 보수적으로 행동하게 되고 또 혁신을 만들어내기 어려운 요소가 다양하게 얽혀 있다. 따라서 그 누구도 '이것이 성공을 보장하는 전략적 공식'이라고 자신 있게 말할 수 없을 것이다. 하지만 구글 헬스의 실패 사례를 보면서 몇 가지 상황을 가정해볼 수는 있다.

만약 구글이 의료기관의 데이터가 좀 더 표준화되고 이용자들의 보수적 행태가 변할 수 있을 만큼 충분히 장기적 관점에서 사업을 전개했더라면 어땠을까? 결과가 꽤 달라지지 않았을까? 최근 미국과 영국 등 세계 여러 나라에서 국가 주도의 의료정보화 사업이 진행되는 추세이고 의료 분야에서도 다양한 이용자 커뮤니티가 나타나고 있기 때문이다.

또 구글 헬스가 몇몇 의료기관과 정보공유에 관한 공감대를 형성하고 작은 규모로 시작해 점차 의료기관 수를 늘려가는 방식으로 플랫폼을 구축했다면 어땠을까? 실제로 피츠버그대학 메디컬센터 등 미국의 몇몇 의료기관은 개인 의료기록과 의료기관이 보유한 정보를 통합한 지역 단위의 서비스를 제공해 성과를 거두었다. 전문가가 정보를 관리하니까 개인이나 다른 전문가도 믿고 활용할 수 있게 된 것이다.

플랫폼의 선순환 동력을 확보하는 데 무엇보다 중요한 것은 플랫폼을 활발하게 작동시키는 핵심 참여자가 누구인지 확인하고 이들이 플랫폼에 참여할 수 있도록 편익을 제공하는 일이다. 구글 헬스가 실패한 것은 의료정보의 구축 및 활용에서 가장 중요한 역할을 하는 의료 분야의 전문가를 끌어들이지 못했기 때문이다.

닭과 달걀의 문제를
어떻게 해결할 것인가?(2)

잠재력이 크다고 평가받았던 많은 플랫폼들이 성장의 벽에 부딪혀 사라지고는 한다. 선순환 동력이 없었거나 제대로 활용하지 못했기 때문이다. 플랫폼 참여자 간에 서로의 참여와 활동을 촉진하는 선순환 효과가 나타난다면 그것이야말로 플랫폼 기업 입장에서 이상적인 상황이다. 하지만 이렇게 되려면 일정 규모의 참여자를 모아 임계점에 도달해야 한다. 앞서 한쪽 참여자 그룹을 먼저 확보해 닭과 달걀의 문제를 우회하는 '단면우선 전략'을 소개했다. 하지만 현실에서는 단면우선 전략을 사용하기가 어려울 때도 있다.* 양쪽 참여자가 동시에 일정 규모로 존재해야만 플랫폼이 작동하는 상황에서 닭과 달걀의 문제를 정면돌파해 임계점에 도달하기 위해서는 어떻게 해야 할까? 3가지 전략을 소개한다.[58]

첫 번째는 지그재그(Zig-zag) 전략이다. 그림의 (a)를 보면, 참여자 A가 없는 상황에서는 참여자 B를 설득하기 어려우므로 일단 작은 규모의 참여자 A를 확보한 다음 이를 바탕으로 또다시 작은 규모의 참여자 B를 확보하는 식이다.** 이렇게 양쪽의 참여를 조금씩 단계적으로 확보해나가다 보면 성장 경로가 지그재그 형태를 띠게 된다. 페이스북이 하버드대 학생부터 시작해 가입대상을 조금씩 넓혀나간 것이 대표적 사례다. 아마존이 온라인서점에서 출발해 종합쇼핑몰, 기업용 IT서비스, 전자사업 등으로 사업영역을 확장하면서 점차 다양한 소비자와 제휴사를 확보해나간 과정도 같은 맥락이라 할 수 있다.

두 번째는 플랫폼 기업이 한쪽 참여자의 역할을 대신해 관련 상품을 직접 공급하는 전략이다. 예를 들어 유튜브는 동영상 제공자, 시청자, 광고주 등의 참여자로 이루어진 생태계의 플랫폼이다. 지금은 인기 있는 동영상이 수억 건의 조회 수를 기록하지만 서비스를 개시한 2005년 무렵에는 상황이 달랐다. 설립자들은 아무것도 없던 사이트에 자신들이 직접 만든 콘텐츠를 올려놓고 SNS 등을 통해 지인들에게 추천하는 방식으로 사이트를 운영해야 했다[그림의 (b) 참조].

---

* 클럽을 떠올려보라. 여성 고객을 먼저 충분히 확보한 다음에 남성 고객을 끌어들이는 전략을 쓸 수 있을까?
** 최초에 참여자 A를 확보하기 위해서는 킬러 상품, 가격할인 등이 필요하다.

:: **임계점에 도달하는 정면돌파 전략**

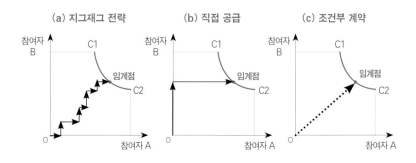

자료: Evans, David (2009). "How catalysts ignite: The economics of platform-based start-ups". Gawer, Annabelle (ed.). *Platforms. Markets and Innovatio*n, Edward Elgar Publishing Inc. 를 토대로 구성

세 번째 전략은 조건부 계약(contingent contract)이다. 어떤 참여자도 다른 참여자가 없다면 플랫폼을 이용하지 않을 것이므로 양쪽으로부터 조건부 참여 동의를 받는 것이다. 세계 최초의 신용카드 회사인 다이너스클럽도 이와 같은 방식으로 성장했다.[59] 창업자 프랭크 맥나마라는 충분한 수의 잠재고객이 카드를 사용할 것이라는 확신을 레스토랑 업주들에게 심어줘야 했고, 동시에 다수 레스토랑에서 카드를 받을 것이라며 회원들을 설득해야 했다. 결국 맨해튼에 있는 14개 레스토랑과 맨해튼 주민 수백 명을 설득해 신용카드 사업을 시작할 수 있었고, 이후 다이너스 카드를 이용할 수 있는 레스토랑과 카드 회원은 급격히 늘어났다[그림의 (c) 참조].

하버드에서 배우는 플랫폼 전략

하버드는 어떻게 세계 최고가 되었나?

최근 조사에 따르면 《포천》지가 선정한 '미국 500대 기업'의 최고 경영자 중 40%가량이 MBA 학위 보유자이고 그중 20%가 하버드경영대학원(Harvard Business School) 출신이라고 한다.[60] 펜실베이니아대학원의 3배, 스탠퍼드대학원의 4배나 되는 수치다. 2012년 미국 경영대학원 순위에서 하버드는 스탠퍼드와 함께 공동 1위를 차지했다. 스탠퍼드는 실리콘밸리라는 지역적 특성상 벤처기업가 양성 분야에서 상대적 강점을 보이는 반면, 대기업 경영자를 양성하는 일반경영학(management) 분야는 단연 하버드경영대학원이 1위를 고수하고 있다. 그래선지 하버드경영대학원을 '경영자 사관학교'라고 부르기도 한

순위	경영대학원
1	하버드대학교(Harvard University)
1	스탠퍼드대학교(Stanford University)
3	펜실베이니아대학교(University of Pennsylvania, Wharton)
4	매사추세츠공과대학교(MIT, Sloan)
4	노스웨스턴대학교(Northwestern University, Kellogg)
6	시카고대학교(University of Chicago, Booth)
7	캘리포니아대학교 버클리 캠퍼스(University of California—Berkeley, Haas)
8	컬럼비아대학교(Columbia University)
9	다트머스 칼리지(Dartmouth College, Tuck)
10	뉴욕대학교(New York University, Stern)

자료: "Best business schools" (2013). U. S. News & World Report

다. IBM의 루 거스너(1965년 졸업), P&G의 앨런 래플리(1977년 졸업), GE의 제프리 이멜트(1982년 졸업) 같은 걸출한 경영자들이 모두 하버드경영대학원 출신이다.

하버드경영대학원은 어떻게 세계 최고가 된 것일까? 학생들이 우수해서? 실력 있는 교수가 많아서? 아니면 든든한 동문이나 기업의 후원 덕분일까? 각각이 모두 이유가 될 것이다. 그럼 왜 하버드경영대학원에는 실력 있는 교수가 있으며 우수한 학생이 모여들어 든든한 동문이 되고 기업과 재력가들은 아낌없이 후원하는 것일까? 하버드경영대학원은 교육과 연구의 질을 높이기 위해 단순히 장학금이나 연구비를 늘리는 단선적 전략에 머무르지 않았다.

플랫폼 전략 관점에서 하버드경영대학원의 성공요인을 분석하면, 1908년 설립된 이후부터 그 자신이 하나의 플랫폼이 되어 교수·학생·기업·동문을 연결해 생태계를 만들고 서로가 서로를 모이게 하는 네트워크 효과를 극대화했기 때문이다. 네트워크 효과는 말하기는 쉬워도 실제로 그것을 창출해내기는 어렵다. 그 반대로 우수한 학생이 부족해 기업들이 졸업생을 채용하지 않으니 동문이 위축되고 학교 브랜드가 낮아지니 기부금이 줄고 재정도 부실해져 투자가 감소하기 때문에 결국 실력 있는 교수나 우수한 학생들이 모이지 않는 악순환이 일어나기 쉽다. 생태계가 성장하려면 학생·교수·기업·동문 등 생태계의 각 구성원이 서로를 끌어당기는 선순환고리가 필수적이다. 그렇다면 하버드경영대학원은 어떻게 선순환 생태계를 만들 수 있었을까?

'하버드 플랫폼'의 핵심, 사례연구

사업을 하려면 종잣돈이 필요하고 눈덩이를 굴리려 해도 첫 알맹이가 있어야 하듯이 네트워크 효과를 창출하고자 할 때도 플랫폼의 구심점이 필요하다. 이를 만들기 위해 하버드경영대학원은 자신만의 교육방식을 찾는 일에 우선 몰두했다. 교육기관의 대표상품은 뭐니 뭐니 해도 강의실에서 제공되는 교육이기 때문이다. 설립 초기부터 하버드 경영대학원은 "세계를 변화시킬 리더를 양성한다"라는 목표를 내세웠다. 이 목표를 이루기 위한 하버드만의 효과적인 교육방식이 하버드가 찾은 솔루션이었으니, 바로 '사례연구(case study)'다.

사례연구 방법론은 1925년 처음 강의에 도입된 이후 하버드경영대학원 교육에서 핵심적 역할을 해왔다. 이젠 하버드 하면 사례연구를 떠올릴 정도다. 전체 강의의 80%가 사례연구로 진행되기 때문에 MBA 학생들은 2년간 1,000개 가까운 사례를 접할 수 있다고 한다. 강의에 사용되는 대부분의 사례연구는 하버드경영대학원 교수들이 외부의 현장전문가와 공동으로 집필한다. 그리고 사례연구를 진행한 교수 또는 대상기업의 경영자가 직접 강의하기 때문에 학생들은 강의실에 앉아서도 현장을 체험할 수 있다.

필자들도 연구할 때 하버드경영대학원에서 발간하는 사례연구를 참고하곤 하는데, 보통 20~30쪽 분량으로 구성된 사례들은 사실 읽어 보면 그냥 하나의 이야기인 경우가 많다. 사실관계(fact)가 잘 정리되어 있고 도움 되는 정보가 부록에 많이 포함되어 있지만 다 읽고 나서도 분명한 결론이 없고 뭔가 허전한 느낌이 들기도 한다. 수업방식 역시 교수가 딱히 무엇을 가르쳐준다기보다는 교수와 학생, 학생과 학생이 서로 질문과 대답을 계속해나가며 토론하는 방식을 채택하고 있다.

분명한 결론이 없는 사례를 가지고 질문과 대답으로만 강의를 진행한다면 과연 무슨 도움이 될까 하고 생각할 수 있다. 그러나 이에 대한 하버드경영대학원의 대답은 명쾌하다. 경영자가 마주하는 현실에서는 사례연구를 할 때보다 훨씬 정보가 부족하고 지원도 적은 상태에서 중대한 의사결정을 내려야 하는 경우가 많다. 그러므로 경영자에게 필요한 것은 지식이 아니라 생각하고 결정하는 방법이라는 것이다. 《정의란 무엇인가》를 쓴 하버드대 마이클 샌델 교수의 강의에서도 이런 방식을 접할 수 있다. 질문과 대답을 통해 무지와 편견을 깨달아 직접 진리를 발견하게 하는 일명 '소크라테스식 문답법(Socratic method)'은 '비판적 질문'과 '적극적 경청'이라는, 경영자에게 꼭 필요한 2가지 덕목을 가르쳐준다.

하버드만의 독창적 사례연구 방법론은 네트워크 효과를 일으키는 중심이 된다. 하버드경영대학원에서는 200여 명에 이르는 교수가 매년 약 300건의 사례연구를 진행한다. 사례연구 결과를 집필하기 위해 교수들은 기업현장에 직접 나가서 몇 달간 조사를 벌인다. 기업 입장에서는 세계 최고의 경영대학원에서 발간하는 사례연구집에 등장하는 것이 대단한 명예이기 때문에 협조를 아끼지 않는다. 기업의 경영자가 직접 수업에 참여하기도 한다. 이런 과정을 통해 교수, 학생, 기업경영자 사이에 긴밀한 유대가 형성된다. 이 유대감은 자연스럽게 취업이나 컨설팅 등으로 이어지게 되고, 결과적으로 교수, 학생, 기업 간에 네트워크 효과가 만들어진다.

하버드경영대학원이 집필한 사례연구는 자체 교육에만 활용되는 것이 아니라 대학의 출판팀을 통해 전 세계에 판매된다. 2012년에만 870만 개의 사례연구가 판매되었다. 전 세계 경영대학원의 약 80%가 하버드경영대학원에서 집필한 사례를 활용한다.[61] 1922년부터 발간된

경영자를 위한 저널 《하버드 비즈니스 리뷰(*HBR*)》도 하버드경영대학원 생태계에 큰 역할을 한다. 전 세계 기업과 학교에 소속된 독자들에게 최신 경영이론과 사례를 제공함으로써 경영교육의 메카로서 브랜드 이미지를 강화하는 것이다.

100년 넘도록 하버드경영대를 성장시킨 선순환 효과

하버드경영대학원 생태계의 또 다른 중요한 구성원은 동문을 포함한 기부자다. 하버드경영대학원은 동문 및 기부자 네트워크 관리를 최초로 시도한 것으로 알려져 있고 현재도 중요한 활동 중 하나로 삼고 있다. 2012년까지 학위과정 및 최고경영자과정을 통해서 세계 167개국 출신 7만 8,000명의 졸업생이 배출되었다. 졸업생들은 세계 각지에서 100개가 넘는 동문클럽을 결성하여 끈끈한 커뮤니티를 형성하고 있고 모교에 아낌없이 기부한다. 1975년에 최고경영자과정을 이수한 인도 타타그룹의 회장 라탄 타타(Ratan Tata)가 2011년 5,000만 달러를 기부해 화제가 되기도 했다. 2012년 기준으로 하버드경영대학원은 27억 달러, 즉 3조 원에 가까운 기부금을 보유하고 있다.

경영자 양성을 목표로 설계된 사례 중심 강의를 통해 우수한 졸업생이 배출되고, 사례연구라는 매개체를 통해 학생·교수·기업이 협력을 강화한다. 졸업생은 원하는 기업에 취업해 글로벌기업의 경영자로 성장한 후 후원금을 통해 모교에 힘을 더한다. 원하는 기업에 취업

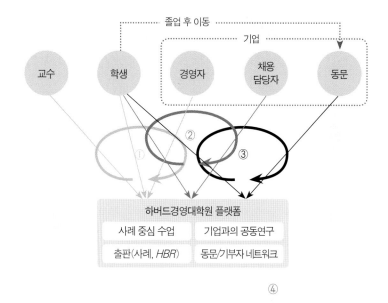

졸업 후 이동

기업

교수　학생　경영자　채용 담당자　동문

②

③

①

하버드경영대학원 플랫폼

사례 중심 수업	기업과의 공동연구
출판(사례, *HBR*)	동문/기부자 네트워크

④

① 사례연구 공동 수행, 취업/컨설팅 교류
② 희망하는 기업에 취업, 원하는 인력 채용
③ 동문 커뮤니티 참여, 모교에 기부
④ 브랜드 이미지 및 재정 강화

할 수 있고 든든한 동문 네트워크의 지원을 받을 수 있다는 가능성을 보고 전 세계의 우수한 학생들이 모여든다. 이 같은 선순환 과정을 통해 하버드경영대학원의 브랜드 이미지와 재정은 점점 더 탄탄해진다. 이것이 바로 네트워크 효과의 힘이다. 하버드경영대학원은 이를 통해 100년이 넘는 시간 동안 지속적으로 성장해올 수 있었다.

하지만 놓쳐서는 안 되는 성공비결이 또 하나 있다. 다양한 선순환 효과가 일어나는 과정에서 서로에게 부정적 영향이 미치지 않도록 규칙을 설계했다는 점이다. 이를테면 사례연구가 비즈니스 리더를 양성하는 데는 효과적이지만 연구실적을 쌓아야 하는 교수 입장에서는 달갑지 않을 수 있다. 실력 있는 교수를 확보할 수 없다면 생태계의 네트워크 효과가 크게 위축된다. 하버드경영대학원은 교육과 사례연구 실적만으로도 승진이 가능한 평가시스템을 운영하고 있다. 또한 교수가 사례연구, 연구 프로젝트, 컨설팅 등을 통해 기업과 교류하는 것이 바람직하지만 이 때문에 교육이라는 본연의 활동이 약화되어서는 안 된다. 그래서 하버드경영대학원은 교수가 외부 활동에 쓸 수 있는 시간의 최대치를 규정해놓았다.

하버드경영대학원의 사례는 우리에게 많은 교훈을 준다. 우선 기업뿐 아니라 교육기관 같은 일반 조직도 플랫폼을 활용할 수 있다는 것이다. 그리고 무엇보다 중요한 것은 네트워크 효과를 극대화하려면 모든 참여자의 노력이 시너지를 내는 방향으로 플랫폼의 각 요소가 설계되어야 한다는 점이다. 하버드경영대학원의 성과는 플랫폼을 구성하는 핵심 메커니즘, 즉 사례연구, 현장연구, 동문 네트워크 관리 등이 "세계를 변화시킬 비즈니스 리더를 양성한다"라는 목표하에 일관되게 설계되었기 때문에 가능했다. 개별적으로 아무리 좋은 자원과 수단이 있더라도 서로 시너지를 내지 못하면 효과는 줄어든다. 기업이든 일반 조직이든 일류(一流)는 혼자 만드는 것이 아니라 같이 만드는 것이고, 같이 만들어야만 오랜 세월 지속할 수 있다.

네트워크 효과를 극대화하는
방법은 무엇인가?

하버드경영대학원은 플랫폼 전략을 앱마켓이나 SNS 같은 ICT 분야 기업만이 아니라 일반 조직운영에도 적용할 수 있음을 보여주는 좋은 사례다. 구글과 페이스북이 이용자, 앱개발자, 광고주 등을 플랫폼으로 불러모아 활발한 활동을 하도록 하기 위해 다양한 전략을 고민하듯이 모든 조직의 관리자는 주변의 이해관계자가 누구인지 파악하고 그들이 만드는 네트워크 효과의 본질을 이해해 평가나 보상 등 다양한 수단을 써서 조직과 전체 생태계의 성과를 높일 수 있다.

그런데 조직을 둘러싼 다양한 이해관계자들은 각자의 이익만을 추구하거나 정보 부족으로 인해 조직의 발전에 큰 도움이 되지 못하거나 심지어 피해를 줄 수도 있다. 따라서 모든 조직에는 마치 스포츠 경기를 원활하게

생태계 활성화 수단		하버드경영대학원의 전략
기능 · 조직 관리	핵심기능 설계	• 교수법: 사례연구 중심 • 연구방법: 현장전문가와 사례 공동 집필
	참여자 관리	• 학생 선발: 비즈니스 리더 양성 목표 • 취업 지원: 기업과 공동으로 채용 이벤트 개최 • 사후 관리: 동문 커뮤니티 강화
	브랜드 관리	• 대외 커뮤니케이션: 출판 강화(사례, HBR)
성과 · 수익 관리	성과 평가	• 교수 실적 평가: 강의 및 사례연구 실적 반영
	수익모델 개발	• 스폰서 발굴: 글로벌기업의 동문에게서 기부 유치 • 가격 설계: 최고경영자과정/MBA를 통해 수익 창출

자료: Boudreau, Kevin J. and Andrei Hagiu (2009). "Platform rules: multi-sided platforms as regulators". Gawer, Annabelle (ed.). *Platforms, Markets and Innovations*. Edward Elgar Publishing Inc.를 토대로 구성

진행하는 심판 같은 역할을 하는 운영규칙, 즉 플랫폼이 필요하다.[62]

조직이 생태계의 활성화를 위해 사용하는 수단은 다양하다. 조직은 자신이 보유한 다양한 수단 중에서 전체 생태계를 활성화하는 데 가장 효과적인 수단을 선택해야 한다. 그리고 각 수단이 생태계에 미치는 영향을 평가한 뒤 모든 수단이 네트워크 효과를 강화하는 방향으로 일관성 있게 활용되도록 설계해야 한다.

만약 하버드경영대학원이 교수법과 연구방법론으로 사례연구를 중시한다고 정해놓고 교수의 실적을 사례연구가 아닌 학술논문 편수에 따라 평

가했다면, 학술논문을 잘 쓰는 교수가 유리한 구조 탓에 사례연구의 질이 낮아졌을 것이다. 그렇게 되면 현재와 같이 우수한 사례연구를 출판하거나 기업과의 교류 강화가 어려웠을 터이고, '경영자 사관학교'로서의 명성도 얻지 못했을 것이다.

조직의 부분이 전체 목표에 맞도록 일관성 있게 설계되어야 한다는 점은 교육기관뿐 아니라 모든 기업에 적용된다. 예를 들어, 최근 인터넷이 기업 전 부문에 확산되면서 물리적인 상품과 콘텐츠의 유통채널이 온라인, 오프라인 등으로 다양해지고 있다. 각 유통채널이 서로에게 부정적 영향을 미치지 않도록 규칙을 설계해야만 생태계의 원활한 성장을 도모할 수 있다.[*]

---

[*] 실제로 온라인(유선, 모바일)과 오프라인 유통채널이 서로 경쟁관계가 되는 채널갈등(channel conflict) 현상이 다양한 산업에서 나타나고 있다.

MS의 플랫폼 장악 3단계 전략

PC산업의 지배적 플랫폼으로 등극한 MS

PC산업의 발전은 MS-DOS를 떼어놓고는 생각할 수 없다. MS-DOS는 초창기 PC산업의 발전을 이끈 최초의 지배적 플랫폼이었다. 1980년대 PC산업이 형성되던 시기에 MS-DOS가 지배적 플랫폼으로 자리 잡은 과정은 플랫폼 경영의 전형을 보여주는 예라 할 수 있다.

사실 PC시대를 처음 연 것은 애플이었다. 1976년 애플 I, 1977년 애플 II가 연이어 출시되면서 개인용 컴퓨터, 즉 PC라는 제품이 세상에 등장했다. 당시 IBM은 메인프레임 컴퓨터 시장을 석권한 세계 최대 컴퓨터 제조업체였다. PC 시장의 잠재력을 미처 깨닫지 못하다가 애플 II의 인기에 놀라 뒤늦게 PC 시장에 뛰어들었다. 1981년에야 IBM

자료: http://oldcomputers.net/appleii.html; http://www.extremetech.com/computing/92640-ibm-personal-computer-its-30-year-legacy-slideshow

PC를 출시함으로써 PC 시장에 진출한 것이다. 그런 IBM PC가 개방형 구조의 장점을 바탕으로 애플 II를 뛰어넘어 PC의 표준으로 자리 잡았다.

IBM PC에 탑재됐던 MS-DOS는 PC용 운영체제의 지배적 플랫폼이 되었다. 당시 MS는 BASIC이라는 PC용 프로그래밍 언어를 개발해 팔고 있던 조그만 소프트웨어 업체에 불과했다. 그러나 IBM의 의뢰를 받아 IBM PC용 운영체제를 개발해 납품한 이후 수십 년 동안 업계의 황제로 군림했다. MS는 어떻게 PC의 플랫폼을 장악할 수 있었던 것일까? MS는 자신의 PC 운영체제를 기반으로 플랫폼 장악을 위한 3단계 전략을 구사했다.[63]

남의 것을 대체가능한 것으로 만들다

첫 번째 단계는 다른 기업의 상품을 대체가능한 것으로 만드는 일이었다. 남의 것이 아니라 내 것이 플랫폼이 되려면 우선 다른 기업이 제공하는 것이 플랫폼이 되지 못하도록 해야 한다. 다른 무언가로 대체가능한 요소는 강력한 플랫폼이 될 수 없다는 사실을 잘 알고 있었던 MS는 우선 IBM이 가진 것을 대체가능한 것으로 만듦으로써 IBM이 플랫폼을 장악하는 것을 막았다.

애당초 MS가 PC 운영체제를 개발한 것은 IBM의 요청 때문이었다. IBM은 PC 시장에 뛰어들면서 애플 II의 인기를 단기간에 뛰어넘기 위해 PC의 각 모듈에 대해 외주를 주는 방식을 택했다. 물론 핵심 기술은 특허를 내서 보호받으려 했다. IBM이 핵심으로 생각했던 것은 BIOS(Basic Input Output System)였다. 이는 하드웨어와 소프트웨어 프로그램 사이의 연결과 번역 기능을 담당하는 것으로 일종의 인터페이스라 할 수 있다. 당시에는 대부분의 이용자가 직접 프로그램을 만들어 필요한 작업을 수행했기 때문에 BIOS가 PC 작동의 핵심이라 생각했다. 즉 BIOS를 플랫폼이라 여겨 이것만 장악하면 된다고 보았다. 반면 디스크 오퍼레이팅 시스템(Disk Operating System), 즉 DOS는 PC 사용의 편의성을 높여주는 하나의 소프트웨어에 불과한 것으로 보았다. 이 부문은 MS에 외주를 줘서 개발을 맡겼다. 당시 운영체제 개발 경험이 없던 MS는 시애틀컴퓨터사의 Q-DOS라는 프로그램을 7만 5,000달러에 구매해 IBM의 PC 규격에 맞게 수정해 납품했다.

그런데 MS는 IBM의 단순한 납품업자에 머무르지 않고, IBM 이외의 새로운 고객을 만드는 일에 직접 나섰다. 즉 IBM이 아니더라도 다른 기업이 IBM 역할을 대신할 수 있도록 일을 꾸민 것이다. MS는 컴팩이라는 회사를 부추겨 IBM의 BIOS를 합법적으로 모방한 제품을 개발하도록 했다. 그리하여 컴팩은 1983년 모방 BIOS를 탑재한, 이른바 IBM 호환 PC를 출시하게 된다. 이 모방 BIOS가 급격히 확산되어 IBM 호환 PC 업체들이 우후죽순처럼 등장하는 계기가 되었다. 이로써 IBM PC는 MS-DOS를 쓸 수 있는 수많은 종류의 PC 중 하나로 전락하고 말았다. IBM PC가 대체가능한 것이 되어버리자, IBM은 PC 산업에서 플랫폼 기업이 될 기회를 잃었고 그 대신 일개 납품업자였던 MS가 플랫폼 기업으로 부상하게 됐다.

많은 제품이 나에게 연결되도록 만들다

플랫폼 장악의 두 번째 단계는 내 것을 토대로 만들어 여기에 연결되는 제품이나 서비스가 많아지도록 하는 것이다. 내가 제공하는 것이 전체 시스템에서 유일한 토대 역할을 해야 한다. MS가 MS-DOS를 만들었을 당시에는 응용 소프트웨어라는 개념 자체가 낯설었다. 앞서 말한 대로 필요한 프로그램이 있으면 직접 만들어서 PC에서 사용하던 시절이었기 때문이다. 그런데 빌 게이츠는 응용 소프트웨어에서 엄청난 가능성을 발견한다. 애플 II가 성공을 거두는 데는 표 계산 프로그

램인 비지캘크(VisiCalc)가 핵심역할을 했음을 간파했던 것이다. 1979
년 출시된 이 프로그램은 총 100만 카피가 판매되며 최초의 성공적인
PC 소프트웨어로 기록되었다. 그런데 정작 애플은 그 의미를 깨닫지
못한 반면 MS는 이를 간파하고 적절히 활용했다.

응용 소프트웨어가 많아지면 PC의 가치가 높아질 뿐만 아니라 좀
더 쉽고 편리하게 PC를 구동시키는 역할을 하는 운영체제의 가치도
높아질 것이 자명했다. MS는 MS-DOS를 기반으로 누구나 자유롭게
응용 소프트웨어를 만들어 판매하도록 적극 지원하고 나섰다. MS는
로터스 1-2-3(표 계산 프로그램), 워드퍼펙트(워드 프로세서), dBase(데
이터베이스 프로그램), 오토캐드(컴퓨터 디자인 프로그램) 등 MS-DOS용
응용 프로그램 개발을 적극 지원했다. 운영체제에서 작동하는 응용
소프트웨어를 쉽게 개발할 수 있도록 API를 공개했다. 더 나아가 응
용 소프트웨어 개발에 필요한 도구들을 묶어 소프트웨어 개발 키트
(Software Development Kit)를 배포했다. 쉽게 말하면 MS의 기술을 누
구나 가져다 쓰도록 공개하고 운영체제의 여러 기능을 응용 소프트웨
어가 활용할 수 있도록 지원한 것이다. 1984년에는 외부 개발자 지원
을 위한 전담조직(Developer Relations Group)까지 설립했다.

반면 애플은 운영체제가 광범위하게 채용될 수 있도록 하자는 의견
이 내부에서 제기되었으나 스티브 잡스가 이를 거부했다. 그의 완벽주
의가 외부 개발자의 자유로운 참여를 막았던 것이다. 이 때문에 애플
은 다양한 응용 소프트웨어가 개발될 수 있는 환경을 만들지 못했다.
호환성 문제에서도 MS는 애플에 비해 예리한 면모를 보여주었다. 구

제품 운영체제에 맞추어 개발한 응용 소프트웨어들이 신제품 운영체제에서 무용지물이 된다면 활용가치는 그만큼 떨어진다. MS는 윈도를 개발할 때 기능이 떨어지는 것을 감수하면서까지 도스(DOS)와의 호환성을 유지했다. 그래서 초기 윈도를 두고 "누더기 같다"고 혹평하는 사람도 많았지만, 플랫폼으로서의 지위를 유지하기 위해서는 불가피한 선택이라고 MS는 생각했다. 그런데 애플은 이를 미처 깨닫지 못했다. 1984년 1월 매킨토시를 발표했는데, 애플 II와 호환이 안 되었을 뿐만 아니라 커서 이동키가 없어 사용이 불편했다. 게다가 맥 운영체제만을 위한 프로그램을 개발자들이 별도로 개발한 뒤 이용자로 하여금 그것을 새로 구입하도록 했다.

나의 대체가능성 위협을 미연에 방지하다

플랫폼 장악을 위한 세 번째 전략은 내가 제공하는 것이 대체가능한 것이 되지 않도록 미연에 방지하는 것이다. MS는 우선 독점적 제휴관계와 독자적 표준 설정을 통해 연결된 제품의 이탈을 막는 데 최대한의 노력을 기울였다. 인텔과의 제휴관계가 이러한 이탈을 막는 강력한 울타리 역할을 했다. MS는 인텔과 독점적 협력관계를 구축해 공동으로 각종 표준을 수립하고, 인텔 CPU와의 기술적 연계를 강화함으로써 다른 운영체제가 들어올 수 있는 여지를 없앴다. USB(Universal Serial Bus) 표준 제정, 플러그 앤 플레이(Plug & Play) 기능 지원 등이 인텔과의 독점적 협력관계에서 나왔다.

또한 MS는 플랫폼의 기능을 지속적으로 개선함으로써 다른 기업이 대체품을 개발할 여유를 주지 않았다. 1981년 10월 IBM PC에 장착된 1.0버전 이후 1995년 윈도95에 내장된 7.0버전까지, MS-DOS의 기능 보강은 지속적으로 이루어졌다. 버전이 바뀔 때마다 서브 디렉터리 지원, 네트워킹 지원, 메모리 관리 기능, 자동 디스크 압축 기능 등이 추가되었다. 이러한 지속적 개선 덕분에 MS-DOS보다 우월한 기능을 갖춘 제품이 경쟁사에서 나오더라도 시장에 자리잡지 못했다.

한 예로 1988년 디지털리서치사가 DR-DOS라는 운영체제를 출시했는데, 전문가들 사이에서는 MS-DOS보다 나은 기능을 갖추었다고 평가받았다. 하지만 MS가 구축한 독점적 제휴관계와 독자적 표준체계, 신속한 기능 추가와 개선에 밀려 MS-DOS의 아성을 넘지 못한 채 시장에서 사라지고 말았다. IBM도 MS의 윈도에 대항해 OS/2라는 그래픽 유저 인터페이스 운영체제를 내놓지만 이 역시 시장으로부터 외면당했다.

무엇이 플랫폼이 될지, 누가 플랫폼을 장악할지는 미리 정해져 있지 않다. 플랫폼은 전략적으로 만들어지는 것이다. 남의 플랫폼이 성장하는 것을 사전에 막고, 내가 가진 것은 플랫폼이 되도록 하며, 구축 후에는 방어선을 마련해야 한다. MS는 바로 이러한 전략을 주도면밀하게 구사함으로써 PC시대의 지배자가 되었다.

지배적 플랫폼이 되기 위한
방법은 무엇인가?

MS의 운영체제인 DOS와 윈도는 30년 넘게 PC산업의 지배적 플랫폼이었다. 그러다 보니 1980년대 초 IBM PC가 등장했을 때부터 운영체제가 PC의 플랫폼이었을 것이라고 생각할 수 있다. 하지만 IBM의 외주업체에 불과했던 MS가 PC 플랫폼을 장악할 줄은 당시 누구도 예상하지 못했다. IBM의 플랫폼이었던 BIOS를 대체가능한 것으로 만든 MS의 전략과 응용소프트웨어의 보급이 확대되는 시장 트렌드가 맞물려 MS의 운영체제가 산업을 주도하는 플랫폼으로 자리 잡게 된 것이다. 즉 산업의 플랫폼은 사전에 정해져 있는 것이 아니다.

나의 플랫폼이 지배적 플랫폼이 될 수 있는가의 여부는 플랫폼 자체의 포텐셜과 기업의 용의주도한 전략에 의해 결정된다. 다른 제품에 의해 위협

받지 않고 산업 내에서 독보적인 플랫폼 지위를 차지하기 위해서는 2가지가 필요하다. 첫째, 내 제품의 대체가능성을 낮춰야 한다. 내 제품에 많은 보완 제품이 연결되도록 하여 구매자에게 제공하는 가치를 키워야 한다. 둘째, 잠재적인 경쟁 제품의 대체가능성을 높여야 한다. 생태계 내의 제휴사 제품들이 대체가능한 것이어야만 그것이 플랫폼 지위를 차지하는 것을 막을 수 있다. 요컨대 나의 제품의 대체가능성은 낮추고 다른 제품의 대체가능성은 높이는 것이다.

이를 보완성(complementarity)과 이동성(mobility) 관점에서 설명할 수 있다.[64] 보완성이 크다는 것은 플랫폼이 독립적으로 존재할 때보다 다른 제품이나 서비스와 함께 결합됨으로써 더 큰 가치가 창출된다는 의미다. 보완성이 클수록 플랫폼으로서의 매력도가 커져 이용자가 많아질 수 있다. MS는 다양한 응용 소프트웨어 개발을 촉진함으로써 MS-DOS가 제공할 수 있는 가치를 증대시켰다. 이동성이 크다는 것은 생태계 내의 제휴사 제품을 다른 제품으로 대체하기가 용이함을 의미한다. 이동성이 클수록 제휴사 제품 대비 자신의 협상력이 높아진다. MS는 모방 BIOS 개발을 지원함으로써 IBM의 BIOS를 대체가능한 것으로 만들었다.

지배적 플랫폼이 되려면 보완성과 이동성이 모두 커야 한다. 앞서 소개한 MS의 플랫폼 장악 전략도 바로 보완성과 이동성을 높이는 전략이었다. 자신의 제품을 토대로 많은 제휴사를 확보하되 제휴사를 일정 부분 견제하는 것은 기업생태계의 성장을 촉진하는 동시에 플랫폼 경쟁에서 우위를 유지하

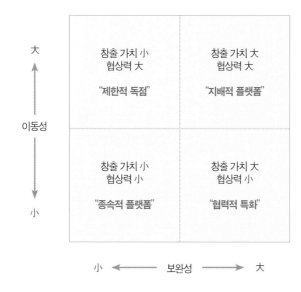

자료: Jacobides, Michael G., Thorbjorn Knudsen and Mie Augier (2006). "Benefiting from innovation: Value creation, value appropriation and the role of industry architectures". *Research Policy*. 35를 토대로 구성

기 위한 결정이다. 플랫폼 기업은 위의 그림에서 자신의 위치가 어디인지 지속적으로 점검해야 한다. 산업의 플랫폼은 움직이는 것이기 때문이다.

Stage

4

플랫폼 강화 단계, 플랫폼의 품질로 승부하라

플랫폼의 지속적 성장과 활성화를 위해
플랫폼이 급격히 성장하는 과정에서 발생할 수 있는 제반 문제점을 해결해야 한다.
운영규칙을 어떻게 설계해야 하는가가 강화 단계의 핵심 주제다.

· · ·

Q12 플랫폼의 품질 악화를 어떻게 막을 것인가? | Q13 플랫폼 참여자의 불안감을 어떻게 해소할 것인가? | Q14 플랫폼의 성과를 높이려면 어떻게 설계해야 하는가? | Q15 플랫폼 참여를 촉진하려면 어떻게 인센티브를 줘야 하는가? | Q16 플랫폼과 참여사가 함께 성장하는 방법은 무엇인가?

희망을 설계하는 플랫폼, TFA

TFA의 탄생

다양한 분야의 명문대 출신 선생님들이 자발적으로 우리 아이들 교육을 맡아준다면 얼마나 좋을까? 미국에는 이런 단체가 있다. 바로 티치 포 아메리카(Teach for America), 즉 TFA다. 22세 대학생이던 웬디 콥(Wendy Kopp)의 아이디어로 1990년에 설립된 TFA는 첫해 500명을 시작으로, 2012년까지 총 3만 3,000명에 이르는 교사를 미국 각지에 파견해 약 300만 명의 학생에게 교육 혜택을 제공했다.[65]

1990년대 미국에선 젊은 층을 가리켜 '자기 자신만 아는 이기적인 세대'라는 의미로 '미제너레이션(me generation)'이라 불렀다. 기성세대 눈에 이들은 좋은 부모 만나 경제적 어려움 없이 대학 잘 나와서 돈 많이 버는 데만 매달리는 세대로 보였기 때문이다. 하지만 1990년 프린스 턴대학 학생이던 웬디 콥은 좀 다른 시선을 갖고 있었다. 자신과 주변 지인들이 연봉 높은 회사에 지원하거나 남들의 선망을 받는 데 집착하는 이유가 오로지 부를 추구해서가 아니라 정말로 의미 있는 일을 찾지 못해 시류를 좇는 게 아닌가 하는 의구심을 품은 것이다. '미제너레이션'에게도 스스로 추구할 만한 가치 있는 일이 주어진다면, 그리고 이를 실천할 수 있는 여건이 주어진다면 많은 사람이 뜻을 모아 새로운 가치를 추구하는 데 몰입하리라 생각한 것이다.

그리하여 웬디 콥은 젊은이들이 진심을 다해 할 만한 일을 생각해냈는데, 대학 졸업 후 저소득 지역 학교에서 교사로 활동하는 것이었다. 이를 위해 설립한 단체가 바로 TFA다. 이 사업이 20년 넘게 장수하면서 미국 교육을 혁신하는 하나의 사회운동으로 성장한 비결은 무엇일까?

TFA 플랫폼의 핵심 운영규칙

사회운동단체들은 대부분 지원자의 희생정신이나 인내심 같은 선의에 호소하는 경우가 많다. 그래서 지원자나 기부금이 줄어들면 곧바로 운영상의 어려움을 겪는다. 하지만 TFA는 어느 사회운동단체와 달리 지속적으로 성장했다. 플랫폼 전략을 활용해 지원자, 기부자, 학교 등 다양한 이해당사자의 자발적 참여를 이끌어내는 구조를 만들었기 때문이다.

TFA 플랫폼의 핵심은 운영규칙에 담겨 있다. 우선 교사로 봉사하는 기간을 너무 짧지도 그렇다고 너무 길지도 않은 2년으로 정했다. 향후 다양한 분야로 진출할 인재들이 보람된 일에 자기 인생의 일부를 기꺼이 투자할 수 있도록 하기 위해서였다. 아무리 좋은 뜻에서 시작했어도 중간에 포기하면 교사와 학생 모두에게 상처를 줄 수 있기 때문에 2년이라는 봉사기간 설정은 매우 중요한 운영규칙이다. 그리고 이들에게 무조건적 봉사를 강요하지 않고 일정 수준의 연봉을 지급해 봉사기간 동안만은 아이들 교육에 전념할 수 있는 여건을 만들어줬다.

무엇보다 중요한 규칙은 보람된 일을 하겠다고 찾아온 지원자일지라도 모두에게 기회를 주는 게 아니라 엄격한 기준에 따라 선발한다는 점이다. TFA는 교실에서의 가상 시나리오를 바탕으로 한 인터뷰, 5분 모의수업 등을 통해 열정, 의사소통 능력 등 12가지 항목을 꼼꼼히 평가해 선발 여부를 결정한다. 실제로 2012년에는 5만 명 가까운 지원자 중 12%만이 TFA 교사가 될 수 있었다고 하니 TFA가 얼마나 엄격한 기준으로 교사를 선발하는지 알 수 있다. 이렇게 엄격한 선발 기준을 고수하는 까닭은 무엇일까? 학생을 가르친다는 것이 결코 쉬운 일도, 누구나 할 수 있는 일도 아니기 때문이다. 특히 뉴욕 할렘과 같이 환경이 열악한 지역의 경우 더욱 그렇다. 초기에는 많은 사람들이 명문대를 졸업한 데다 저소득 지역 학생들과는 전혀 다른 삶을 살아온 젊고 경험 없는 교사들이 학생들에게 소외감이나 박탈감을 줄 수도 있음을 우려했다. 교육봉사 같은 재능 기부는 의도도 중요하지만 내용과 질도 그에 못지않게 중요하기 때문에 자격 기준을 엄격하게 두는 것이 필요하다.

　엄격한 기준으로 교사를 선발했을 때 얻는 장점이 또 있다. TFA 멤버들 스스로 최고의 인재가 모이는 커뮤니티에 소속되었다는 자부심을 갖게 해준다는 것이다. TFA 교사의 초봉이 컨설팅회사나 금융권 기업의 절반 수준에 불과한데도 하버드나 스탠퍼드 등 미국 최고 대학 출신의 인재들이 너도나도 이 회사에 지원하는 동기가 바로 이것이다. 하버드대학의 경우 2011년 졸업반 학생의 17%가 TFA에 지원했을 정도다. 2009년《비즈니스위크》지가 조사한 '최고의 첫 직장' 순위에서는 딜로이트, 골드만삭스 같은 컨설팅회사나 금융회사가 상위권을 형성하는 가운데 TFA도 당당히 7위를 기록했다.

　TFA는 2년의 봉사기간 동안 교사에게 급여를 지급하면서도 지역사회에는 재정적 부담을 주지 않는 것을 원칙으로 삼고 있다. 따라서 결코 적지 않은 예산을 감당하려면 기부자를 모아야 한다. 사업 초기 웬디 콥이 기부금 모금을 위해 대기업을 돌아다녔을 때 산전수전 다 겪은 대기업 CEO들은 갓 대학을 졸업한 청년들이 들고 온 무모하기 짝이 없는 계획에 선뜻 동참하려 하지 않았다. 하지만 최고의 인재들이 미국의 가장 큰 골칫거리 중 하나인 교육문제를 해결하겠다며 나서자 그 열정에 지원을 약속하는 기부자들이 하나둘 늘어났다. 펭귄들이 빙산 끝에서 눈치만 보다가 한 마리가 바다로 뛰어들면 나머지 펭귄들도 덩달아 뛰어드는 '펭귄 효과'처럼 몇몇 거물 기업인의 기부 소식이 TFA에 회의적이던 다른 기부자들의 동참을 이끌었다.

치밀한 플랫폼 설계, 내실 있는 성장

미국 전체의 공립학교 교사 수와 무관하게 저소득 지역에는 여전히 교사가 부족하다. 따라서 이런 지역에서는 교사자격증이 없는 사람도 교사로 채용될 수 있다. TFA에서 교사를 파견할 학교를 찾기는 그리 어렵지 않았다. 하지만 일단 파견된 후 교장선생님을 비롯한 기존 교사들의 인정을 받기란 만만치가 않았다. 그런데도 TFA 교사로 선발된 명문대 학생들은 그 실력만큼이나 열정도 대단했다.

예를 들어 텍사스 빈민가의 한 초등학교에서는 TFA 교사들이 주말에도 나와서 수업 준비를 했는데 경찰이 학교 문을 잠가버리는 바람에 교사들이 여섯 달 동안이나 주말이면 담을 넘어야 했다. 이에 감동한 교장선생님이 경찰서에 부탁해 TFA 교사들에게 열쇠를 만들어주었다. TFA 교사들이 오기 전 이 학교는 학업성취도 평가에 통과한 학생이 전교생의 6%밖에 안 되었는데 젊은 교사들의 이 같은 노력에 힘입어 5년 만에 80%의 학생이 통과하게 되었다. 이런 이야기가 전국에 알려지면서 TFA 교사들에 대한 신뢰가 쌓이게 되었다.

물론 지원자, 기부자, 학교가 처음부터 TFA를 중심으로 자발적이고 유기적으로 움직였던 것은 아니다. TFA 운영진들은 안정적 성장궤도에 오르기까지 지원자와 학교와 기부자를 모으기 위해 전국 각지를 다녀야 했다. 교사 양성캠프를 운영해 교사들이 단기간에 수업능력을 얻을 수 있도록 했고, 6개월마다 학교현장에서 활동하고 있는 교사들을 설문조사하여 성공사례 공유, 일대일 면담, 소그룹 토론 등 지원체계

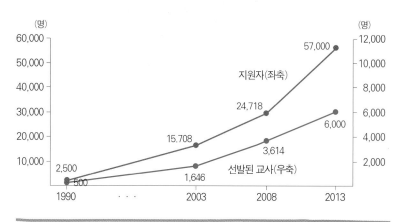

(명) / (명)

60,000 — 12,000
50,000 — 10,000
40,000 — 8,000
30,000 — 6,000
20,000 — 4,000
10,000 — 2,000

57,000

지원자(좌축)

24,718

15,708

6,000

3,614

2,500

500

1,646

선발된 교사(우축)

1990 · · · 2003 2008 2013

자료: 웬디 콥(2009).《열혈교사 도전기》. 최유강 역. 에이지21; http://en.wikipedia.org/wiki/Teach_
For_America 등을 토대로 구성

를 개선해나갔다. 동문의 밤 행사인 'TFA 주간'을 개최해 동문 간 결속력을 유지하는 활동도 게을리하지 않았다. 이런 과정을 통해 TFA 교사의 능력과 업적에 대한 소문이 퍼지면서 TFA 교사의 파견을 요청하는 학교와, TFA가 창출하는 변화에 동참하려는 기부자가 늘어나는 네트워크 효과가 작동하자, 그 이후로는 TFA의 사업도 탄력을 받아 성장할 수 있었다.

1997년 TFA 주간 행사에는 미국 내 영향력 있는 인사들을 강사로 초청했다. 이때 헨리 키신저 전 국무장관, 오프라 윈프리, 로라 부시 전 대통령 부인, 그리고 글로벌기업 CEO들이 TFA 교사 체험을 하게 되었다. 이들은 기부를 하거나 이사진으로 활동하는 형태로 TFA에 힘을 보태주었다.

또한 TFA를 설립한 지 10년이 훌쩍 넘으면서 TFA 교사 출신들, 즉 TFA 동문이 사회 각 분야에서 미국의 교육환경 개선을 위해 영향력을 발휘하게 되었다. 어떤 동문은 학교에 계속 남아 학생들을 가르치기도 했고, 어떤 동문은 저소득 지역에서 대안학교를 만들어 직접 운영하기도 했다. 또 어떤 이는 교육불평등 해소에 앞장서는 변호사가 되기도 했고, 저소득층 아이들을 치료하는 의사가 되어 또 다른 봉사의 길을 선택한 사람도 있었다. 미국 최초의 한인 여성 교육감으로 워싱턴 DC의 교육을 혁신한 미셸 리(한국명 이양희)도 바로 TFA 출신이다.

TFA는 '언젠가 이 나라의 모든 아이는 훌륭한 교육을 받게 될 것'이라는 평범하지만 원대한 꿈을 조금씩 실현해나가고 있다. 꿈을 현실로 만드는 데도 플랫폼은 이렇듯 큰 위력을 발휘한다. TFA가 초기에 플랫폼의 3가지 운영규칙을 만들어내지 못했다면 과연 오늘날과 같은 성장을 이뤄낼 수 있었을까? 단순히 참여자의 규모를 늘리는 것에만 치중하지 않고 내실 있는 성장을 이끌어가기 위해서는 플랫폼의 운영규칙이 중요하다는 사실을 TFA를 통해 확인할 수 있다.

플랫폼의 품질 악화를
어떻게 막을 것인가?(1)

강력한 플랫폼이 되려면 네트워크 효과가 커질 수 있도록 참여자의 수를 늘려야 하는데, 무분별하게 참여자를 늘리다 보면 플랫폼이 원치 않는 유형의 참여자가 늘어나거나 참여자들의 기회주의적 행동이 많아져 결국 플랫폼의 품질 저하를 야기한다. 플랫폼의 품질이 나빠지면 플랫폼의 참여자들이 실망하며 떠남으로써 플랫폼 비즈니스는 결국 실패하고 만다. 그렇다면 과연 플랫폼을 성장시키는 동시에 강화하는, 즉 플랫폼의 '양'과 '질'을 동시에 확보할 방법은 없을까?

TFA 사례는 플랫폼 참여자의 품질 또는 수준을 관리하여 질 좋은 성장을 만들어가려면 무엇보다 운영규칙이 중요하다는 사실을 알려준다. 교사 봉사기간을 2년으로 제한하고 급여를 지급함으로써 미래 진로와 관계

없이, 금전적 부담 없이 가능한 한 많은 인재가 지원할 수 있도록 배려했다. 또한 교육적 측면의 재능 기부를 위해 모인 지원자라 할지라도 엄격한 기준을 적용해 선발했다.* 이것이 교육의 품질을 높이고 TFA 교사들의 소속감을 높이는 긍정적 작용을 해서 TFA 생태계를 성장시키고 유지시키는 핵심요인이 되었다. 지원자 수는 확대하되, 실제 교사로 선발하는 수는 제한하여 품질을 높인 것이다. TFA의 운영규칙이 교사 지원자, 선발된 교사 등의 수와 품질에 영향을 미치고 이것이 학교의 만족도, 사회적 인식, 기부자 등에 영향을 미치는 과정을 표현하면 그림과 같다.

교육서비스는 사전에 그 품질을 알 수 없고 직접 교육을 받아봐야만 알 수 있는 경험재다. 또한 교육서비스를 제공하는 쪽은 그 품질에 대해 알지만 받는 쪽은 잘 모르므로 정보 비대칭성이 존재한다. 따라서 교육서비스 시장에서도 레몬시장 문제가 발생할 수 있다. TFA는 이를 어떻게 해결했을까?

TFA는 각 지원자의 일에 대한 열정과 실력을 확인하기 위해 12가지 항목을 평가해 최고 수준의 지원자만을 선발했다. 즉 TFA는 환경이 열악한 지역에서 자신과 전혀 다른 성장배경을 가진 학생들을 교육해야 하기 때문

---

* TFA의 전략을 '생태계 전략 캔버스'를 통해 설명해보자(이 책 136~137쪽 참조). TFA 생태계에서 TFA가 '설계자'이자 '제공자'이고, 학교가 '소비자', 지원자와 교사가 '제휴사'에 해당한다. TFA가 지원자를 모두 교사로 선발하지 않고 엄격한 기준에 따라 선발한 것은 제휴사의 문호를 완전히 개방하지 않고 일정 부분 제한한 것이다.

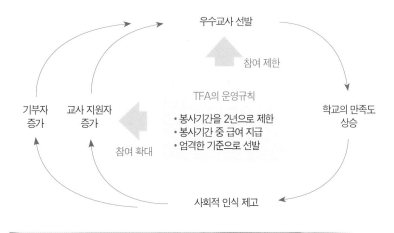

∷ **TFA의 운영규칙과 생태계의 성장**

우수교사 선발

참여 제한

TFA의 운영규칙

• 봉사기간을 2년으로 제한
• 봉사기간 중 급여 지급
• 엄격한 기준으로 선발

기부자
증가

교사 지원자
증가

참여 확대

학교의 만족도
상승

사회적 인식 제고

에 교사에 대해 매우 높은 선발 기준을 적용하고 직접 지원자의 '품질'을 평가했다. TFA가 보람찬 일을 하겠다고 찾아온 지원자 중 대다수를 집으로 돌려보내는 고육지책을 쓸 수밖에 없었던 것은 레몬시장 문제가 발생할 가능성 자체를 사전에 차단하기 위해서였다.

강물을 팔려면
수질관리부터! 유튜브

글로벌 미디어 플랫폼, 유튜브

유튜브는 2005년 "스스로를 방송하라(Broadcast Yourself)"라는 슬로
건을 내걸고 설립된 동영상 공유 사이트다. 일반인들이 자기가 제작한
동영상을 업로드해 다른 사람들과 공유하는 이 사이트는 등장하자마
자 엄청난 파급력을 발휘했다.《타임》지는 유튜브를 2006년 '올해의
발명(Invention of the Year)'으로 선정하면서 "새로운 미디어시대가 도
래했다"라고 평했다. 유튜브는 설립 1년 반이 지난 2006년 11월 구글
에 16억 5,000만 달러에 매각되었으며, 지금은 구글과 페이스북에 이
어 세 번째로 방문자가 많은* 사이트로 성장했다.

유튜브를 통해 가수 싸이가 부른 〈강남스타일〉의 뮤직비디오가 전

세계로 확산되면서 유튜브의 위력을 다시 한 번 실감할 수 있었는데, 2012년 11월 말 유튜브의 조회 수가 8억 800만 건을 돌파하면서 기존의 최다 조회 수 기록을 갈아치웠다. 2011년 3월 동일본대지진이 발생했을 때 관련 영상 조회 수가 1억 건에 가까웠을 정도로 유튜브를 통한 동영상 검색과 시청은 이제 일상화되었다.

구글이 인수한 후로는 유튜브 매출을 따로 발표하고 있지 않지만 구글 매출에서 유튜브가 차지하는 비중은 점점 커지고 있는 것으로 추정된다. 유튜브 매출의 대부분은 광고수입이다. 전통 미디어가 콘텐츠를 직접 제작하거나 외부에서 구입해 제공했다면, 유튜브는 동영상을 공유할 수 있도록 플랫폼을 제공하고 이용자들이 자발적으로 콘텐츠를 만들어 올림으로써 콘텐츠가 쌓인다는 점에서 차이가 있다. 그리고 모기업인 구글의 광고플랫폼을 이용해 동영상의 하단 또는 동영상 재생 이전에 광고를 삽입해 광고수익을 거둔다.

저질 콘텐츠와의 싸움

플랫폼을 제공하고 회원들이 업로드한 동영상에 광고를 실어 수익을 거두는 이러한 수익모델은 대동강 물을 팔아 돈을 번 봉이 김선달

---

* 웹사이트 순위를 발표하는 인터넷 광고 개발사 알렉사(http://www.alexa.com/topsites)는 발생 트래픽을 기준으로 순위를 산출한다.

을 연상시킨다. 하지만 강물을 팔려면 수질관리 능력이 필요하다. 마찬가지로 플랫폼이 지속적으로 성장하려면 플랫폼의 품질 저하 문제가 우선적으로 해결되어야 한다. 유튜브에는 품질 저하의 위험이 늘 존재한다. 1분당 100시간, 매일 14만 시간 분량[66]의 동영상이 업로드되는데 그 가운데 저작권을 침해하거나 지나친 폭력성, 선정성으로 인해 시청이 부적절한 콘텐츠가 있을 수 있다. 이를 제대로 걸러내지 않으면 건전한 상식을 가진 이용자와 광고주는 떠나고 말 것이다.

수많은 동영상을 플랫폼 기업이 일일이 시청해 평가하고 삭제하는 방식은 너무나 비효율적이고 사실상 불가능하다. 그렇다면 유튜브는 어떻게 플랫폼의 수질을 관리하고 있을까? 유튜브는 2005년 서비스 개시와 함께 플랫폼의 질적 저하 문제와 지속적으로 싸워왔다. 유튜브 품질관리의 핵심은 한마디로 참여자가 자발적으로 수질을 보호하도록 다양한 기능과 운영규칙을 개발해 적용하는 것이다.

유튜브의 3가지 해법

우선 유튜브는 이용자들이 스스로 콘텐츠의 품질을 평가하게 만들었다. 즉 '자율적 정화' 시스템을 만들어 선정성과 폭력성으로 불쾌감을 느낄 만한 동영상을 직접 걸러낼 수 있는 권한을 시청자에게 부여했다. 바로 '안전모드'라는 기능인데, 시청 목적이나 시청자 연령대에 따라 부적절하거나 거부감을 줄 수 있는 콘텐츠를 보면 콘텐츠 바로 아래에 있는 깃발 버튼(flag button)을 눌러 누구나 신고할 수 있게 한 것이다. 이렇게 신고가 많이 들어온 동영상은 안전모드를 설정한 이용자에게는 자동으로 차단된다. 모든 이용자에게 동일한 기준을 적용해 간섭하기보다는 이용자 스스로 시청할 콘텐츠를 고르고 이 결정이 다른 이용자를 보호할 수 있도록 만든 것이다.

또한 유튜브는 규칙을 준수하는 회원에게 강력한 인센티브를 제공한다. 이용자의 자정 노력에 맡기고 이를 지원하는 것만으로는 한계가 있다. 근본적으로 운영규칙을 잘 지키는 회원이 지속적으로 늘어나야만 품질관리가 가능하다. 따라서 모범적 이용자에게는 좀 더 강력한 보상이 필요하다.

일반회원이 유튜브에 올릴 수 있는 동영상 한 편의 최대 재생 시간은 15분에 불과하다. 드라마나 영화 등 저작권 보호 대상 콘텐츠가 대부분 15분을 넘기 때문에 이를 염두에 두고 15분 제한 정책을 만들었다. 하지만 동영상을 자주 올리는 업로더는 큰 불편함을 느낄 정도로 턱없이 부족한 용량이라, 유튜브는 운영규칙을 꾸준히 준수하는 회원에게 '용량'을 늘려주는 상을 주고 있다. 규칙을 준수한 이용자에게 제공되는 용량은 최대 12시간 분량의 동영상 공간이다.[67]

마지막으로 유튜브는 저작권자를 끌어들여 불법 콘텐츠를 합법화하는 데 앞장섰다. 유튜브는 2007년 6월 저작권을 위반한 불법 동영상을 자동으로 적발할 수 있는 혁신적인 저작권 보호 시스템인 '콘텐트 ID(Content ID)'를 개발했다. 작동원리는 지문조회를 통해 범인을 잡는 방식과 같다. 사람에게 식별 가능한 지문이 있듯 동영상 역시 고유한 음성 및 영상 신호의 패턴, 즉 비디오 지문(video fingerprint)[68]이 있다는 점을 활용한 것이다.

저작권자가 보호받고 싶은 동영상 파일, 즉 레퍼런스 파일(reference file)을 유튜브에 제공하면 유튜브는 비디오 지문을 떠서 데이터베이스에 저장한다. 그리고 이용자들이 유튜브에 올리는 모든 콘텐츠의 비디오 지문을 데이터베이스의 비디오 지문과 대조함으로써 지문이 일치하는 동영상, 즉 저작권 침해 동영상을 가려낸다.

저작권 침해 동영상을 적발한 경우 유튜브는 동영상을 삭제하는 대신 일단 저작권자에게 저작권 침해 사실을 알려준다. 그리고 저작권자에게 동영상을 삭제하는 것 또는 콘텐츠에 광고를 추가해 유튜브와 광

:: **유튜브의 성과(2013년 12월 기준)**

동영상 이용자	• 10억 명 이상 월 1회 이상 방문 • 매월 60억 시간 이상 시청(전 세계 사람들이 1시간씩 시청하는 것에 해당, 전년 대비 50% 증가) • 80% 이상의 트래픽이 미국 이외 지역에서 발생 • 61개국 언어로 제공
동영상 제공자	• 매분 100시간 분량의 동영상 업로드
품질관리 (콘텐트 ID)	• 매일 400년 분량의 동영상을 검사 • 5,000명 이상의 저작권자가 이용 • 2,500만 개 이상의 레퍼런스 파일을 데이터베이스에 보유 • 저작권자가 현재까지 수억 달러의 수익을 창출

자료: www.youtube.com/yt/press/statistics.html

고수익을 나누는 깃의 2가지 옵션을 제시한다. 콘텐트 ID로 적발된 불법 콘텐츠의 90%가 삭제 대신 후자의 방식을 선택한다고 한다.[69] 결과적으로 유튜브는 저작권자를 끌어들여 불법 콘텐츠를 적발하는 아주 귀찮은 일을 해결했을 뿐 아니라 이를 합법화해 광고 매출을 늘리는 방향으로 나아간 것이다. 동영상 공유 사이트의 생태계에서 자칫 놓치기 쉬운 저작권자를 참여자로 끌어들였다는 점이 독창적이다.

양적 성장에 성공한 플랫폼이 결국 질적 저하 문제로 주저앉는 경우가 적잖이 목격된다. 플랫폼은 제품이나 서비스를 만들기 위해 참여자들이 함께 사용하는 자산이다. 플랫폼에 수준 미달의 제휴사가 참여해 조악한 제품을 공급하거나 플랫폼을 자신의 이익만을 위해 남용하면 플랫폼 자체의 기능과 품질이 떨어진다. 플랫폼의 품질 악화를 막지 못하면 소비자와 다른 참여자들은 플랫폼에서 이탈할 것이고 결국 아무도 제품과 서비스의 토대로 활용하지 않게 된다.

플랫폼의 품질 저하로 모두가 피해를 보는 상황을 미리 없애려면 적절한 운영규칙이 필수적이다. 아울러 플랫폼이 수많은 참여자가 같이 사용하는 기반인 만큼 단순히 플랫폼 기업의 노력만으로는 품질을 유지할 수 없다는 점도 명심해야 한다. 플랫폼의 운영규칙은 물론 사업자가 만드는 것이지만, 보다 중요한 점은 참여자 스스로 지켜나가는 플랫폼이 되어야 한다는 사실이다. 유튜브처럼 규모와 품질을 동시에 개선시키는 전략이 병행되어야만 플랫폼이 장기적 경쟁력을 유지할 수 있다.

플랫폼의 품질 악화를
어떻게 막을 것인가?(2)

유튜브에 있는 동영상은 내용을 직접 봐야만 품질을 알 수 있는 경험재다. 그리고 동영상을 만든 쪽과 보는 쪽 사이에 품질에 대한 정보 비대칭성이 있다. 유튜브에도 레몬시장 문제가 존재한다는 이야기다. 양질의 동영상을 가진 이용자는 사이트에 업로드할 때 수준 높은 시청자들이 많이 봐주기를 기대한다. 하지만 사이트에 저질 동영상이 많고 추천기능이나 평점을 통해 양질의 동영상이 선별되기 어렵다면 양질의 동영상이 시청자들에게 도달할 확률이 낮아진다. 수준 높은 시청자와 양질의 동영상은 차차 그 사이트를 떠나게 되고 결국 저질 동영상만 범람하고 그런 것들을 기대하는 시청자들만 남게 된다. 앞서 살펴본 TFA 사례에서는 지원자를 전부 평가하는 것이 가능했지만 수많은 동영상을 모두 미리 보고 품질을 평가하기란 사실상 불가능하다.

하버드경영대학원의 안드레이 학주 교수는 플랫폼에서의 품질관리 문제를 '품질인증(quality certification)'으로 해결하고자 했다.[70] 2가지 방법을 제시했는데, 첫째는 일정한 기준에 미달하는 경우 플랫폼 진입이나 활동 자체를 제약하는 '하드(hard)'한 방식이고, 둘째는 공급자에 대한 신뢰도 평가나 제품의 만족도 정보를 제공해 소비자가 알아서 선택하도록 하는 '소프트(soft)'한 방식이다. 애플이 앱스토어에 품질인증을 통과한 앱만 올리도록 한 것은 첫 번째에 해당하고, 이베이가 개별 판매자에 대한 구매자 평가를 집계해 제공하는 것은 두 번째 방식에 해당한다.

한편, 이를 '플랫폼 관리(platform regulation)'라는 차원에서 접근할 수도 있다.[71] 플랫폼 관리란 플랫폼 진입 여부와 진입 후 행동에 대해 통제하고 조정하는 것을 가리킨다. 플랫폼 관리는 '사전적(ex ante)'인 것과 '사후적(ex post)'인 것으로 나눌 수 있다. 플랫폼 참여 이전에 참여자의 특성이나 공급하려는 제품의 수준을 미리 평가해 관리하는 것이 사전적 관리라면, 플랫폼 참여 이후 활동이나 제품을 평가해 그 기준으로 관리하는 것은 사후적 관리라 할 수 있을 것이다.

논의를 종합하면 레몬시장 문제를 해결해 플랫폼의 품질 악화를 막는 방법은 4가지 유형으로 다시 정리할 수 있다. TFA는 교사의 기량을 높은 수준으로 유지하기 위해 인터뷰 등을 통해 소수만을 선발하는 하드하고 사전적인 관리방식을 선택했다. 반면 유튜브의 경우 동영상에 대한 평가

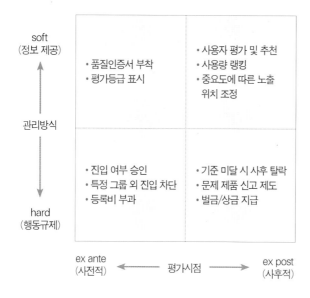

자료: Hagiu, Andrei (2009). "Multi-Sided Platforms: From Microfoundations to Design and Expansion Strategies". Harvard Business School Working Paper 09-115; Boudreau, Kevin J. and Andrei Hagiu (2009). "Platform rules: multi-sided platforms as regulators". Gawer, Annabelle (ed.), *Platforms, Markets and Innovations*. Edward Elgar Publishing Inc.를 토대로 구성

는 회원들이 하는 것이 효과적이므로 소프트한 관리방식을 선택했다. 또한 모든 동영상의 품질을 확인해 업로드 여부를 결정하기 어려운 상황이므로 사후적 관리방식을 선택했다. 이처럼 플랫폼의 상황에 맞게 다양한 방법 중에 골라서 활용할 수 있다. 사전적·사후적, 소프트·하드 방식을 복합적으로 사용하는 것도 가능하다.

꿈의 벤처플랫폼, Y콤비네이터

벤처투자의 새로운 트렌드

그 어느 때보다 혁신이 절실히 요구되는 현 시대에 벤처기업과 벤처 투자자의 중요성은 아무리 강조해도 지나치지 않을 것이다. 보통 벤처 창업자들은 투자를 유치하기 위해 투자자에게 유리한 제안을 하게 되고, 투자자는 산더미처럼 쌓인 벤처기업의 제안서 중 몇 개를 뽑아 수십만 달러에서 수백만 달러를 투자한다. 창업자는 투자자에 비해 협상력이 낮다는 것이 불만이고, 투자자 입장에서도 우수한 벤처기업과 그렇지 않은 기업을 선별해 훌륭한 투자대상을 발굴해야 하건만, 정보가 턱없이 부족해 낮은 성공확률에 의존해야 한다는 리스크에 노출돼 있다. 그런데 2000년대 중반 이후 실리콘밸리에서는 'Y콤비네이터

(Y Combinator)'로 대표되는 새로운 형태의 벤처투자가 주목받고 있다.

Y콤비네이터는 2012년 《포브스》지가 선정한 미국 100대 벤처투자 기업 순위에서 1위를 차지했으며 전 세계 창업자들이 가장 선호하는 벤처투자회사다. Y콤비네이터 같은 형태의 벤처투자회사를 '액셀러레이터(accelerator)'라고 부른다. 벤처투자회사라고는 하지만 사실 Y콤비네이터가 각 기업에 투자하는 금액은 창업 준비기간 동안 창업자들의 생활비 정도에 해당하는 2만 달러 미만이다. 지분도 2~10%만을 보유한다.[72]

Y콤비네이터의 주된 역할은 3개월 과정의 벤처육성 프로그램을 1년에 2번 개최해 창업자에게 노하우와 지원 서비스를 제공함으로써 사업 성공확률을 높이는 것이다. 실제로 2005년 설립 이후 7년도 안 되는 기간 동안 200개 가까운 벤처기업을 배출했는데, 현재까지의 생존율이 70%가 넘는다.* 10%도 되지 않는다는 실리콘밸리의 벤처 생존율에 비하면 월등히 높은 수준이다. 또한 클라우드 기반의 파일 동기화 및 공유 서비스인 드롭박스(Dropbox)를 비롯해 여행자와 홈스테이 가정을 중개하는 에어비앤비(Airbnb) 등 '빌리언달러클럽(billion-dollar club)'**도 다수 배출해, 창업한 벤처기업들의 전체 가치가 78억 달러에 달하며 평균 가치도 4,500만 달러를 넘어섰다.[73]

이렇게 Y콤비네이터는 창업에 필요한 모든 것을 제공함으로써 창업

---

* 2013년 9월 현재 550여 개 스타트업에 투자하였다(http://ycombinator.com). Y콤비네이터가 투자한 기업의 현재 상태(Active, Exited, Dead)는 http://yclist.com에서 알 수 있다.
** 투자자들이 평가한 기업가치가 10억 달러를 넘는 벤처기업을 말한다.

지들을 모으고 이들의 성공확률을 높임으로써 투지지들을 모으는, 즉 창업자와 투자자를 연결해주는 벤처플랫폼 회사다. 벤처기업에 필요한 모든 자금을 직접 투자하기보다는 자신의 시드(seed) 자금과 노하우를 바탕으로 더 많은 투자를 유치하는 것, 즉 투자의 '레버리지 효과'를 노리는 것이 바로 Y콤비네이터의 전략이다.

Y콤비네이터 경쟁력의 비결

Y콤비네이터 플랫폼의 핵심요소는 크게 4가지다. 첫 번째는 벤처기업을 선발하는 안목과 철학이다. Y콤비네이터에 의해 선발되었다는 것 자체가 성공의 보증수표라 할 정도로 Y콤비네이터 경영진의 안목은 실리콘밸리에서도 유명하다. 하지만 Y콤비네이터가 투자대상을 선발하는 과정은 창업 지원자와 나누는 10분간의 인터뷰가 전부다. 지원한 창업자들에게 아이디어에 대해 많은 질문을 던져 자신 있고 간결하게 답변하는지 본다. 예를 들면 무엇을 하려고 하는가, 누가 그것을 필요로 하는가, 왜 그들이 필요로 한다고 생각하는가, 구체적으로 그들의 현재 옵션과 어떻게 차별화할 것인가, 왜 다른 사람들은 그것을 하고 있지 않는가 등의 질문이다. 이를 통해 그들이 스스로 하고자 하는 사업에 대해 얼마나 많이 고민했고 얼마나 잘 알고 있는지를 판단하는 것이다.

사업 아이디어보다 창업 지원자의 성격이나 재능에 더 중점을 둔다는 점도 독특하다. 3개월간의 프로그램을 진행하다 보면 사업 아이디어는 어차피 중간에 바뀌는 경우가 다반사이기 때문에 오히려 쉽사리 변하지 않는 지원자의 인성과 능력을 판단하는 데 인터뷰의 많은 부분을 할애하는 것이다. 그러다 보니 어떤 경우에는 사업계획을 갖고 있지 않은 팀이 선발되기도 한다. 결국 아이디어 자체보다는 창업자에게 투자한다는 것이 Y콤비네이터의 투자 철학이다.

두 번째 요소는 설익은 아이디어를 완벽한 사업 아이템으로 발전시키는 체계적인 육성 프로그램이다. 3개월간 진행되는 벤처육성 프로그램은 지원대상을 선발하는 '인터뷰 데이(Interview Day)'로 시작해, 3주차에 팀별로 2분간 사업 아이디어를 발표하는 '프로토타입 데이(Prototype Day)'를 거쳐, 마지막 13주차에 벤처캐피털과 엔젤투자자에게 사업계획을 발표하는 '데모 데이(Demo Day)'로 끝을 맺게 된다. 이 기간 내내 각 팀은 사무실과 집에서 사업 아이디어를 기획하다가 의문이 들 때마다 Y콤비네이터 전문가들에게 '오피스 아워(Office Hour)'를 신청해 경영, 디자인, 법률 등 사업 전반에 대한 조언을 받는다. 매주 한 번 Y콤비네이터 사옥에서 열리는 저녁식사에서 초청 강사의 강연을 듣기도 하고 팀끼리 진척 상황을 공유하며 피드백을 주고받기도 한다. 데모 데이가 가까워지면 모든 팀은 Y콤비네이터 경영진으로부터 1대 1로 투자자에게 전달할 메시지를 도출하는 방법과 발표 테크닉 등에 대해 상세한 지도를 받는다. 그리고 마지막 이틀간의 데모 데이에 참여하는 것으로 프로그램을 마친다. 데모 데이는 창업자들이 그때까지 갈고 닦은 모든 것을 투자자들에게 전달하는, 그야말로 프로

인터뷰 데이

프로토타입 데이

데모 데이

오피스 아워

자료: http://www.wired.com/magazine/2011/05/ff_ycombinator/all/; http://commons.wikimedia.org/wiki/File:Paul_Graham_talking_about_Prototype_Day_at_Y_Combinator_Summer_2009.jpg; http://paulstamatiou.com/startup-user-retention-lifecycle-email/; http://www.businessinsider.com/y-combinator-demo-day-2013-5

그램의 클라이맥스인 셈이다.

Y콤비네이터 플랫폼의 세 번째 핵심요소는 축적된 벤처경영의 노하우다. 대부분의 창업자들은 사업을 해본 적이 없어 경험에 근거한 노하우가 절실히 필요하다. Y콤비네이터에 선발된 창업자들은 Y콤비네이터의 경영진에게 평생 오피스아워를 신청할 권한을 부여받는다. Y콤비네이터의 경영진은 벤처를 직접 설립해 운영해본 경험을 토대로 벤처기업에 필요한 사항들을 지원한다. 하지만 벤처경영 노하우의 원천은 경영진에 국한되지 않는다. 무엇보다 실제로 창업하여 현장에서 활약하고 있는 Y콤비네이터 동문들 간의 협력이 Y콤비네이

터의 최대 장점으로 평가되기도 한다.[74] 또한 Y콤비네이터의 창업지원 프로그램 안에는 자체 변호사를 통해 법인 설립을 도와주는 서비스, 구글에 투자한 것으로 유명한 세쿼이아 캐피털(Sequoia Capital)의 1대 1 자문 서비스, 사무실과 웹서버 지원 등 벤처기업에 필요한 모든 서비스가 대부분 무료로 포함된다.

Y콤비네이터가 창업자들에게 전달하고자 하는 가장 중요한 성공 노하우는 사업에 대한 태도(attitude)다. 특히 '검소함'을 강조한다. 금전적 욕심으로 성급하게 투자를 받는다거나, 거액의 투자를 받았다고 해서 사무실을 화려하게 꾸미고 고급차를 사는 등 초심이 흐려지는 일이 비일비재하기 때문이다. 프로그램에 선발된 창업자들에게는 "사람들이 원하는 것을 만들라(Make something people want)"라고 씌어 있는 티셔츠를 지급하는데, 세상을 변화시킬 사업을 하겠다는 꿈과 열정을 빼고는 한 장의 티셔츠처럼 모든 의식주를 간소하고 검소하게 하는 습관을 가르치려는 의도다. 2011년 Y콤비네이터 동문 중 한 사람이 성공한 뒤 후배들에게 한턱냈는데 "Y콤비네이터 사상 첫 스테이크였다"라고 할 정도로 소박함을 강조하는 분위기다.

마지막으로 외부와의 인터페이스도 Y콤비네이터 플랫폼의 중요한 요소다. Y콤비네이터라는 플랫폼이 만든 벤처생태계에는 창업자와 투자자 외에 또 하나의 중요한 참여자가 있는데 바로 언론매체다. Y콤비네이터는 테크크런치(TechCrunch), 씨넷(CNET) 등의 IT 전문 언론매체에 상세히 보도되었을 때 비로소 그 벤처기업이 본격적으로 론칭되었다고 평가한다. 그래서 Y콤비네이터에서는 '데모 데이'를 준비할 때 언론매체에 대한 홍보도 같이 준비한다. 창업자들과 브레인스토밍을 통해 정리한 핵심사항을 언론매체에 전달하는 것이다. 언론 입장에서는 기자들이 궁금해하는 사항에 대해 만반의 준비를 한 검증된 벤처기업이라는 신뢰가 있기 때문에 기꺼이 취재에 응하고 기사로도 작성하게 된다. 언론 보도는 투자자를 설득하는 데 큰 힘이 될 뿐 아니라 댓글이나 트위터를 통해 대중의 의견을 모아주고 이용자를 늘려주는 역할도 한다.

벤처생태계의 성장과 Y콤비네이터

탄탄하게 설계된 Y콤비네이터의 플랫폼은 점점 더 많은 창업자와 투자자를 끌어들였다. 창업 지원자가 전 세계에서 모여들어 2011년 여름 프로그램에는 2,000명 이상의 지원자가 몰리기도 했다. 3개월 벤처육성 프로그램은 2005년 여름에 8개 기업으로 시작했으나 2013년 여름에는 52개로 늘었다. 구글과 애플 등 세계적인 기업을 박차고 나온 이들도 여럿이다. 한번 Y콤비네이터 커뮤니티 일원이 되면 평생 동안 경영진과 동문의 지원과 지적 자극을 받을 수 있기 때문에 지원자들은 선발되고자 각고의 노력을 쏟아 붓는다.

일반적으로는 창업자들이 투자자들을 찾아다니며 투자를 유치하는데, Y콤비네이터가 주도하는 생태계에서는 투자자들이 자발적으로 창업자들을 찾아온다. 2005년 데모 데이에는 15명의 투자자만 참석했지만 2011년에는 350명 이상이 참석했다. 벤처계의 큰손들이 입도선매(立稻先賣) 방식으로 투자대상을 확보하고자 데모 데이 이전에 찾아오는 경우도 많다고 한다. 이렇듯 투자자들 간 경쟁이 치열해지다 보니 최종 투자금액도 올라가고 투자조건도 창업자들에게 유리해졌다. Y콤비네이터가 벤처생태계의 무게중심을 투자자 쪽에서 창업자 쪽으로 옮겨놓은 것이다. 그 때문에 2010년 실리콘밸리 투자자들이 Y콤비네이터를 어떻게 견제해야 할지 논의하기 위해 비밀회동을 가졌다고 할 정도다.

최근 테크스타(Techstar) 등 Y콤비네이터와 유사한 사업모델을 지닌 벤처육성 프로그램이 속속 등장하고 있다. 하지만 이들은 단순히 경쟁자가 아니다. 다양한 벤처육성 프로그램이 활발히 운영될수록 더 많은 젊은이들이 벤처에 도전하는 네트워크 효과가 나타날 것이고 이는 모든 벤처육성 프로그램에 이로운 일이기 때문이다. 이 분야에서 가장 오랫동안 생존해온 노하우를 잘 발휘한다면 좀 더 커진 생태계에서 Y콤비네이터의 플랫폼 역시 더욱 커지고 공고해질 것이다. 원래 자연 생태계에서도 자신과 경쟁하는 개체라고 해서 모두 없어져야 하는 대상이 아니라 오히려 함께 생태계를 유지시키는 역할을 하는 것과 같은 이치다.

실리콘밸리를 혁신하고 있는 벤처플랫폼 Y콤비네이터의 사례는 새로운 혁신을 준비하는 우리의 벤처생태계와 신사업을 모색하는 국내 기업들에 새로운 길을 제시한다.

플랫폼 참여자의 불안감을
어떻게 해소할 것인가?

앞서 소개한 TFA나 유튜브와 마찬가지로 Y콤비네이터가 속한 벤처생태계에도 레몬시장 문제가 존재한다. 벤처투자자들은 대상기업의 품질, 즉 기업가치에 대해 잘 알지 못하기 때문에 투자를 꺼리게 된다. TFA와 유튜브는 참여자를 제한하거나 참여자의 품질정보를 다른 참여자들에게 제공하는 방법으로 레몬시장 문제를 해결할 수 있었지만, 벤처생태계에서는 상황이 좀 더 심각하다. 벤처투자의 경우 이익이나 손실 규모가 매우 크기 때문에 Y콤비네이터가 일부 질 낮은 참여자를 걸러내고 참여자 정보를 제공하는 것만으로는 문제가 해결되기 어렵다.

Y콤비네이터의 문제를 유튜브의 문제와 비교하면 사안이 보다 명확해진다. 벤처생태계와 미디어생태계 모두 규모가 성장하다 보면 다양한 기

업가치의 벤처나 폭력물, 음란물 등 저질 콘텐츠가 유입될 수 있다. Y콤비네이터의 문제는 벤처투자자들이 벤처기업의 실제 가치를 평가하기 어렵기 때문에 불안해한다는 것이다.* 유튜브에서는 소비자가 저질 콘텐츠를 경험하면 불쾌한 감정을 느끼는 정도에서 문제가 끝나지만 벤처투자자는 자칫 잘못하면 수십억, 수백억 대의 손실을 입을 수도 있다.

이로 인해 투자나 콘텐츠 소비가 감소하여 플랫폼이 유지되기 어렵다는 결과는 양쪽이 유사하지만, 소비자의 불만과 원인이 다른 만큼 그 대책에서도 차이를 보인다. 유튜브에서는 저질 콘텐츠를 골라내 소비자가 보지 못하도록 차단하는 것이 주된 대책이다. 반면 Y콤비네이터에서는 상대적으로 투자가치가 낮은 벤처기업의 유입을 막기 위해 엄격한 과정을 거쳐 선발하거나 벤처기업의 투자가치 제고를 위해 교육과 지원을 하는 데 그치지 않고, 투자가치에 대한 적극적 커뮤니케이션을 중시한다. 단순히 정보를 제공하거나 홍보하는 것이 아니라 상대를 설득하여 믿게 하는 것이다.

Y콤비네이터가 벤처기업에 직접 소액을 투자해 지분을 받는 것은 그 자체가 수익모델이기도 하지만 자신이 제공하는 정보의 신뢰도를 높여 다른 벤처투자자의 불안감을 줄여주는 효과적 수단이 된다. Y콤비네이터가 언론매체 홍보나 데모 데이 등 투자자와의 이벤트를 중시하는 것도 투자자

---

* Y콤비네이터나 벤처기업 자신도 실세 가치를 투자자보다 잘 알 수는 있겠지만 확실하게 알 수는 없다. 또한 향후 벤처기업의 전략이나 자본시장 상황에 따라 가치는 얼마든지 가변적이다.

:: **플랫폼 품질 측면에서 Y콤비네이터와 유튜브 비교**

	Y콤비네이터		유튜브
원인	(투자자가 모르는) 투자가치 편차 존재		저질 콘텐츠 유입
투자자/ 소비자 불만	불안감 ["모르겠다(risky/uncertain)"]	VS.	불쾌감 ["싫다(bad)"]
투자자/ 소비자 행동	투자 감소, 플랫폼 탈퇴		콘텐츠 소비 감소, 플랫폼 탈퇴
대책	스크리닝+커뮤니케이션		스크리닝

가 느낄 불확실성을 해소하기 위함이다. 현재까지 배출한 성공사례에 힘입어 벤처생태계에서 지속적으로 강화되고 있는 'Y콤비네이터'라는 브랜드도 커뮤니케이션 수단으로 큰 역할을 한다.

다만 현실에서 Y콤비네이터와 유튜브의 문제는 엄밀한 구분이 곤란한 경우가 많다. 대다수 플랫폼은 2가지 문제를 모두 갖고 있기 때문에 대책도 복합적으로 수립해야 한다. 앱마켓의 경우 소비자에게 부적절한 앱을 차단하거나 앱의 가치에 대해 불안해하는 소비자에게 설명과 순위 제시 등을 통해 정확한 정보를 제공할 수 있다.

노벨경제학상의 주인공, 매칭플랫폼

신장 교환이식 프로그램

미국 ABC방송의 대표 드라마이자 우리나라에서도 인기를 얻은 메디컬 드라마 〈그레이 아나토미(Grey's Anatomy)〉에서 12명이 한꺼번에 신장이식 수술을 받는 에피소드가 방영된 적이 있다. 드라마의 무대인 시애틀의 한 종합병원에서 외과 의사들이 총동원되어 다 같이 동시에 수술을 감행한 이유는 무엇일까?

이 수술에서 신장이식이 필요한 환자는 6명이었고, 나머지 6명은 신장을 기증하고 싶어도 혈액형이나 항원이 일치하지 않아 할 수 없었던 환자의 가족이나 지인들이었다. 예전 같았으면 병원은 가족이나 지인이 기증을 희망하더라도 조건이 일치하지 않는 경우 돌려보냈을 것이고, 결국 환자는 익명의 사람으로부터 신장을 이식받을 수 있는 신장이식 대기자 명단에 올랐을 것이다. 물론 대기자 명단에 이름을 올린다고 해서 신장을 기증받기란 쉬운 일이 아니다.

이처럼 기증자가 나서도 조건이 맞지 않는다는 이유로 불가능했던 신장기증이 '신장 교환이식 프로그램(Paired Kidney Exchange Program)'을 통해 가능해졌다. 신장 교환이식 프로그램이란 환자들이, 기증 의사는 있지만 자신에게는 부적합한 가족이나 지인들을 교차시켜 이식이

:: **신장 교환이식 프로그램의 운영방식**

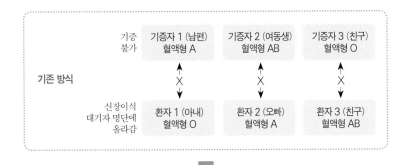

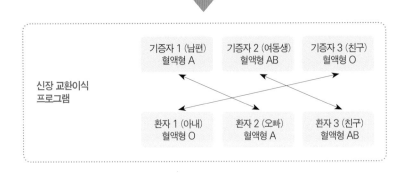

자료: http://www.hopkinsmedicine.org/transplant/programs/kidney/incompatible/paired_kidney_exchange.html을 토대로 구성

가능하도록 환자-기증자 조합을 새롭게 구성해주는 프로그램이다. 여기서 핵심은 여러 지역의 신장이식센터를 통합해 기증대상자 규모를 키운 것과 가족뿐 아니라 제3자와도 신장을 교환할 수 있도록 한 것이다. 앞서 소개한 드라마에서와 같은 상황은, 장기를 기증하겠다는 약속은 법적으로 강제할 수 없으므로 약속불이행을 방지하기 위해 매칭된 모든 기증자와 환자가 한꺼번에 수술대에 눕게 됨으로써 벌어진 것이다.[75] 신장 교환이식 프로그램은 실제로 2000년대 초부터 미국 각지로 확산되는 추세다.

노벨경제학상이 발견한 매칭플랫폼의 2가지 성공조건

신장 교환이식 프로그램은 참여자에게 최적의 거래상대를 찾아 연결해주는 '매칭플랫폼'이다. 당사자들은 알지 못하는 신장이식 가능 조합을 플랫폼이 대신 찾아주는 것이다. 플랫폼에 참여한 광고주를 대신해 광고를 게재할 가장 적합한 웹사이트를 골라주는 구글의 광고플랫폼이나, 회원들에게 적당한 배우잣감을 찾아주는 결혼정보회사 역시 매칭플랫폼이다. 결론적으로 매칭플랫폼은 참여자가 보다 쉽게 마음에 드는 거래상대, 즉 파트너를 만나도록 주선해주는 스마트한 플랫폼이라 할 수 있다. 그렇다면 매칭플랫폼이 스마트한 플랫폼이 되기 위한 조건은 무엇일까?

하버드대학의 앨빈 로스(Alvin Roth) 교수와 UCLA의 로이드 섀플리

(Lloyd Shapley) 교수는 바로 이 매칭플랫폼의 성공조건을 연구해온 대표 학자들로서, 그 연구공로를 인정받아 2012년 노벨경제학상 수상자로 선정되었다.[76] 이들이 제안하는 스마트한 매칭플랫폼의 조건은 2가지로 요약할 수 있다.[77]

첫째, 참여하는 양측의 규모가 균형을 이루도록 해줄 메커니즘이 있어야 한다. 이 조건을 만족해야 최대한 많은 참여자에게 거래상대를 찾아줄 수 있기 때문이다. 예를 들어 똑같이 1만 명 회원을 보유한 결혼정보회사라도 여성회원이 100명, 남성회원이 9,900명인 경우와 여성회원과 남성회원이 동일하게 5,000명인 경우 결혼성사율은 현저히 다를 것이다.

신장 교환이식 프로그램이 혁신적 매칭플랫폼으로 주목받는 이유도 환자와 기증자 간의 심각한 불균형을 해결할 메커니즘이 있어서다. 투석기에 의존해 애타게 기증자를 찾다 결국 사망하는 환자 수가 미국에서만 매년 약 5,000명에 이를 정도로[78] 신장 기증자의 수가 턱없이 부족한 것이 현실이다. 신장 교환이식 프로그램은 이런 수급균형을 맞추기 위해 신장을 기증하고 싶어했지만 부적합 판정을 받은 환자의 가족이나 지인을 매칭플랫폼에 포함시켜 기증자와 환자의 비율을 1대 1로 만든 것이다. 이 프로그램을 통해 새 생명을 얻은 환자 수가 3년간 700명이 넘고, 프로그램이 더 확대되면 수혜자 수가 매년 2,000여 명에 이를 것으로 예상되고 있다.[79]

둘째, 매칭플랫폼은 비슷한 수준의 상대방을 찾아 서로를 연결해주는 메커니즘이 필요하다. 문제는 매칭플랫폼에 참여하는 이들이 대부

분 자기에게 과분할 정도로 높은 수준의 상대를 만나고 싶어한다는 점
이다. 그래서 종종 플랫폼을 속이기도 한다. 자기보다 나은 조건을 가
진 결혼상대를 만나기 위해 학벌이나 재산을 속이는 경우가 있는 것처
럼 말이다. 그렇기 때문에 결혼정보회사는 무조건 더 높은 수준의 결
혼상대를 찾으려는 회원들의 욕구를 읽고 조건이 엇비슷한 회원끼리
연결되도록 하는 노하우가 필요하다. 한마디로 말해, 스마트한 플랫폼
이 되려면 참여자들의 이런 속임수를 간파해야 한다.

앨빈 로스가 설계한 고등학교 배정시스템

뉴욕 시는 수십 년간 고등학교 진학생들의 눈치작전에 몸살을 앓아
왔다. 이 해묵은 문제의 구조를 살펴보면 이렇다. 성적순으로 3명의
학생 A, B, C가 있고 교육여건이 좋은 순으로 3개의 고등학교 1, 2, 3이
있는 경우를 가정해보자. 다른 조건이 동일하다면 성적순으로 좋은 학
교에 배정되는 것이 공정할 것이다.

그런데 뉴욕 시의 입학시스템은 1지망, 2지망, 3지망을 쓰게 하고 1라
운드에서 최대한 많은 학생을 1지망 학교에 입학시키고, 1라운드에서
탈락한 학생을 2라운드에서 최대한 2지망 학교에 입학시키는 방식으
로 운영되었다. 언뜻 학생들의 의사를 존중한 좋은 시스템 같지만 눈
치작전에 아주 취약한 방식이다. 예를 들어 학생 C가 학교 3에 배정받
지 않기 위해 1순위로 학교 2에 지원하게 되면 어떻게 될까? 1라운드

에서 학교 1을 지원한 학생 A, B 중 성적이 우수한 A가 학교 1에 입학하고, 1순위로 학교 2를 지원한 학생 C는 자동 입학할 수 있다. 그렇게 되면 1라운드에서 탈락한 학생 B는 2라운드로 넘어가고 결국 정원이 아직 채워지지 않은 학교 3에 입학하게 된다. C의 성공적인 눈치작전으로 B가 손해를 입게 되는 상황이다. 조사에 따르면 이런 눈치작전으로 인한 선의의 피해자가 매년 3만 명이나 되었다고 한다.[80]

앨빈 로스 교수는 자신의 매칭 이론을 토대로 '예비합격자 제도'를 도입해 입학시스템을 보다 똑똑하게 바꾸었다. 예비합격자가 되었더라도 다음 라운드에서 더 우수한 학생이 지원할 경우에는 학교에서 예비합격자를 탈락시킬 수 있게 한 것이다. 물론 학생들의 혼란을 막기 위해 최종합격 결과만 통보한다. 앞에서 눈치작전으로 학교 2에 입학한 학생 C는 이번에도 1라운드에서 1순위로 지원한 학교 2의 예비

:: **뉴욕 시 고등학교 배정시스템의 운영방식**

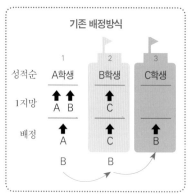

배정 결과가 성적순과 불일치

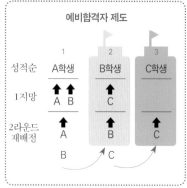

배정 결과가 성적순과 일치

합격자가 된다. 하지만 2라운드에서 학교 2는 더 우수한 학생 B를 선발하고 예비합격자 C는 탈락시킬 것이다. 결국 눈치작전을 쓴 지원자 C의 꼼수가 통하지 않게 되고, 꼼수가 통하지 않는다는 것이 소문나면 애초부터 모든 학생이 자신의 실력에 맞는 학교에 지원하게 될 것이다. 이처럼 예비합격자 제도의 핵심은 처음부터 자신의 실력에 맞는 학교를 정직하게 선택하도록 유도한다는 점이다(truth-revealing mechanism). 입학시스템을 혁신한 이후 실제로 눈치작전에 의한 피해자 수는 90%나 줄어들었다고 한다.

최적의 거래상대를 알아서 찾아주는 매칭플랫폼처럼 점점 많은 플랫폼이 똑똑하게 진화하고 있다. 구글과 애플이 자사의 모바일 운영체제에 음성인식 기능과 지도를 탑재한 것 역시 모바일 플랫폼을 더욱 똑똑하게 만들기 위함이다. 음성인식 기능을 통해 개인의 취향을 반영한 정보를 추천해주거나 지도를 활용해 이용자의 위치와 근처의 매장 정보를 제공해줄 수 있기 때문이다. ICT뿐 아니라 의료, 패션, 문화 등 다양한 산업에서도 맞춤형 제품과 서비스가 화두로 떠올랐다. 따라서 앞으로는 이용자에 대해 정확한 정보를 수집하고 이를 바탕으로 가장 잘 맞는 제품과 서비스를 그들에게 제공할 수 있는 스마트한 매칭플랫폼의 설계 여부가 성패를 가를 것이다.

플랫폼의 성과를 높이려면
어떻게 설계해야 하는가?

일반적으로 참여자 수가 많을수록 좋은 플랫폼이다. 만약 거래를 목적으로 한 플랫폼이라면 거래 가능한 상대가 많을수록 자신에게 더 맞는 파트너를 만날 확률이 높아지기 때문이다. 하지만 플랫폼에 참여한 거래상대 중에서 누가 나에게 가장 잘 맞는지 어떻게 찾을 수 있을까? 거래상대에 대한 정보가 숨겨져 있거나 거래를 하려는 사람이 한쪽에만 일방적으로 많을 경우 최적의 거래상대를 찾기 어렵다.

이렇듯 플랫폼 참여자들끼리 자발적으로 거래를 하기에는 거래비용 또는 탐색비용이 너무 높을 경우 플랫폼이 직접 참여자를 연결해주는데, 이러한 플랫폼을 매칭플랫폼이라 한다. 좋은 매칭플랫폼이 되려면 플랫폼 참여자가 많아야 하는 것 이상으로 얼마나 적당한 상대방을 연결해주는지가

① (균형 메커니즘)
거래상대와의
양적 균형을 유지

＋

② (정직 메커니즘)
거래상대와의
질적 수준 차이를 최소화

자료: Roth, Alvin E. (2007). "The Art of Designing Markets", *Harvard Business Review*. 85.10

중요하다.

앨빈 로스 교수와 로이드 섀플리 교수가 제안한 효율적 매칭플랫폼의 2가지 조건은 거래상대방의 양적 균형을 유지시키는 '균형 메커니즘'과 질적 수준 차이를 최소화하는 '정직 메커니즘'이다. 신장 교환이식 프로그램은 환자의 가족과 지인들을 기증자로 포함시켜 환자와 기증자 비율을 같게 만들었고(균형 메커니즘), 뉴욕 시 고등학교의 예비합격자 제도는 학생들이 자신의 실력에 맞는 학교를 정직하게 선택하도록 유도했다(정직 메커니즘).

플랫폼의 양적 규모가 성장한다고 해서 참여자 간 정보공유나 거래 등과 같은 교류가 저절로 활성화되는 것은 아니다. 만일 참여자 간 교류가 활성화되지 않고 있다면 그 원인을 들여다보고 문제를 해결할 수 있는 운영규칙을 설계해야 한다. 매칭의 확률이 높아지면 기존 참여자의 만족도가 높아지고 이를 기대해 새로운 참여자도 모여들게 된다. 결국 플랫폼의 양적 성장과 질적 강화는 서로 상충되는 것이 아니라 함께 가는 것이다.

집단지성 플랫폼, 쿼키

집단지성이 제품으로 탄생되는 원리

'피봇 파워(Pivot Power)'라는 이름의 멀티탭이 있다. 직선 모양의 기존 멀티탭은 커다란 어댑터를 꽂으면 옆의 구멍까지 막아버려 전자제품을 여러 개 같이 쓰기가 불편한데, 피봇 파워는 휘어진 모양으로 사용하기 편리하게 설계되어 있다. 세계에서 가장 유명한 디자인 공모전 중 하나인 '레드닷 디자인어워드'에서 2012년 제품디자인상을 받았다.

피봇 파워는 미국 뉴욕에 자리 잡은 쿼키(Quirky)라는 회사의 제품이다. 2009년 창업한 쿼키는 직원이 200명도 안 되는 작은 회사로,[81] 아이디어 상품을 설계하고 제작해 판매한다. 재미있는 사실은 쿼키가 '피봇 파워'를 비롯한 상품 아이디어를 사내에서 발굴하지 않고 일반

자료: 쿼키 홈페이지 (www.quirky.com)

대중으로부터 얻는다는 점이다. 쿼키 홈페이지를 통해 일반인이 개진한 아이디어가 실제 제품으로 탄생한다는 이야기다. 이런 점에서 쿼키는 많은 사람의 아이디어를 모으는 플랫폼, 즉 집단지성(collective intelligence) 플랫폼이다.

쿼키에서 제품이 실제로 만들어지는 과정을 한번 살펴보자. 제품 아이디어를 가진 사람이라면 누구나 쿼키 웹사이트를 방문해 몇 가지 간단한 질문에 답하는 형식으로 아이디어를 제안할 수 있다. 어떤 문제를 해결하는 제품인가, 제품의 핵심기능은 무엇인가 같은 질문들이다. 물론 추가 설명이나 그림을 첨부할 수도 있다.

이렇게 제출된 아이디어는 홈페이지를 통해 전체 회원에게 공개된다. 회원들이 마음에 드는 아이디어에 투표하고 의견을 올리는 '커뮤니티 큐레이션(community curation)' 단계를 거치면서 자연스럽게 상

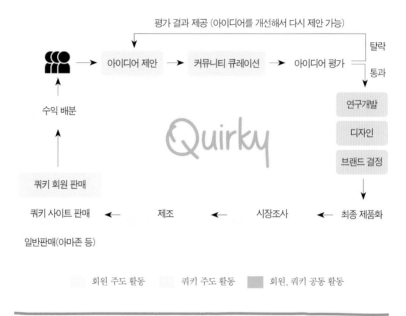

자료: http://www.ideaconnection.com/right-brain-workouts/00334-quirky-crowd-invention.html
을 토대로 구성

품성 높은 제품이 선별되고 이 과정에서 순위가 높은 아이디어는 쿼키 내부 전문가들에게 전달된다. 이들은 아이디어의 상품화 가능성이나 특허침해 여부 등을 고려해 상품화할 최종 아이디어를 선정한 뒤 개발에 착수한다(그림에서 '통과'). 만약 아이디어가 선정되지 않더라도 쿼키는 아이디어 제안자에게 그때까지의 평가 결과를 보여주어 아이디어를 개선할 기회를 준다(그림에서 '탈락').

대중의 지혜를 모으는 과정은 여기서 그치지 않는다. 시제품을 만든 다음에는 이 제품의 필요성을 설명하는 영상물을 만들어 웹사이트에 올린다. 그러면 회원들이 다시 보고 어떤 기능이 추가되면 좋을지, 적정한 가격이 얼마인지 등에 대한 아이디어를 제안한다. 회원들의 피드백을 수렴한 쿼키의 내부 전문가들이 제조원가를 고려해 실제 제품을 만들지, 가격을 얼마로 할지 결정한다. 그 후 생산, 유통, 판매를 책임지는 것은 쿼키의 몫이다.

간단히 말해 쿼키는 인터넷을 통해 대중에게서 제품 아이디어를 얻을 뿐 아니라 시제품 제작, 가격 책정, 상품 제작, 판매 등 전 과정에서 대중의 아이디어를 십분 활용한다. 그래서 쿼키를 '소셜 상품개발(social product development) 플랫폼'이라 부른다. 2014년 2월 현재 쿼키에 제품 아이디어를 제안한 사람은 72만 명이고 실제로 426가지의 제품이 개발되었다.

무분별한 제안을 막는 필터링과 공정한 수익배분

대중의 아이디어를 모으는 일이 말처럼 쉽지만은 않다. 집단지성 플랫폼이 유지되고 성장을 거듭하려면 제안되는 아이디어의 양도 중요하지만 그에 못지않게 질도 중요하다. 쿼키의 플랫폼에는 어떻게 질 좋은 아이디어가 지속적으로 제안되고 있는 것일까?

쿼키는 회원들이 아이디어를 등록할 때 10달러 비용을 받는다. 이 돈은 아이디어가 상품개발로 이어지면 생산비로 쓰이고, 그러지 못하면 탈락 아이디어에 대한 리포트를 만드는 비용으로 쓰인다. 하지만 사실상 이것은 무분별한 아이디어 제안을 막기 위한 필터라고 봐야 한다. 자신의 아이디어를 쿼키에 등록하고자 할 때 10달러의 등록비를 내야 한다면, 최소한 기대수익이 10달러보다 낮은 형편없는 아이디어는 제안하지 않을 테니까 말이다. 반대로 아이디어 등록비가 전혀 없다면 어떨까? 누구나 요행을 바라고 상용화 가능성이 거의 없는 아이디어까지 무분별하게 쿼키 홈페이지에 제안하게 될 것이다. 현재 쿼키 웹사이트에는 매주 1,500건의 새로운 아이디어가 접수되고 있으며 그 수는 점점 더 빨리 늘어나는 추세다. 등록비가 없다면 접수되는 아이디어는 훨씬 많을 것이고 회원들은 옥석을 가리느라 더 많은 시간을 쓰게 될 것이며 그에 따른 피로 누적으로 제대로 된 집단지성 메커니즘은 작동하지 않을 것이다.

등록비가 있는데도 이렇듯 많은 아이디어가 등록되는 이유는 무엇일까? 아이디어가 상품화되었을 때 자신이 제품개발에 기여한 만큼 수익을 얻을 수 있다는 기대감 때문이다. 쿼키는 아이디어가 상품화되면 그 과정에서 참여자들이 얼마나 기여했는지 계산해 수익의 일정 부분을 배분한다.

수익배분 비율은 쿼키 사이트에서 직접 판매되는 경우 30%, 아마존 등 외부 유통채널을 통하는 경우 10%로 책정되어 있는데, 배분되는 금액의 대략 35% 정도가 아이디어 제안자에게 돌아가고 나머지는 개선 아이디어를 낸 다른 사람들에게 분배되는 구조다. 즉 최초 아이디어를 낸 사람은 쿼키가 직접 판매한 금액의 10~12%, 외부 유통망에서 판매한 금액의 3~4%를 로열티로 받게 된다. 앞서 소개한 '피봇 파워'의 경우 가격이 29.99달러인데 2011년 5월부터 판매되어 2014년 2월까지 62만 개가 팔려나가 최초 아이디어를 낸 사람은 약 43만 달러(4억 6,000만 원)를, 제품화 과정에 참여한 853명은 약 72만 달러(7억 6,000만 원)를 분배받았다고 한다.[82]

보통 쿼키에서 한 제품이 개발될 때 어떤 형태로든 참여하는 사람의 수는 평균적으로 1,000명이다. 참여자의 수가 이렇게 많다 보니 수익 배분만으로 참여자를 독려하기란 쉽지 않다. 그래서 쿼키는 제품개발에 참여한 모든 사람들의 이름을 제품포장에 기록한다. 또한 회원 각자에 대한 페이지를 따로 제공하여, 회원들이 여기서 자신이 개발에 참여한 제품들, 그리고 각 제품에서 자신이 담당했던 역할을 파악할 수 있도록 한다. 결국 쿼키 회원들은 금전적 보상의 많고 적음을 떠나 자신의 아이디어가 실제 제품으로 만들어졌다는 기쁨과 다양한 창의적 제품의 개발에 참여했다는 보람을 느낄 수 있다. 물론 쿼키의 히트상품 개발에 여러 차례 참여했다는 사실을 공식적으로 인정받을 경우 그 분야에서 전문가로 활동할 수 있고 취업 시에도 유리하게 활용할 수 있다.

아이디어 상품의 회수분

쿼키는 앞서 소개한 '피봇 파워' 외에도 수많은 히트상품을 만들어냈다. 세탁기나 문 등에 붙여놓으면 동작, 소리, 빛, 온도, 습도 등을 모니터링해 스마트폰으로 알려주는 다용도 센서 '스포터(Spotter)', 18개 도구 중 원하는 것을 선택해서 부착할 수 있는 고객맞춤형 맥가이버 칼 '스위치(Switch)', 옷을 쉽게 걸 수 있고 옷감이 늘어나지 않도록 양쪽 날개가 접히는 옷걸이 '솔로(Solo)', 태양광 패널과 흡착판을 결합해 자동차나 비행기 창문에 부착해 사용할 수 있는 휴대전화 충전기 '레이(Ray)' 등이 그것이다. 대부분 복잡한 기술이 필요한 하이테크 제품이 아닌, 참신한 아이디어로 승부하는 제품임을 알 수 있다. 상품화의 성과가 커질수록 재무적 성과도 가시화되고 있다. 2010년 100만 달러였던 매출은 2011년에는 700만 달러, 2012년에는 1,800만 달러로 증가했다.

이제는 쿼키를 이용해 자사의 제품을 개발하는 기업도 생겨났다.

:: 쿼키의 아이디어 제품들

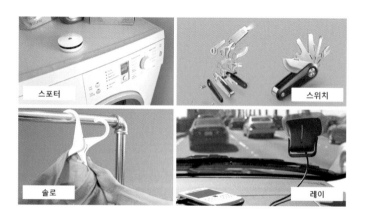

자료: http://www.quirky.com/shop

GE는 2012년 4월 향후 5년간 GE의 스마트홈 분야 신제품 30여 개를 개발해주는 대가로 쿼키에 3,000만 달러의 자금과 수천 개의 특허를 제공하기로 했다. 쿼키는 앞서 소개한 스포터, 스마트폰으로 냉장고에 달걀이 몇 개 남았는지 확인할 수 있는 '에그마인더(Egg Minder)', 스마트폰으로 전원을 켜고 끌 수 있는 '피봇 파워 지니어스(Pivot Power Genius) 등 4개 제품을 GE에 제공했고, 이들 제품은 GE의 스마트홈 제품 브랜드 'WINK'로 출시되었다.[83]

기업 규모는 작지만 세상에 존재하지 않았던 제품들을 창조하는 혁신기업 쿼키. 그 성공의 핵심은 다수의 일반인이 작지만 가치 있는 아이디어를 갖고 있을 것이라는 기본 가정과, 아이디어를 낸 사람부터 상품화될 때까지 전 과정에 기여한 모든 사람에게 디테일하게 설계된 비율에 따라 수익을 배분하는 투명한 운영규칙일 것이다. 대중의 지혜는 잘만 활용한다면 우리가 상상하지 못했던 신선한 아이디어와 사업의 돌파구가 될 수 있다. 쿼키는 대중의 지혜를 어떻게 모아야 하는지를 가르쳐주는 좋은 사례다.

플랫폼 참여를 촉진하려면
어떻게 인센티브를 줘야 하는가?

소비자 선호가 다양해지고 기술혁신의 속도도 빨라지고 그 범위가 넓어지면서 기업이 내부자원만으로는 원하는 시점에 혁신적 제품을 개발하기가 점차 어려워지고 있다. 그래서 외부자원을 혁신활동에 적극 활용하는 오픈 이노베이션(open innovation)에 대한 관심이 높아지고 있다. 2007년 국제기름유출연구소(OSRI, Oil Spill Recovery Institute)가 17년 전 엑슨모빌 유조선이 알래스카에 좌초해 유출된 기름을 제거하기 위한 아이디어를 현상금 2만 달러를 걸고 공모한 사례는 이미 잘 알려져 있다. 이노센티브(InnoCentive)를 통해 수천 건의 아이디어가 제출되었는데, 뜻밖에도 시멘트회사 엔지니어의 제안으로 문제가 해결된 바 있다.

다수 참여자의 지식과 아이디어를 모아 혁신을 이루어내는 오픈 이노베이션은 많은 경우 플랫폼을 통해 이루어진다. 일반 대중의 아이디어를 모아 제품화하는 집단지성 플랫폼 쿼키가 대표적 사례다. 이처럼 오픈 이노베이션을 현실에서 활용하고자 할 때 플랫폼 기업은 외부 혁신가들을 어떤 형태로 모으고 어떤 인센티브를 제공해 활발한 참여를 유도할 것인가?

오픈 이노베이션의 형태는 크게 협력 커뮤니티(collaborative community)와 경쟁 시장(competitive market)이 있다.[84] 협력 커뮤니티는 구성원들이 자체 규범 아래서 정보를 공유하며 공동으로 문제를 해결해나간다. 이와 대조적으로 경쟁 시장은 구성원들이 시장의 선택을 받기 위해 서로 경쟁한다. 소프트웨어의 예를 들면 오픈소스 소프트웨어 프로젝트는 협력 커뮤니티에 가깝고 스마트기기용 앱마켓은 경쟁 시장이라 할 수 있다.

만약 원하는 혁신이 어느 한 개인이 만들기 어렵고 다수가 서로의 지식을 축적해야 얻을 수 있는 성격이라면 협력 커뮤니티가 더 나은 대안이 될 것이다. 협력 커뮤니티에 참여하는 이들은 많은 경우 금전적 보상보다 새로운 도전을 하는 재미나 성취감 또는 다른 사람들로부터의 인정(recognition)을 중시한다. 반대로 전문성보다 다양성이 중요하고, 따라서 다양한 대안을 시도해 차별화하는 혁신이 필요하다면 경쟁 시장이 바람직하다. 경쟁 시장에 참여하는 이들은 주로 금전적 보상, 경력 축적 등 외적 동기가 강하다. 참여자의 성과를 극대화하기 위해서는 각 대안의 특성에 맞는 인센티브가 제공되어야 한다. 협력 커뮤니티와 경쟁 시장의 이러한 특성을 정리하면 그림과 같다.

	협력 커뮤니티 활용		경쟁 시장 활용
문제 상황	복잡하고 어려운 문제 발생		신선한 아이디어 필요
문제해결의 열쇠	전문성	VS.	다양성
외부 참여자 간 관계	협력, 지식공유		경쟁, 지식선점
외부 참여자의 동기	내적 동기(재미, 지적 도전)		외적 동기(금전, 경력 축적)

자료: Boudreau, Kevin J. and Karim R. Lakhani (2009). "How to manage outside innovation". *MIT Sloan Management Review*, 50.4를 토대로 구성

　　오픈 이노베이션을 활용할 때는 외부 혁신가들에 대한 인센티브 제공뿐 아니라 이들의 활동을 촉진하는 메커니즘 설계도 매우 중요하다. 협력 커뮤니티의 경우 지식 교환과 상호작용을 촉진하는 메커니즘이 중요하고, 경쟁 시장은 수익이 잘 배분되는 메커니즘이 중요하다.

　　현실에서는 협력 커뮤니티와 경쟁 시장을 명확하게 구분하기 어렵거나 둘 모두를 활용하는 것이 바람직한 경우가 많다. 쿼키가 단순히 최초 아이디어 제안뿐 아니라 개선 아이디어 제안에도 회원들을 참여시키는 것과 금전적 보상뿐 아니라 재미와 성취감을 느낄 수 있도록 다양한 장치(제품포장, 회원 페이지 등)를 마련한 것은 이 때문이다. 쿼키는 협력 커뮤니티와 경쟁 시장의 장점을 모두 활용하고 있는 것이다.

패션산업의 플랫폼 강자, 리앤펑

패션산업의 혁신기업, 리앤펑

패션산업과 같은 제조업에서도 플랫폼은 여전히 위력을 발휘할까? 패션산업은 기술혁신이나 사업모델의 변화가 ICT 등 하이테크 분야에 비해 상대적으로 적다. 하지만 패션산업에도 파괴적 혁신기업이 종종 등장한다. 최근 패션산업의 가장 큰 화두 중 하나는 자라(Zara)나 H&M 같은 '패스트패션'일 것이다. 전통적인 패션브랜드가 신상품을 보통 6개월간 준비해서 1년에 4번 내놓았다면 패스트패션 업체는 그것을 보름 만에 기획, 생산해 매주 두 차례씩 진열한다. 이 엄청난 스피드가 업계를 뒤흔들었다.

패스트패션 업체들이 이처럼 속도를 높일 수 있었던 근본적 비결은 바로 '수직통합'에 있다. 디자인부터 생산, 유통, 판매 등 밸류체인 활동 전체를 직접 수행하면서 불필요한 프로세스를 없애 속도를 높인 덕분이다. 생산기간이 짧으면 시장반응을 보아가면서 수량과 디자인을 수정할 수 있어 재고로 인한 손실위험을 낮추는 효과도 있다. 이런 전략으로 패스트패션 업체들이 트렌드를 주도하면서 최근에는 리바이스, 갭, 아베크롬비 같은 기존 업체도 패스트패션의 도전에 맞서 디자인부터 생산과 판매에 이르는 기간을 단축하기 위해 노력하고 있다.

그런데 이런 혁신의 바람이 몰아친 패션업계를 살펴보면, 보이지 않는 곳에서 전혀 다른 게임의 방식으로 업계를 주도하는 숨은 실력자를 만날 수 있다. 2012년 매출 202억 달러, 의류 20억 벌 생산을 달성한 홍콩 기업 리앤펑(Li & Fung)이다. 리앤펑은 의류브랜드와 공급업체로 구성된 패션산업 생태계를 운영하는 플랫폼 기업이다.

패스트패션 업체와는 정반대 혁신으로 성공하다

리앤펑은 생산한 의류를 월마트나 콜스 같은 유통업체와, 타미힐피거나 리바이스 같은 패션업체에 납품하는 회사다. 이들 패션업체가 리앤펑을 선호하는 것은 패스트패션 업체와 경쟁하려면 디자인부터 판매까지 시간을 단축시켜야 하는데, 바로 그것을 가능하게 해주기 때문이다. 재미있는 것은 앞서 설명했듯 기존 패스트패션 업체가 수직통합을 통해 기간을 단축했다면 리앤펑은 생산설비나 공장을 전혀 소유하지 않음으로써 이를 가능하게 만들었다는 사실이다. 대신 리앤펑은 의류 공급업체 네트워크를 보유하고 있는데, 리앤펑과 협업하는 의류 공급업체 수가 자그마치 1만 8,000여 개에 달한다. 즉 리앤펑은 주문을 받으면 보유한 의류 공급업체에 대한 정보를 확인한 후 방직, 염색, 단추나 지퍼 부착 등 개별 공정을 담당할 업체를 선별해 의류를 생산하고 조달한다. 한마디로 주문할 때마다 새로운 공장이 만들어지는 셈이다.

리앤펑의 주요 고객 중 하나인 아베크롬비에서 남성용 바지 30만 벌을 주문한 상황을 가정해보자. 주문을 받는 즉시 리앤펑은 단추는 중국, 지퍼는 일본, 실은 파키스탄에서 조달해 이를 중국에서 직조, 염색한다. 이어 방글라데시에 보내 재봉질과 단추·지퍼 부착을 진행한다. 빠듯한 납기를 맞추기 위해 방글라데시 내의 공장 3곳에서 작업을 나누어 하며 공장마다 품질에 차이가 나지 않도록 철저히 관리한다. 이렇게 전체 공정을 아시아 각국의 공장에서 나누어 처리함으로써 주문 수량을 납기일 이내에 만들어낸다.

리앤펑의 생산방식은 대량주문을 효율적으로 처리할 뿐 아니라 갑작스러운 상황에도 유연하게 대처하게 해준다. 실제로 9·11테러 당시 고위험 국가에서 저위험 국가로 불과 1주일 만에 밸류체인을 재배치하는 뛰어난 대처능력을 보여줌으로써 리앤펑에서 의류를 구매하는 패션업체로부터 두터운 신뢰를 얻었다. 2003년 사스(SARS) 발발 당시에는 주문을 여러 지역으로 분산시켜 중국 본토 공장 중 일부가 문을 닫을 경우에 대비하기도 했다.

인디텍스 ZARA	VS.	리앤펑 LI & FUNG
218억 달러	매출	202억 달러
12만 명	종업원 수	2만 8,000명
18만 달러	1인당 매출액	71만 달러
전 공정 직접 수행	사업 형태	플랫폼 관리

자료: 각사 Annual Report

　결국 자라가 패션의 유통기간을 짧게 하기 위해 디자인, 생산, 물류에 필요한 자산을 직접 운영하는 반면, 리앤펑은 플랫폼을 구축해 필요한 자산을 보유한 기업들이 대거 참여하도록 유인하는 전략을 선택했다고 볼 수 있다. 그렇다면 자라와 리앤펑의 성과는 어떻게 다를까?

　2012년 자라를 소유한 인디텍스(Inditex)의 종업원 1인당 매출액은 약 18만 달러인 데 반해 리앤펑의 종업원 1인당 매출액은 71만 달러로, 리앤펑이 4배나 높다. 물론 취급하는 상품이 훨씬 다양하고 리앤펑이 본질적으로 의류 아웃소싱 기업이라는 점을 감안해야겠지만, 자라보다 훨씬 적은 자원으로 더 큰 매출을 거두고 있다는 사실만은 분명하다.

리앤펑 플랫폼의 3가지 구성요소

리앤펑의 역할을 한마디로 요약하면 오케스트라의 지휘자, 즉 마에스트로와 흡사하다. 그리고 리앤펑이 의뢰하는 의류 생산업체는 오케스트라의 단원, 즉 연주자에 해당한다. 지휘자는 자신이 직접 악기를 다루지는 않지만 관객의 성향에 맞춰 연주곡을 선정하고 이에 적합한 연주자를 찾으며, 이들이 오케스트라 전체의 하모니에 기여할 수 있도록 능력의 최대치를 끌어내는 역할을 한다. 마찬가지로 리앤펑은 고객의 요구에 최적으로 대응할 수 있는 공급업체들을 선정하며, 전체 생산 프로세스를 위해 그들이 생산 스케줄을 조율하도록 동기를 부여한다. 그렇다면 리앤펑이 마에스트로 역할을 수행하기 위해 구축한 플랫폼은 구체적으로 무엇일까?[85]

첫째, 리앤펑은 1만 8,000여 개 공급업체와 패션업체의 생산 및 주문 상황을 정확히 파악할 수 있는 IT시스템을 갖추고 있다. 1995년에 최초의 인트라넷(사내정보망)을 구축한 이후 이를 외부로 확장해 패션업체, 즉 고객을 관리하는 시스템인 CRM(customer relationship management)과 공급업체를 관리하는 SRM(supplier relationship management)을 완비했다. 이를 통해 플랫폼 참여 공급업체의 유휴 생산능력을 실시간으로 확인해 주문 상황에 적합한 공급업체를 찾을 수 있을 뿐 아니라, 기존 주문에 대한 진척 상황을 정확히 모니터링하여 생산 프로세스를 효율적으로 운영할 수 있다. IT기술은 전 세계에 흩어져 있는 각 공정의 구성원들이 일사불란하게 움직이도록 동기화하

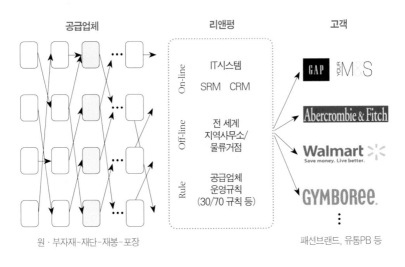

공급업체   리앤펑   고객

On-line   IT시스템   SRM   CRM

Off-line   전 세계 지역사무소/ 물류거점

Rule   공급업체 운영규칙 (30/70 규칙 등)

원·부자재-재단-재봉-포장   패션브랜드, 유통PB 등

자료: 최병삼 외 (2011. 5. 4). "비즈니스 플랫폼의 부상과 시사점". 삼성경제연구소 CEO Information을 토대로 구성

는 역할을 한다.

둘째, 지역사무소와 물류거점의 활용이다. 이것은 IT시스템이라는 온라인 플랫폼을 이용해 고객과 공급업체들을 조율할 때 발생할 수 있는 문제점을 보완해주는 물리적 플랫폼이라 할 수 있다. 현실의 비즈니스에서는 실제로 기업들과 직접 만나 니즈도 파악하고 고충도 듣고 필요하다면 직접 디자인을 제안하기도 해야 하는데, 이 역할을 40개 이상의 국가에 위치한 240여 개 지역사무소와 물류거점에서 담당하는 것이다. 그 가운데 특히 지역사무소는 새로운 고객과 공급업체를 발굴하거나 고객니즈를 파악한 뒤 그들의 주문에 맞춰 공급업체를 선정하며, 주문이 완결될 때까지 생산과 물류를 모두 책임진다. 또한 리앤펑

은 파리와 밀라노에 수시로 스태프를 파견해 최신 패션 동향을 파악하고 매 분기 초에는 보고서를 작성해 공급업체에 전달한다.

셋째, 공급업체에 대한 엄격한 운영규칙이다. 마에스트로가 오케스트라 연주를 조화롭게 이끌어내려면 고유한 규칙이 필요하듯 리앤펑 역시 공급업체가 리앤펑의 지휘에 맞춰 그 역할을 충실히 담당하도록 이끄는 운영규칙을 갖고 있다. 자격 없는 공급업체를 탈락시키기도 하고 업체가 규정을 준수하지 않으면 재계약을 하지 않거나 주문을 하지 않는다. 특히 원산지 표기, 근로기준, 보안 규정을 엄격히 관리해 문제가 발생할 소지를 원천 봉쇄한다. 물론 계약을 잘 준수하는 업체와는 장기계약을 통해 지속적 이윤 창출을 보장한다.

리앤펑의 이러한 운영규칙 중 가장 중요한 것은 '30/70 규칙'이다. 공급업체가 보유한 생산용량의 30% 이상 주문하는 것을 보장하되, 무슨 일이 있어도 70%는 넘지 않는다는 것이다. 너무 느슨한 관계(생산용량의 30% 이하 주문)는 집중과 몰입을 떨어뜨리고, 너무 긴밀한 관계(생산용량의 70% 이상 주문)는 유연성과 학습을 낮추기 때문에 중도를 지키려는 의도다. 30% 이상 주문을 보장하면 공급업체는 리앤펑과의 거래가 이루어지지 못할 경우 상당한 피해를 입게 되므로 리앤펑과의 거래에 최선을 다할 수밖에 없다. 반면에 리앤펑과의 거래량이 생산용량의 70%를 넘을 수 없기 때문에 다른 유통업체나 패션업체들과도 거래를 해야 한다. 이 과정에서 최신 트렌드나 새로운 기술을 습득할 수도 있게 된다.

밸류체인을 혁신하는 플랫폼

리앤펑의 플랫폼을 이용하는 공급업체들과 패션브랜드 업체들은 서로 직접 거래는 하지 않는다. 그러나 여기서도 네트워크 효과는 나타난다. 패션브랜드 업체가 점점 늘어날수록 생산량이 늘어나 공급업체에 충분한 물량을 주문할 수 있게 되고, 덩달아 공급업체도 늘어난다. 또한 리앤펑과 거래하는 공급업체가 많아지면 어떤 주문이라도 경쟁력 있는 단가에 납기를 준수해 공급할 수 있기 때문에 리앤펑의 고객인 패션브랜드 업체들이 증가하게 된다. 리앤펑이 IT시스템, 지역사무소와 물류인프라, 30/70 규칙 등으로 구성된 플랫폼을 활용해 공급사슬을 효율적으로 관리했기 때문에 가능했던 일이다.

:: **리앤펑 플랫폼의 네트워크 효과**

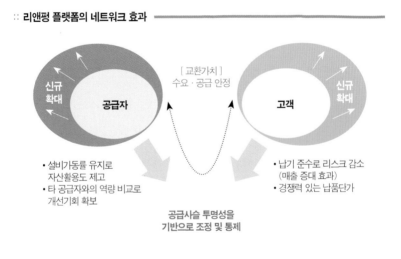

자료: 최병삼 외 (2011. 5. 4). "비즈니스 플랫폼의 부상과 시사점". 삼성경제연구소 CEO Information

리앤펑의 사례는 패션과 같은 전통산업에 속한 기업도 플랫폼을 활용해 산업의 밸류체인을 재구성한다면 커다란 사업기회를 만들 수 있음을 보여준다. 산업의 밸류체인이 복잡해질수록 그리고 각 기업에 보다 높은 수준의 전문성이 요구될수록 이런 기업을 잘 지휘해 최종적으로 높은 고객가치를 만들어내는 플랫폼의 역할이 중요해질 것이다.

플랫폼과 참여자가 함께
성장하는 방법은 무엇인가?

    플랫폼이 경쟁력을 유지하려면 그 플랫폼에 참여하는 공급업체도 그에 맞는 경쟁력을 갖추어야 한다. 독점계약을 통해 공급업체를 지나친 의존 상태로 만드는 것은 장기적으로는 공급업체의 경쟁력을 떨어뜨릴 수 있으므로 바람직하지 않다. 플랫폼 기업이 운영규칙을 세워 공급업체와 적정한 거리를 유지하는 것은 공급업체뿐 아니라 전체 생태계의 건강한 성장을 위해서도 필요하다. 리앤펑의 '30/70 규칙'이 바로 그런 안전장치다.

    반면에 나이키는 공급업체와의 관계에서 비용 최소화만을 추구함으로써 실패를 겪은 바 있다. "Just Do It(일단 한번 해봐)!" 나이키는 이런 슬로건으로 청년들에게 도전정신을 고취하며 젊음을 상징하는 패션브랜드로 성장했다. 사실 나이키는 생산시설을 전혀 갖고 있지 않다는 점에서 앞서 살

퍼본 리앤펑과 유사한 플랫폼 기업이다. 스포츠 의류·신발·기구 등에 대한 기능 혁신과 디자인은 나이키가 직접 담당하고, 생산은 1970년대부터 1980년대 중후반까지는 한국과 대만, 그 이후에는 인도네시아, 중국, 베트남 등의 협력업체 공장에 맡겼다. 스타플레이어를 모델로 기용한 광고를 통해 이들 제품을 홍보하면서 나이키는 젊음과 도전을 상징하는 문화 아이콘이 되었다.

하지만 1998년 《라이프》지에 캄보디아의 나이키 하청 공장에서 한 어린아이가 나이키 축구공을 꿰매고 있는 사진이 실리면서 상황은 급변했다. '노동착취공장(sweatshop)' 문제가 터진 것이다. 대학생을 중심으로 한 주요 고객층은 협력업체의 열악한 노동환경과 미성년자 착취 문제를 무시해온 나이키에 책임이 있다며 불매운동을 벌였고, 나이키는 "우리 공장도 아니고, 또 우리가 이들을 통제할 수도 없다"라며 책임을 회피하는 방식으로 대응했다. 다수의 시민단체와 대학교수들이 나이키가 그동안 노동환경이 열악하고 노동자 임금이 낮은 지역의 생산공장에 하청을 줌으로써 기업의 규모를 키우는, 이른바 '바닥으로의 질주(rush to the bottom)' 전략을 의도적으로 사용해왔다고 주장하면서 사태는 쉽사리 수습되지 않았다. 결국 나이키의 안이한 대응으로 1998년 나이키의 순이익은 전년 대비 절반 수준으로 떨어졌다(1997년 8억 달러, 1998년 4억 달러). 뒤늦게 CEO인 필 나이트(Phil Knight)가 자신들의 책임을 공식적으로 인정했지만 이미 나이키에 대한 이미지는 상당히 나빠지고 말았다.

	1990년대 말 나이키		리앤펑
활용도	전량 외주 생산 및 판매		전량 외주 생산 및 중개
관리목표	비용 최소화	VS.	물량 및 적정이윤 보장
관리방식	관리 소홀, 책임 회피		30/70 규칙으로 관리

　　나이키 사례는 플랫폼과 플랫폼 참여자가 필연적으로 공생관계임을 보여준다. 플랫폼이 성장을 위해 참여자의 이익을 모두 가져가거나 참여자가 자신들의 이익을 위해 불법 및 기회주의적 행동을 할 경우 참여자뿐 아니라 결국 플랫폼의 중장기적 성장에도 심각한 피해가 발생할 수 있다. 따라서 플랫폼은 참여자들이 스스로 성장할 수 있는 기회를 제공해야 하고, 특정 참여자의 행동으로 인해 플랫폼과 생태계 전체가 위험에 빠지지 않도록 안전장치를 마련해야 한다.

Stage
5

플랫폼 수확 단계,
돈 버는 플랫폼은
이것이 다르다

성장과 활성화를 이룬 플랫폼을 통해 기업이 수익을 창출하는 단계다.
여기서 관건은 수익을 얻으면서도 플랫폼의 성장을 둔화시키거나
활력을 떨어뜨리지 않아야 한다는 것이다.

· · ·

Q17 이용자 확보와 수익 창출, 무엇을 더 중시할 것인가? | Q18 어떤
이용자에게 얼마의 가격을 부과할 것인가? | Q19 추가 수익원을 어떻
게 발굴할 것인가?

공짜로 주고도 돈을 버는 '프리미엄' 전략

실패한 유료화 전략

1990년대 말부터 아이러브스쿨을 필두로 동창회 사이트가 인기를 끌었다. 당시 선풍적 인기를 얻은 온라인 커뮤니티 사이트로 프리챌 (Freechal)이 있었다. 프리챌은 동호회와 동문회 같은 커뮤니티의 홈페이지를 무료로 쉽게 만들 수 있도록 서비스를 제공해 많은 이용자를 확보했다. 사람들은 초등학교 동창회 사이트 등 각종 커뮤니티를 프리챌에 만들어놓고 서로 소식도 전하고 모임을 갖기도 했다. 프리챌은 서비스 시작 6개월 만에 100만 명의 가입자를 확보했으며 미국의 벤처캐피털로부터 1,000만 달러 투자를 유치해 화제를 낳기도 했다. 이후 프리챌은 급속히 성장해 커뮤니티 수가 무려 110만 개에 달했다.

그러던 2002년 10월 프리챌이 중대한 발표를 했다. 바로 유료화 선언이었다. 설비투자 및 서비스 유지를 위해 커뮤니티당 월 3,000원의 요금을 받겠다는 것이었다. 사실 마땅한 수익모델이 없었던 프리챌 입장에서 보자면 막대한 유지비용을 충당하기 위한 어쩔 수 없는 선택이었다. 그러나 결과는 예상 밖이었다. 발표 당일부터 큰 반발과 탈퇴 러시를 불러오더니, 110만 개에 달하던 커뮤니티가 고작 6개월 만에 20만 개로 줄어버렸다. 프리챌은 이듬해인 2003년 6월 유료화 결정을 번복하고 원래대로 돌아갔지만 떠난 회원들은 돌아오지 않았다.

프리챌 사례는 플랫폼에 대해 섣불리 가격을 부과하는 것이 얼마나 위험한지를 잘 보여준다. 이용자의 저변 확대가 최우선 과제인 플랫폼 사업에서 이용자에게 비용을 지불하게 하는 것은 신중에 신중을 기해야 하는 결정이다. 플랫폼의 가치는 많은 이용자의 참여에서 나오는 것이기 때문에 이에 장애나 부담이 되는 요인을 최소화해야 한다. 사용료를 지불할 의사와 그럴 만한 능력이 있는 이용자에게만 선별적으로 비용을 지불하게 해야 하는 것이다. 이 같은 관점에서 부가 서비스나 기능을 통해 선별적으로 비용을 지불하게 하는 것이 바로 '프리미엄(freemium)' 전략이다.

'프리미엄'은 공짜를 뜻하는 'free'와 고급을 뜻하는 'premium'이 합성된 말이다. 원래 소프트웨어 비즈니스에서 나온 말로, 기본 사양의 소프트웨어는 무료로 배포하고 고급 기능이 추가된 소프트웨어를 유료화함으로써 수익을 얻는 것을 가리킨다.[86] 무료 배포를 통해 초기에 이용자 저변을 넓혀놓으면 그중 고급 기능을 구매하는 일부 고객이 생긴다는 것이다. 우리가 컴퓨터 바이러스 백신을 무료로 사용할 수 있는 것도 바로 이 전략 덕분이다. 95%가 무료 이용자이고 5%만이 고급의 유료 버전을 구입한다 하더라도 이용자 저변을 충분히 넓혀놓으면 5%만으로도 충분한 수익을 낼 수 있는 것이다. '프리미엄'이야말로 이용자가 많으면 많을수록 그 가치가 올라가는 플랫폼 비즈니스에 적합한 전략이라 할 수 있다.

카카오톡의 수익모델

이런 프리미엄 전략에 기초해 수익모델을 만들고 있는 플랫폼 중 하나가 바로 카카오톡이다. 카카오톡은 국내 벤처업체 카카오의 무료 모바일 메신저 서비스로서 스마트폰을 가진 사람은 거의 대부분 사용하는 서비스라고 말할 정도로 인기가 높다. 카카오톡의 '무료' 서비스가 기존 통신사의 문자서비스를 대체하면서 급속히 확산된 것이다. 그런데 카카오톡 역시 2010년 서비스 개시 이후 2년이 넘도록 마땅한 수익원이 없었다. 이용자의 폭발적 증가로 서버와 운영인력에 대한 비용은 크게 늘어났지만 수입이 없어 2011년에는 153억 원의 적자를 기록했다. 카카오가 엄청난 비용을 감당할 수 있는 획기적 수익모델을 발굴하기는 쉽지 않으리라는 비관적 전망이 나오기도 했다.

그런데 이런 우려를 일거에 불식시킨 것이 바로 국민게임 '애니팡'이었다. 한동안 지하철을 타면 많은 사람이 스마트폰을 통해 이 게임

자료: kakao.com; blog.kakao.com

에 몰두한 모습을 쉽게 볼 수 있을 정도로 이 게임의 인기는 굉장했다. 40~50대 중년층까지 열광할 정도였다. 그런데 이 애니팡이 바로 프리미엄 전략을 그대로 적용한 사례다.

일단 누구나 이 게임을 일정 횟수 무료로 즐길 수 있다. 그리고 그 이상 하고 싶을 때는 유료로 아이템을 구매해 사용하도록 정해놓았다. 즉 기본은 무료, 추가는 유료였던 것이다. 또한 흥미롭게도 친구를 게임서비스에 가입시킬 경우에도 사용권을 제공했는데, 이것이 이용자의 폭발적 증가를 일으킨 도화선이 되었다. 출시 3개월 만에 일일 애니팡 이용자가 1,000만 명에 육박했다. 그뿐 아니라 추가 게임만 유료로 하도록 정했는데도 하루 매출이 2억 5,000만 원에 달했다. 물론 이 수입은 앱마켓 제공자인 구글, 카카오, 게임 개발업체가 나눠 갖지만,* 그럼에도 애니팡 출시 2개월 만인 2012년 9월부터 카카오는 흑자로 돌아섰다.

---

* 애니팡으로 얻는 수입의 30%는 우선 구글이 가져간다. 나머지 70%를 카카오톡과 게임 개발업체가 3:7로 배분하므로 구글, 카카오톡, 게임 개발업체의 수입배분 비율은 30:21:49가 된다.

이제 카카오의 수익성을 우려하는 목소리는 찾아볼 수 없다. 애니팡 이후에도 새로운 게임이 지속적으로 제공되고 있으며 이모티콘과 모바일 쇼핑 등 다양한 수익원이 개발되고 있기 때문이다.

확산되고 있는 프리미엄 전략

프리미엄 전략은 현재 많은 플랫폼 비즈니스에서 활용되고 있다. 대표적 사례가 앞서 살펴본 음악 스트리밍 서비스 '스포티파이'다. 스포티파이에서 광고가 표시되는 스트리밍 서비스는 무료다. 유료로 전환해 월 4.99달러를 내면 광고가 표시되지 않고, 월 9.99달러를 내면 PC와 스마트폰 등 다양한 기기에서 음악을 들을 수 있다. 처음에는 무료로 가입했다가 유료로 전환하는 비율이 20%나 된다고 한다. 2012년 7월 기준으로 유료 회원이 400만 명이나 된다.

스마트폰용 인기 애플리케이션인 에버노트(Evernote)도 프리미엄 전략을 활용하고 있다. 에버노트는 "모든 것을 기억하세요(Remember Everything)"라는 모토로 2008년 서비스를 시작해 2014년 1월 현재 30개 언어로 서비스되고 있으며 이용자가 약 8,000만 명에 달한다. PC와 모바일기기를 통해 텍스트 문서, 웹페이지, 이미지, 손글씨 이미지 등 다양한 형태의 정보를 기록, 검색, 공유하도록 도와준다. 기본 서비스는 60MB의 저장공간이 무료로 제공된다. 반면 유료인 프리미엄(premium) 서비스는 월 1GB를 업로드할 수 있는 추가 저장공간이 제

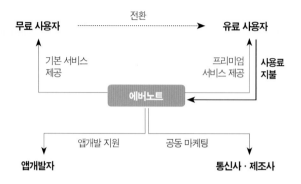

자료: 에버노트 관계자 인터뷰를 토대로 구성

공되고, PDF 파일 텍스트 검색, 팀 공동편집 시 변경 내용 추적 등 부가 기능도 제공된다. 즉 이용자들이 에버노트의 기능에 익숙해질 수 있도록 기본 서비스를 무료로 제공하고 그중 에버노트 활용도가 높은 이용자가 유료 서비스로 전환하게 되면 여기서 수익을 얻는 것이다.

플랫폼에 기반을 둔 사업에서 이루어지는 가격결정이 전통적 방식과 달라야 하는 이유는 2가지로 볼 수 있다. 먼저, 수혜자(이용자)에게 '비용+마진' 형태의 가격을 직접 부과하는 전통적 가격결정 방식은 플랫폼 활성화에 비효율적일 수 있기 때문이다. 상품을 제공하는 비용과는 무관하게 낮은 가격 또는 무료로 다수 이용자를 모으는 것이 플랫폼이 창출하는 가치에 더 유익한 경우가 많다. 다음으로, 플랫폼 사업에서는 참여자가 다양해 가격을 부과할 대상을 유연하게 선택할 수 있기 때문이다.

이용자 확보와 수익 창출, 무엇을 더 중시할 것인가?

　프리챌과 카카오톡, 둘 다 이용자가 많으면 많을수록 가치가 높아지는 플랫폼 서비스다. 하지만 수익모델을 어디서 찾느냐로 양자의 운명은 갈렸다. 플랫폼 이용자 전체에 사용료를 부과하려던 프리챌은 성장동력을 상실한 반면, 기본 기능은 무료로 이용할 수 있게 하면서 추가 서비스에 대해서만 가격을 부과한 카카오톡은 승승장구하고 있다. 여기서 우리는 플랫폼 비즈니스에서 염두에 두어야 할 가격전략에 대한 시사점을 얻을 수 있다. 첫째, 섣부른 유료화는 금물이라는 것이다. 둘째, 플랫폼 기능 자체를 수익원으로 삼기보다는 플랫폼에 부가되는 기능이나 서비스를 수익원으로 삼는 것이 바람직하다는 점이다.

　무료 상품을 제공하여 이용자 저변을 충분히 확보한 후 유료의 추가 상품을 제공함으로써 수익을 얻는 전략이 프리미엄(freemium) 전략이다. 프리미엄 전략은 2단계 모형으로 설명될 수 있다.[87] 1단계는 기본 상품의 무료 제공을 통해 이용자 저변을 확보하고 그들의 지속적 관심을 얻는 단계다. 무료 제공은 단순한 공짜가 아니라 이용자의 관심이라는 귀중한 자산을 대가로 얻는 사업활동이다. 2단계는 추가 상품을 유료로 제공함으로써 수익을 얻는 단계다. 1단계에서 확보한 이용자 저변과 그들의 관심을 기반으로 추가 상품의 구매자를 확보하는 것이다.

플랫폼 사업은 수익 획득만큼이나 이용자 저변 확대가 중요하다. 먼저 이용자 저변을 충분히 확대하고 그 이후 부가 기능이나 서비스를 통해 다양한 수익모델을 창출하는 것이 플랫폼 사업에 요구되는 가격전략

:: '프리미엄(freemium) 전략'의 2단계 프로세스

자료: Pujol, Nicolas (2010). "Freemium: attributes of an emerging business model". Social Science Research Network를 토대로 구성

이다. 플랫폼 이용자로부터 수익을 얻으려 하는 경우에도 모든 이용자에게 일률적으로 사용료를 지불하게 해서는 안 된다. 추가 기능이나 서비스를 통해 비용을 지불할 의사와 그럴 만한 능력이 있는 이용자를 선별해 부담시켜야 한다. 예를 들어, 에버노트의 경우 이용자가 자신에게 필요한 업로드 분량, 저장공간, 추가 기능 등을 고려하여 무료 이용과 프리미엄(premium) 서비스 구매를 자발적으로 선택하도록 했다.

홍대 클럽에서 배우는 플랫폼 가격전략

홍대 클럽의 가격전략

클럽은 젊은이들이 모여 음악을 듣고 춤추며 즐기는 장소다. 서울의 홍대 앞은 이런 클럽이 많이 모여 있는 곳으로 유명하다. 홍대 앞 클럽은 옛날 디스코텍이나 나이트클럽과 비슷하지만 확연히 다른 점이 하나 있는데, 입장료를 받는다는 점이다. 디스코텍이나 나이트클럽에서는 일단 자리를 잡고 술을 주문하지만 클럽에는 그런 테이블이 없고 바 같은 곳에서 간단한 음료와 술을 판매한다. 하지만 바깥출입이 자유롭기 때문에 꼭 클럽 내에서 음료나 술을 마실 필요는 없다. 결국 평일에는 1만 원, 주말에는 1만 5,000원 정도 하는 입장료가 클럽의 주된 수입원이다. 그런데 클럽은 남녀 모두에게 똑같은 입장료를 받지 않는다. 여성의 경우에는 반값 할인을 해주거나 11시 이전에 오면 무료로 입장하게 해주는 등 혜택을 제공한다. 명백히 남녀차별이라 할 수 있는 이러한 방식을 클럽은 왜 채택하고 있는 것일까?*

답은 간단하다. 클럽에 입장하는 여성 고객이 만드는 네트워크 효과 때문이다. 여성 고객이 많이 와 있는 클럽에는 남성 고객도 몰려들기 마련이다. 남성 고객은 어느 클럽에 갈지 선택할 때 여성 고객이 얼마나 많은가를 우선적으로 고려한다고 한다. 그래서 클럽은 여성 고객에게 낮은 가격을 부과해 더 많이 끌어들임으로써 남성 고객을 유인하고 남성 고객으로부터 상대적으로 높은 가격을 받아 수익을 얻으려 한다. 여성 고객과 남성 고객에게 똑같은 입장료를 받는 것보다 여성 고객에게는 낮은 입장료를, 남성 고객에게는 높은 입장료를 받는 것이 더 큰 수익을 주기 때문이다.

제품이나 서비스를 제공하는 기업은 일반적으로 그것을 생산하는 데 들어가는 비용에다 산업 내 경쟁의 정도를 고려한 마진을 더해 가격을 정하고 그 가격을 모든 고객에게 적용한다.** 그런데 플랫폼 이용 가격은 이런 방식으로 결정해서는 안 된다. 왜냐하면 플랫폼 이용자들은 많은 경우 플랫폼 자체보다는 플랫폼을 이용하는 다른 그룹으

---

* 클럽 사례는 남성에 대한 선입견이 다소 포함되어 있으나 이슈를 직관적으로 이해하는 데 도움이 되므로 경제학 교과서에서 플랫폼 가격전략을 설명할 때 단골로 등장한다.
** 산업 내 경쟁 상황이 독점이면 기업이 마진을 높게 설정하므로 가격이 높아지고 완전경쟁에 가깝다면 마진이 거의 0이 되어 가격이 낮아진다. 또한 제품의 수명주기(예: 구형 모델)나 수요의 계절적 요인(예: 졸업 및 입학 시즌)에 따라 기업의 마케팅 전략이 달라지므로 시점에 따라 구매가격이 달라질 수 있다.

로부터 더 큰 가치를 얻기 때문이다. 그러므로 플랫폼 제공자는 다른 그룹에 많은 가치를 제공하는, 즉 네트워크 효과를 많이 유발하는 그룹을 적극적으로 유인할 필요가 있다. 또한 어느 한쪽 그룹의 수가 다른 쪽에 비해 월등히 많거나 적지 않도록 그룹 간의 균형을 맞추는 것도 필요하다. 그런 이유로 같은 플랫폼에 참여하더라도 그룹에 따라 이용료를 다르게 내거나 무료로 이용하기도 하고, 심지어는 금전적·비금전적 지원을 받는 경우도 있다.

홍대 클럽에서 나타나는 이 같은 현상은 플랫폼 사업에서 널리 활용되는 가격책정 원리를 잘 보여준다. 신문이나 TV 같은 미디어를 떠올리면 이해가 쉽다. 기사나 정보를 찾는 사람이 많을수록 그 미디어는 더 많은 광고를 더 비싼 수수료를 받고 유치할 수 있다. 결국 네트워크 효과를 유발하는 일반 독자나 시청자들에게 거의 무료로 혜택을 줘서 끌어들이고 그 숫자에 이끌려 찾아오는 광고주들에게 수수료를 부과해 수익을 얻는 것이다.

플레이스테이션과 윈도는 왜 가격구조가 정반대인가?

소니 플레이스테이션과 MS 윈도는 플랫폼에서의 가격전략이 얼마나 난해한 문제인지를 보여주는 사례다. 소니는 비디오게임기 플레이스테이션을 출시하면서 이용자에게 게임기를 원가에도 못 미치는 싼 가격에 팔았다. 팔면 팔수록 손해일 텐데 왜 그랬을까? 기기를 많이 보급해 이용자를 늘려놓으면 개발자들이 플레이스테이션용 게임을 많이 개발할 것이고 그러면 개발자들로부터 로열티를 받아 수익을 올릴 수 있기 때문이었다. 당시 소니는 게임 개발사에 게임 1카피를 팔 때마다 3~9달러의 로열티를 받았다. 게임CD의 가격이 30달러 정도라고 본다면 판매액의 약 10~30%를 징수한 셈이니까 상당히 높은 수준이라 할 수 있다. 하지만 싼 가격 덕분에 플레이스테이션은 급속히 보급되었고, 게임 개발사들은 광범위한 이용자층을 보고 비싼 로열티를 감수하면서 플레이스테이션용 게임을 개발했던 것이다.[88]

반면에 MS는 응용 프로그램 개발자에게 로열티를 한 푼도 받지 않는다. 프로그램 개발도구나 교육을 제공하므로 오히려 금전적·비금전적 지원을 한다고 볼 수도 있다. 대신 MS는 PC업체로부터 윈도 운영체제를 설치하는 대가로 로열티를 받는다. 이 로열티는 PC가격에 포함되기 때문에 결국 PC를 구매하는 이용자가 지불하는 셈이다.

비디오게임기 이용자는 다양한 게임 타이틀을 원하고 게임 개발사는 게임기가 많이 보급되기를 바란다. 마찬가지로 PC 이용자도 다양한 응용 프로그램을 원하고 응용 프로그램 개발사도 윈도 운영체제가 많이 보급되기를 바란다. 두 경우 모두 이용자와 개발사가 서로를 필요로 한다는 점은 동일하다. 또한 이용자나 개발사 중 적어도 어느 한쪽에서는 수익을 얻어야 한다는 점도 다르지 않다. 겉보기에 상황은 같은데 가격구조는 정반대다. 왜 그럴까? 가격은 각 사업별로 다양한 요인에 의해 결정되고 시장환경에 따라 달라지지만 비디오게임의 가격구조가 PC 운영체제와 다른 이유를 대략 다음과 같이 설명할 수 있다.[89]

비디오게임 이용자들은 주로 젊은 층이어서 그래픽 등 품질에 민감하다. 이들의 기대수준에 맞는 질 높은 게임을 개발하려면 상당한 고정비용이 들어가므로 개발사는 이를 회수하기 위해 두터운 이용자층을 확보한 게임 플랫폼(소니 플레이스테이션, MS X박스 등)을 대상으로 게임을 개발하려 한다. 따라서 소니는 이용자로부터 낮은 게임기 가격을, 개발사로부터 높은 로열티를 받음으로써 2가지 효과를 함께 얻을 수 있다. 이용자들에게 보다 많은 게임기가 보급되도록 하는 동시에 대규모 자금을 투자해 수준 높은 게임을 공급할 수 있는 개발사만 선별하고 조악한 수준의 게임을 개발할 가능성이 높은 영세 개발사의 진입을 차단하는 것이다. 또한 게임기는 PC와 달리 필수재가 아니므로 수요가 가격에 민감하다는 점도 가격구조에 영향을 미쳤을 것이다.

요약하면, 플레이스테이션과 윈도 사례는 플랫폼의 특정 참여자 그룹이 품질에 민감하다면 그 품질을 결정하는 반대편 참여자 그룹에 대해 일정 수준 이상의 가격을 부과해야 한다는 사실을 알려준다. 윈도의 경우 최대한 많은 개발사를 확보하기 위해 로열티를 받지 않았지만 플레이스테이션의 경우 수준 높은 개발사를 확보하기 위해 로열티를 높게 설정한 것이다.

누가 더 가격에 민감한가?

누구에게 어느 정도 가격을 부과할 것인가를 결정할 때 고려해야 하는 또 다른 기준이 있다. 각 이용자 그룹이 가격에 얼마나 민감한가다. 가격에 민감한 그룹에는 일반적인 수준보다 낮은 가격을, 덜 민감한 그룹에는 높은 가격을 부과하는 것이다.* 반대로 만약 가격에 민감한 이용자 그룹에 높은 가격을 부과하면 그들은 플랫폼을 떠나게 되고 이들과의 교류를 원하는 다른 그룹 이용자들도 플랫폼을 떠나게 될 것이다.

대부분의 온라인 쇼핑몰이나 경매사이트에서는 구매자에게는 수수료를 받지 않고 판매자에게만 받는데, 수수료에 대한 민감도가 서로 다르기 때문이다. 구매자는 대개 개인이고 물품 대금을 지불하는 입장이기 때문에 추가 비용 지불에 상당히 민감한 반면, 판매자는 대개 기업이고 물품을 판매해 수익을 얻기 때문에 그 일부를 비용으로 지불하는 데 상대적으로 덜 민감하다. 플랫폼에서 물품을 거래함으로써 서로 효용을 얻지만 그에 따른 지불비용에 대해서는 판매자보다 구매자가 더 민감한 것이다. 똑같이 양쪽에 수수료를 부과하면 판매자만 참여하고 구매자는 참여하지 않기 때문에 결국에는 균형이 깨지고 플랫폼에서 더는 거래가 이루어지지 않게 된다.

반면 거슨레먼그룹(Gerson Lehrman Group)의 컨설팅 중개 서비스는 판매자가 아니라 구매자에게 수수료를 받는 경우다.[90] 거슨레먼그룹은 전 세계에 걸쳐 다양한 분야의 전문가 25만 명의 네트워크를 확보하고 고객사가 적절한 전문가들로부터 인터뷰, 설문조사, 세미나 등을 통해

＊ 보다 엄밀하게 표현하면 수요의 가격탄력성(price elasticity of demand)이 높을 경우 가격을 낮게, 수요의 가격탄력성이 낮을 경우 가격을 높게 책정한다. 수요의 가격탄력성은 상품의 가격이 변할 때 수요량이 변하는 정도를 나타낸다.

전문지식과 경험을 얻을 수 있도록 연결해준다. 경매사이트와는 정반대로 고객사와 전문가 간에 거래가 성사되었을 경우 수수료는 컨설팅 구매자인 고객사가 낸다. 컨설팅 제공자는 대부분 개인인 반면 구매자는 기업이기 때문이다. 이용료에 대한 민감도가 높은 개인에게 돈을 지불하라고 하면 컨설팅 전문가들이 참여를 꺼리게 되고 컨설팅 제공자수가 적으면 컨설팅 구매자도 사이트 이용에 가치를 못 느끼게 된다. 전체적으로 플랫폼은 위축될 수밖에 없다.

우리가 자주 사용하는 어도비의 PDF 프로그램도 같은 원리다. 어도비는 읽기용 PDF는 무료로 배포하되 쓰기용 PDF는 유료로 판매한다. 읽기 기능을 사용하는 대상은 대부분 개인이어서 비용 지불에 민감하지만, 쓰기 기능을 이용하는 대상은 기업, 대학, 출판사 등 기관이기 때문에 비용 지불에 상대적으로 덜 민감하다.

프리PC의 잘못된 계산법

다른 그룹에 미치는 네트워크 효과가 크고 가격민감도가 큰 이용자 그룹을 플랫폼으로 유인하기 위해 보통 금전적 혜택을 제공하는데, 그 형태는 플랫폼 사용료를 낮추는 것일 수도 있고 제품이나 서비스를 무료로 제공하는 것일 수도 있다. 만약 이용자 그룹을 유인하기 위해 제공하는 것이 디지털 상품과 같이 추가 비용이 거의 들지 않거나 주는 입장에서는 필요가 없지만 받는 입장에서는 가치가 있다면(예컨대 클럽이 붐비지 않는 평일에 무료입장 서비스를 제공한다면) 바람직하다. 하지만 소요되는 비용이 너무 크다면 플랫폼 사업 전체가 타격을 입을 수 있다.

1999년 프리PC(FreePC.com)라는 벤처기업이 등장했다. "저사양의 PC를 무료로 나누어주고 인터넷도 무료로 사용하게 하는 대신 의무적으로 광고를 보게 하고 이용자의 개인정보와 인터넷 사용 행태를 마케팅에 활용한다"라는 것이 이 기업의 사업모델이었다.[91] 무료 PC가 많은 사람에게 보급되면 최적화된 광고를 제공하게 되어 광고주들에게 더 높은 광고료를 받을 수 있으리라 예상한 것이다. 신문이나 방송 프로그램을 무료로 제공하고 광고주를 유치하는 미디어 사업모델을 PC에서도 구현하려 했던 것이다.

결과는 어땠을까? 아무리 무료라 하더라도 저사양 PC를 집에서 사용하려는 사람이 예상보다 많지 않아 PC의 보급속도가 늦었다. 더 큰 판단착오는 이 이용자들이 광고주들에게 네트워크 효과를 유발하리라 예상했던 점이었다. 광고주들 입장에서 보면 무료 PC를 선호할 만큼 구매력이 낮은 소비자는 사실 광고의 목표집단으로서 가치가 낮았다. 자체 분석결과 매월 이용자당 30달러 이상의 광고를 유치해야만 수익을 낼 수 있는 상황이었다. 결국 광고주를 끌어들일 수 없어 프리PC는 무료 PC 비용만 소모한 채 다른 기업에 인수되고 말았다.[92]

이상에 소개한 사례에서 플랫폼별로 혜택을 받는 이용자 그룹(subsidy side)과 높은 값을 치르는 이용자 그룹(money side)을 정리해보면 그림과 같다. 겉보기에는 유사한 상황 같지만 어떤 경우에는 개

사례	기업 및 플랫폼	혜택을 받는 그룹	높은 값을 치르는 그룹
홍대 클럽	운영자	여성 고객	남성 고객
신문, TV	신문사, 방송사	독자, 시청자	광고주
비디오게임	소니 플레이스테이션	게임 이용자	게임 개발자
PC 운영체제	MS 윈도	응용 프로그램 개발자	PC 구매자
온라인 쇼핑몰	쇼핑몰 운영자	구매자	판매자
컨설팅 중개	거슨레먼그룹	전문가	고객사

자료: Eisenmann, Thomas, Geoffrey Parker and Marshall Van Alstyne (2006). "Strategies for two-sided markets". *Harvard Business Review*. 84.10

인이, 또 어떤 경우에는 기업이 혜택을 받고, 개인 간에도 경제적 특성에 따라 어떤 그룹은 혜택을 받고 다른 그룹은 높은 가격을 내게 된다. 이처럼 플랫폼 기업은 구성원들에게 부과하는 가격구조를 적절히 설계함으로써 자신의 수익을 창출하면서도 전체 생태계의 성장을 지속적으로 유지할 수 있다.

어떤 이용자에게
얼마의 가격을 부과할 것인가?

어떤 사업이든지 최종 목표는 수익을 얻는 것이다. 플랫폼 사업도 예외일 수 없다. 플랫폼을 구축해 성장시켰다 하더라도 그로부터 안정적 수익을 얻지 못한다면 플랫폼 사업을 지속할 수 없다. 하지만 수익을 창출하는 과정에서 플랫폼의 성장이 저해될 수도 있기 때문에 플랫폼 전략에서 수익모델을 설계하는 것은 중요하면서도 어려운 문제다.

가격을 결정할 때 기업의 비용이나 고객의 지불의사가격(willingness to pay) 외에도 플랫폼 성장을 위해 보다 우선적으로 고려해야 할 사항이 몇 가지 있다.

첫째는 네트워크 효과로, 가장 중요한 사항이다. 다른 이용자 그룹을 유인하는 데 큰 영향을 발휘하는 이용자 그룹에 대해 상대적으로 낮은 가격을 부과해야 한다. 둘째는 가격에 대한 민감도다. 가격에 민감하게 반응하여 조금이라도 가격을 높이면 플랫폼을 떠날 확률이 높은 이용자에게는 낮은 가격을 매겨야 한다. 셋째는 품질에 대한 민감도다. 특정 이용자 그룹이 품질에 민감하다면 그 상대편 그룹에 대해 높은 가격을 설정해야 한다. 넷째는 참여자를 유인하는 데 소요되는 비용이다. 즉 플랫폼에 특정 이용자 그룹을 참여시키기 위해 소요되는 비용이 낮다면 가격도 낮출 수 있다. 다만 프리PC의 경우처럼 이용자당 소요되는 비용이 크다면 혜택 제공에 신중해야 한다.

이러한 4가지 사항을 종합적으로 고려하여 특정 이용자 그룹이 혜택을

:: **플랫폼 가격구조를 결정하는 4가지 요인**

주: 요인 간 가중치를 부여하고 요인별 점수를 평가하여 전체 가중평균을 구하면 해당 이용자 그룹에 대해 부과해야 하는 상대적인 가격수준을 산출할 수 있음
자료: Eisenmann, Thomas, Geoffrey Parker and Marshall Van Alstyne (2006). "Strategies for two-sided markets". *Harvard Business Review*. 84.10을 토대로 구성

받는 이용자 그룹인지 높은 가격을 내는 이용자 그룹인지 결정한다. 플랫폼의 특성은 무시한 채 일반 상품과 똑같은 방식으로, 즉 생산해서 고객에게 제공하는 데 들어가는 비용에다 경쟁의 정도를 고려한 마진을 더해 가격을 정한다면, 그리고 그 가격을 모든 고객에게 동일하게 적용한다면 플랫폼의 성장은 기대할 수 없다.

플랫폼 생태계에
숨어 있는 스폰서를 찾아라

스폰서형 비즈니스 모델이란?

캐나다 최대의 아동보육 회사 키즈앤컴퍼니(Kids & Company)는 2009년 캐나다에서 가장 빠르게 성장한 기업으로 꼽혔다. 출산율이 높지 않은 캐나다에서 보육업체가 이렇게 급성장한 비결은 무엇일까? 키즈앤컴퍼니의 사업방식을 살펴보면 사무실이 밀집된 도심지역에 보육시설을 마련하고 근처 직장에 다니는 부모가 근무하는 시간 동안 아이들을 돌본다. 일반 보육기관이 주거지역에 보육시설을 갖추고 있는 것과 구별되는 점이다. 하지만 가장 큰 차별화 포인트는 부모를 대신해 이들이 다니는 회사가 보육비를 지불한다는 점이다. 회사는 직접 보육시설을 갖추지 않고도 믿을 만한 곳에 위탁함으로써 복리후생비

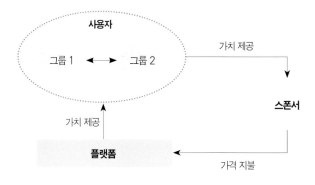

자료: Casadesus-Masanell, Ramon and Feng Zhu (2013), "Business model innovation and competitive imitation: The case of sponsor-based business models". *Strategic Management Journal.* 34를 토대로 구성

를 절약할 수 있고 직원들은 애사심과 업무효율이 높아져 윈윈 효과를 거두게 된다.

부모를 대신해 보육료를 내는 회사처럼 이용자를 대신해 비용을 지불하는 기업 또는 개인을 '스폰서(sponsor)'라 부르고 이들로부터 수익을 거두는 수익모델을 '스폰서형 비즈니스 모델(sponsor-based business model)'이라 한다.[93] 많은 플랫폼 기업이 스폰서형 비즈니스 모델을 적용하고 있다. 예를 들어 대표적인 저가항공사 라이언에어 (Ryanair)는 수익의 상당 부분을 항공권 매출 이외의 부문에서 얻는다. 다른 항공사가 자주 취항하지 않는 작은 규모의 지역 공항을 이용해줌으로써 공항수수료 면제는 물론 공항활성화 명목으로 오히려 보조금까지 받는다.* 또한 그런 공항에서 도심으로 승객을 수송하는 버스회사로부터도 수수료를 받는다. 따라서 승객에게 받는 항공료를 저가로 유지할 수 있다.

인터넷의 발달로 스폰서형 비즈니스 모델의 가치가 점차 높아지고 있다. 많은 기업이 큰 비용을 들이지 않고 자신의 제품이나 서비스를 수많은 잠재적 이용자에게 전달할 수 있게 되었다. 특히 무료로 제공한다면 단시간에 많은 이용자 기반을 확보할 수 있고, 거기서 가치를 얻어 그 비용을 지불하려는 스폰서를 쉽게 구할 수 있을 것이다. 인터넷 시대에 스폰서가 대규모 이용자 기반으로부터 가치를 창출하는 원천은 크게 2가지다. 바로 이용자의 관심(attention)과 데이터다.

이용자 '관심'을 원하는 스폰서 발굴하기

자연생태계의 에너지원이 태양이듯 인터넷 생태계의 에너지원은 많은 경우 이용자의 '관심'이다. 검색, 상거래, SNS 등 인터넷 기업이 제공하는 가치는 서로 다르지만 결국 이들은 많은 이용자의 시선을 사로잡고(eyeball) 이용자가 자신의 사이트에 머무르는 시간을 늘리기 위해(time share) 치열하게 경쟁하는 것이다. 그리고 온라인광고는 이용자의 관심을 수익으로 바꿔줄 가장 확실한 수단 중 하나다. 뉴스 기사 혹은 SNS나 인터넷에서 제공되는 서비스를 대부분 무료로 사용할 수

＊항공산업에서 플랫폼이라고 하면 대개 ICT기술을 활용한 예약시스템을 가리킨다. 하지만 여기서는 라이언에어를 중심으로 지역 공항과 버스회사 등으로 구성된 생태계의 토대, 즉 라이언에어 자신이 플랫폼이다.

있는 이유는 인터넷 기업들이 광고로 수익을 얻고 있기 때문이다.

구글은 탁월한 성능의 검색서비스를 무료로 제공해 전 세계의 수많은 이용자 기반을 확보했다. 이를 기반으로 구글은 검색결과 페이지에 검색어와 관련된 기업이나 상품을 소개하여 효과적 광고를 수행할 수 있었고, 이는 막대한 광고료 수익을 낳았다. 이렇게 구글은 검색서비스를 사용하는 인터넷 이용자의 관심을 원하는 광고주를 스폰서로 하는 광고 비즈니스 모델을 개발한 것이다. 구글이 검색, 이메일, 지도, SNS, 오피스 프로그램 등 각종 인터넷 서비스를 무료로 제공할 수 있는 것도 이용자를 대신해 광고주가 스폰서 역할을 하기 때문이다. 구글이 성장해온 과정은 곧 지속적으로 광고주를 발굴해온 과정이라고 말할 수 있다.

2006년부터 구글을 비롯한 광고플랫폼 기업들의 새로운 격전지, 모바일광고 시장이 주목을 받았다. 구글은 온라인광고 시장에서 쌓은 경쟁력을 모바일에서도 이어나가기 위해 최대의 모바일광고 플랫폼 업체인 애드몹(AdMob)을 인수했다. 모바일광고 시장의 광고주는 무료 앱에 대한 스폰서 역할을 한다. 즉 광고는 앱개발자에게 앱 판매수익을 대체할 만한 다른 수익원을 보장해준다. 이용자들은 앱을 무료로 쓸 수 있어 좋고, 앱개발자들은 앱을 무료로 제공해 이용자를 늘리면서도 광고수입이 보장되어 좋은 것이다. 결국 구글이 광고를 통해 무료 앱개발을 촉진해 앱마켓이 활성화되면 단말기 판매가 확대되고, 그리하여 다시 광고 시장이 커지는 모바일 생태계의 선순환 구조가 만들어지는 것이다.

이용자 '데이터'를 원하는 스폰서 발굴하기

인터넷 시대에 스폰서가 대규모 이용자 기반으로부터 가치를 창출하는 두 번째 원천은 이용자 데이터다. 이용자의 시선이나 체류시간이 아니라 이용자가 입력하거나 남긴 데이터를 수익화하는 것이다. 대규모 이용자 기반의 데이터를 분석해 스폰서에게 유용한 정보를 제공할 수 있다. 이용자 데이터를 활용한 비즈니스 모델의 강점은 신규 회원이 모이고 기존 회원이 정보를 추가함에 따라 플랫폼이 점점 강력해진다는 것이다.

링크드인(LinkedIn)은 비즈니스 인맥관리에 특화된 SNS로, 이용자의 프로필을 개인이나 기업에 제공하는 사례다. "거대한 규모로 인재와 기회를 연결한다(Connecting talent and opportunity at massive scale)"는 슬로건 아래, 이용자가 개인 프로필을 작성해 공개하면 인맥을 형성함으로써 직장 또는 새로운 사업기회를 찾도록 다양한 서비스를 제공한다. 헤드헌터 등 기존 채용방식에 비해 기업이 원하는 조건에 맞는 인력을 낮은 비용으로 신속하게 연결해주는 것으로 평가받고 있다.[94] 또한 글로벌기업에서 안정적으로 근무하고 있는 우수 인재처럼 인력 시장(job market)에 잘 나타나지 않는 숨은 인재(hidden talent)를 발굴하는 데 탁월하다고 한다. 2003년 5월 서비스 개시 이후 2013년 12월 현재 20개 언어로 서비스 중이며 200여 개국에 걸쳐 2억 6,000만 명의 회원을 보유하고 있다.[95] 《포천》지 선정 100대 기업 중 91개사가 링크드인의 채용지원 서비스를 이용하고 있다.

링크드인의 수익은 2009년 이후 매년 2배씩 성장해 2012년 9억 7,200만 달러를 기록했다. 수익원은 크게 3가지다. 전문인력에 대한 정보를 제공하고 채용과정을 지원하는 기업용 채용지원 서비스(Talent Solution), 전문인력 대상 마케팅을 지원하는 기업용 마케팅지원 서비스(Marketing Solution), 무료 서비스보다 더 광범위하게 다른 이용자 정보를 이용하도록 하는 개인용 프리미엄 서비스(Premium Subscription) 등이다. 2012년 기준으로 채용지원 서비스는 전체 매출의 54%, 마케팅지원 서비스는 27%, 프리미엄 서비스는 20%를 차지한다.

페이션츠라이크미(PatientsLikeMe)는 난치병 환자들이 자신들의 의료기록과 건강상태를 기록·관리하고 유사한 질병을 앓고 있는 환자를 찾아 정보를 교환하는 온라인 커뮤니티 플랫폼이다. 2005년 10월 루게릭병 환자들의 온라인 커뮤니티로 시작해 2011년 4월까지 약 1,500종류의 난치병을 앓는 10만여 명의 회원이 활동하는 사이트로 성장했다. 2006년부터는 자체 의료연구팀을 구성하는 등 지속적으로 새로운 서비스를 제공하고 있지만 전 회원에게 모든 서비스를 무료로 제공한다.

대신 이들은 노바티스, 사노피, 베링거인겔하임 등 스폰서로 등록한 제약회사에 회원들의 의료 데이터를 제공하거나 임상시험 대상자를 소개해주고 운영자금을 안정적으로 지원받는다. 회원들에게 무료로 서비스를 제공하면서 축적한 막대한 데이터가 수익의 토대가 되어, 결국 세계 최대의 난치병 관련 커뮤니티로 성장할 수 있었다.

전략경영 분야의 대가인 카사데서스 마사넬(Ramon Casadesus-Masanell) 하버드경영대학원 교수는 '스폰서형 비즈니스 모델'을 적용

환자들이 상세한
건강정보를 공유

페이션츠라이크미가
익명화 & 집계

업계 파트너에게
유용한 정보 제공

정신적

사회적

육체적

복용량

증상

결과

인구통계 자료

자료: http://www.xconomy.com/national/2011/08/24/how-google-could-transform-healthcare-
medicine/attachment/patientslikemebizmodel/

한 기업이 계속 늘어나면서 이용자로부터 수익을 거두는 전통적 사업 모델을 영위하는 기업이 위협받고 있다고 말한다. 이용자 기반 확충과 수익창출이라는, 어찌 보면 상충될 수 있는 2가지 목표를 동시에 달성해야 하는 플랫폼 기업에, 이용자가 아닌 제3자로부터 수익원을 발굴한다는 스폰서형 비즈니스 모델은 유망한 기회가 아닐 수 없다.

추가 수익원을
어떻게 발굴할 것인가?

　플랫폼 기업은 성장과 수익창출이라는 2가지 목표를 함께 추구해야 하는 딜레마를 태생적으로 안고 있다. 이용자를 늘리기 위해 플랫폼을 무료로 제공하면 수익을 낼 수가 없고, 수익을 추구하다 보면 플랫폼 이용자들이 플랫폼을 떠날 수 있기 때문이다. 이러한 상황에서 플랫폼 기업이 택할 수 있는 유력한 대안은 '스폰서형 비즈니스 모델'을 구축하는 것이다. 스폰서형 비즈니스 모델의 핵심은 이용자가 아닌 제3자에게 비용을 지불하게 하여 수익을 창출하는 것이다. 이용자에게는 부담을 주지 않으면서 그 저변을 최대한 넓히고, 넓어진 이용자 저변을 활용해 스폰서에게 가치를 제공한다. 이를 통해 성장과 수익이라는 2가지 목표를 동시에 달성할 수 있다.

플랫폼 사업에서 스폰서를 발굴한다는 것은 앞서 소개한 '생태계 전략 캔버스' 관점에서 보면 또 하나의 제휴사를 추가('create')하는 것과 같다. 스폰서는 소비자의 관심과 데이터를 얻고자 소비자 대신 비용을 지불하려 한다. 플랫폼 기업은 플랫폼이 확보하고 축적한 자산(소비자의 관심과 데이터)을 관찰하여 이를 필요로 하는 스폰서를 지속적으로 발굴해야 한다.

링크드인 사례를 그림을 통해 살펴보자. 만일 링크드인이 다른 SNS처럼 광고 중심의 사업모델을 추구했다면 유일한 스폰서는 광고주이고 개인회원에 대한 무료서비스 범위가 제한적일 수밖에 없으므로 점선과 같이 표

:: 생태계 전략 캔버스와 스폰서 발굴

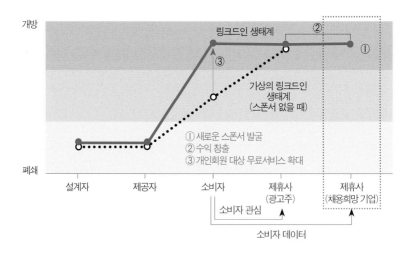

자료: Eisenmann, Thomas, Geoffrey Parker and Marshall Van Alstyne (2009). "Opening platforms: how, when and why?". Gawer, Annabelle (ed.). *Platforms, Markets and Innovation*. Edward Elgar Publishing Inc.를 토대로 구성

시되었을 것이다. 그러나 링크드인은 축적된 고급인력 관련 정보를 토대로 기업용 채용지원 서비스를 개발했고 이는 링크드인 매출의 절반 이상을 차지하고 있다. 즉 채용희망 기업을 새로운 스폰서로 발굴한 것이며, 이는 그림에서 실선과 같이 표시될 수 있다. 새로운 수익원이 생겼으므로 개인회원 대상의 무료서비스를 확대할 수 있었고 이를 통해 회원수도 급증했다.

한때 인터넷 생태계에서 비즈니스 모델이 부족하여 이용자에게 직접 과금을 시도하는 경우가 있었다. 프리첼 사례가 대표적이다. 이후 광고에 기반한 플랫폼 사업이 주류가 되었다. 앞으로는 거대 이용자 기반의 관심과 데이터를 원하는 스폰서 발굴이 플랫폼 비즈니스 모델의 핵심과제가 될 것이다. 따라서 플랫폼 기업은 수익화 과정의 가장 중요한 과제로서 과연 스폰서를 발굴하고 확보할 수 있을지 면밀히 검토해보아야 한다.

Epilogue

플랫폼으로 사고하고
플랫폼으로 경영하라!

미래는 플랫폼의 시대!

플랫폼의 미래

플랫폼은 소수 글로벌 ICT기업의 전유물이 아니다. 모든 산업에서 크고 작은 기업들이 플랫폼을 활용할 수 있다. 구글, 애플, 아마존, 페이스북이 보여준 눈부신 성공을 계기로 급부상한 플랫폼 전략은 일시적 유행이 아니라 향후에도 모든 기업이 지속가능한 성장을 위해 반드시 고려해야 하는 전략이다. 특히 기술이 빠르게 변하고, 소비자 요구가 다양해지며, 산업 간 융합이 활발한 분야에서는 플랫폼의 역할이 더욱 중요해질 것이다.[96] 그렇다면 어떤 플랫폼이 새로이 등장하고 이들 간의 경쟁은 어떤 양상으로 전개될 것인가? '보편화'와 '다원화'라는 2가지 키워드로 이를 요약해볼 수 있다.

첫째, 플랫폼이 현재까지는 주로 ICT산업에서 활용되었으나 앞으로는 그외의 산업이나 ICT와 타 산업 간 융합 분야로 확산되어 보편화될 것이다. TV, 자동차, 가전, 기계, 로봇 등의 분야에서는 이미 플랫폼 논의가 활발하게 진행되고 있다. 다양한 분야의 제품과 서비스가 결합되는 멀티스크린, 클라우드, 스마트그리드 등의 영역에서도 플랫폼의 활발한 도입이 예상된다. 기업의 밸류체인이 분화되면서 연구개발, 생산관리, 유통, 광고, 결제 등 전문영역을 플랫폼화하는 기업들도 점차 늘어날 전망이다. 나아가 민간 기업뿐 아니라 공공부문 조직들도 관련 이해관계자와의 협력을 강화하고 성과를 높이기 위해 플랫폼을 활용하게 될 것이다. 하버드경영대학원, TFA, 키바 등이 대표적 사례다.

　둘째, 미래의 플랫폼은 다원화된 경쟁 양상을 보일 것이다. 과거 PC 시대에는 제한된 경쟁 공간으로 인해 소수의 플랫폼이 시장을 주도했으나 포스트 PC시대에는 이용자의 저변이 역사상 그 어느 때보다 확대되고 이용자가 보유한 기기도 다양화됨에 따라 경쟁 공간이 확장되는 동시에 세분화되고 있다. 어느 한 플랫폼이 전체 시장을 주도하는 '윈텔화' 가능성은 낮아지고 다수 플랫폼이 공존할 가능성이 커졌다. 윈도가 독점해온 PC 분야에서 오픈소스나 애플의 영향력이 커지고 있고 모바일에서는 애플과 구글이 시장을 양분하고 있다. 빅자이언트 플랫폼이 과거와 현재의 인터넷을 지배했지만 미래 인터넷 시장은 특정 관심분야에 특화된 버티컬 플랫폼이 지배할 것이라는 전망도 나온다.[97] TV, 자동차 등 차세대기기에서는 또 다른 플랫폼이 등장할 가능성도 존재한다. 이처럼 플랫폼의 수평적 다원화가 미래의 트렌드가 될 것이다.

수직적 다원화, 즉 중층적 구조도 향후 플랫폼 경쟁의 특징이 될 것이다. 현재까지 소프트웨어 플랫폼은 운영체제, 브라우저, 검색엔진, 앱마켓 등으로 이동 또는 확대되어왔다. 이처럼 플랫폼 위에 새로운 플랫폼을 구축하는 시도가 앞으로도 다양하게 진행될 것이다. 아울러 플랫폼의 수와 종류가 늘어남에 따라 이들을 엮는 새로운 플랫폼, 즉 메타플랫폼 또한 다양하게 등장할 것이다.

요약하면, 플랫폼이 없던 영역에는 플랫폼이 나타나고 이미 플랫폼이 있는 영역에는 기존 플랫폼의 상위 또는 하위 계층에 새로운 플랫폼이 등장할 것이다. 그야말로 플랫폼이 편재(遍在)하는 '유비쿼터스(ubiquitous) 플랫폼의 시대'인 것이다. 어떤 사업이든 산업별 특성과 경쟁 상황에 따라 성공전략은 달라진다. 하지만 플랫폼의 원리를 고려하지 못한 전략은 이제 성공할 수 없다.

미래의 플랫폼

향후 다양한 영역에 등장할 플랫폼 중 우리가 특히 주목해야 할 플

＊빅자이언트 플랫폼은 아마존, 애플, 구글, 페이스북 등 다양한 분야의 정보와 기능을 대상으로 하는 플랫폼을 가리키고, 버티컬 플랫폼은 특정 관심분야만 대상으로 하는 인스타그램, 핀터레스트, 스포티파이 등을 말한다.

랫폼은 무엇일까? 최근 업계의 화두인 IoT(Internet of Things),* 즉 사물인터넷을 통해 이를 살펴보자. 사물인터넷은 한마디로 우리 주변의 모든 사물이 스마트화되는 것을 의미한다. 스마트화란 사물들에 칩이나 센서가 탑재돼 전자화되고, 이들이 서로 네트워크로 연결되며, 그 과정에서 생산된 데이터를 활용해 가치를 만들어내는 것이다.**

이를테면 자동차 분야에서는 구글의 무인자동차가 스마트화된 자동차의 미래상을 보여준다. 카메라, 레이저, GPS시스템, 지도정보 등을 결합해 장애물을 피하고 교통신호를 준수하며 주행한다. 무인항공기(drone) 등 스마트 기계도 확산되고 있다. 무인항공기에서는 주변 상황을 인지해 자세와 위치를 제어하여 사고 없이 비행하게 하는 센서와 제어 알고리즘이 핵심기술이다. 또한 공공 인프라와 서비스를 스마트화하는 프로젝트도 IBM 등을 중심으로 추진되고 있다. 센서와 통신 네트워크, 데이터 분석을 결합해 에너지, 통신, 교통 등 사회 인프라와 교육, 금융, 의료 등 공공 서비스의 효율성을 높이려는 것이다.

PC와 휴대폰에서 생산된 데이터만으로도 막대한 가치가 창출될 것으로 예상된다. 만약 자동차, 기계, 인프라, 서비스 등 우리 주위의 모

---

* 최근에는 인터넷에 연결되는 대상의 범위가 확대되는 추세를 강조하기 위해 IoE(Internet of Everything)라고 부르기도 한다.
** IBM의 정의를 빌리자면, 스마트화는 기구화(Instrumented), 상호연결(Interconnected), 지능화(Intelligent)의 3단계로 이루어진다. 첫째, '기구화'는 사물에 칩이나 센서가 내장되어 전자화 또는 디지털화되는 것이다. 둘째, '상호연결'은 인간과 인간, 인간과 전자화된 사물, 전자화된 사물과 전자화된 사물이 서로 정보를 주고받을 수 있는 네트워크로 연결되는 것이다. 셋째, '지능화'는 인간과 전자화된 사물이 네트워크를 통해 상호작용함으로써 생산되는 데이터에 분석기법이나 최적화 알고리즘을 적용해 가치를 만들어내는 것이다. 자세한 내용은 http://www.ibm.com/smarterplanet/us/en/overview/ideas/를 참조.

든 대상이 연결되어 데이터가 생산된다면 그 파괴력은 상상하기 어려울 정도로 클 것이다. 최근 빅데이터(Big Data)가 주목받고 있는 이유가 바로 이 때문이다. 빅데이터는 보통 수십~수천 테라바이트에 달하는 거대한 정보 크기를 갖고 있고, 다양한 비정형 데이터를 포함하고 있으며, 생성-유통-소비가 몇 초에서 몇 시간 단위로 일어나 기존 방식으로는 관리와 분석이 어려운 데이터 집합과 관련 기술을 말한다.[98]

　향후 전자화된 대상으로부터 다양한 데이터를 생산해내고 이를 가공, 분석하여 활용하는 과정에서 수많은 응용 프로그램이 필요하게 될 것이다. 따라서 응용 프로그램 개발을 지원하고 이를 이용자들이 활용할 수 있게 하는 운영체제와 앱마켓이 중요해진다. 웹브라우저, 검색엔진, SNS 등은 이용자들이 인터넷상의 정보에 접근하고 활용하며 서로 소통하는 것을 지원하는 플랫폼으로, 앞으로도 그 역할이 확대될 것이다. 또한 정보를 확보, 관리, 분석하는 빅데이터 기술도 더욱 중요해질 것이다. 이처럼 사물이 스마트화하면 소프트웨어 플랫폼의 역할이 점점 더 중요해진다.

　경제학 및 플랫폼 전략 분야의 대가인 에반스·학주·슈말렌지 교수는 2006년 저서 《보이지 않는 엔진》을 통해 운영체제 등 소프트웨이 플랫폼이 미래 산업의 지형을 뒤바꿔놓을 것이라고 예견한 바 있다.[99] 소프트웨어 플랫폼의 범위를 확장한다면 이들의 예견은 향후에도 여전히 유효하다. 소프트웨어 플랫폼은 IoT 분야에 파괴적 혁신(breakthrough)을 가져오는 핵심역할을 하게 될 것이다.

　또한 이 책에서 소개한 플랫폼의 운영규칙, 즉 룰(rule)은 IoT 생태계의 성장과 활성화 여부를 결정할 것이다. PC와 휴대폰으로 이루어진 기존 인터넷은 동질적인 사물 간 연결이므로 기술적 표준화나 사업적 룰의 결정이 비교적 용이했다. 하지만 앞으로 인터넷에 연결되는 사물이 다양해질수록 누가 주도권을 가지고 플랫폼을 설계하고 제공할 것인가, 각 참여자의 역할과 책임, 인센티브는 어떻게 결정할 것인가 같은 룰의 결정이 IoT 생태계의 성패를 결정할 것이다.

아마존의 데이터센터나 물류센터 같은 대규모 하드웨어 및 물리적 인프라는 현재와 마찬가지로 미래에도 중요한 플랫폼이다. 그러나 향후 더욱더 중요해지는 플랫폼은 기술 측면의 소프트웨어와 비즈니스 측면의 룰이다. 미래에는 보이지 않는 엔진과 룰이 세상을 움직이게 될 것이다.

플랫폼 경영의 성공전략

플랫폼의 '안나 카레니나 법칙'

"행복한 가정은 모두 모습이 비슷하고, 불행한 가정은 모두 제각각의 불행을 안고 있다."[100] 톨스토이의 장편소설 《안나 카레니나》는 이렇게 시작된다. 이 문장에서 톨스토이는 가정이 행복해지려면 여러 가지 요소, 예를 들어 부부간 애정, 자녀, 금전, 종교 등의 문제가 모두 만족되어야 한다는 사실을 말하고 있다. 이들 중 어느 하나라도 크게 어긋난다면 나머지가 모두 만족되더라도 행복한 가정이 되기 어렵다는 것이다.

여러 조건 중 하나라도 만족하지 못하면 목표를 이룰 수 없다는 '안나 카레니나 법칙'은 진화생물학자 제레드 다이아몬드(Jared Diamond)

가 1997년 《총, 균, 쇠》에서 제시한 이론이다. 그는 인류가 오랜 역사에 걸쳐 야생동물을 가축화하기 위해 노력해왔는데 왜 얼룩말이나 코끼리 같은 것은 가축화되지 못했는가를 '안나 카레니나 법칙'으로 설명하고 있다. 요컨대 야생동물이 가축화되려면 먹이를 많이 필요로 하지 않고, 성장속도가 빠르며, 큰 무리를 이루어 원만하게 지낼 수 있어야 하는데, 그중 어느 조건 하나라도 충족시키지 못한다면 가축화가 어렵다는 이야기다. 플랫폼 전략을 논하는 자리에서 톨스토이의 소설과 야생동물을 언급하는 이유는 플랫폼 사업에도 이와 유사한 원리가 적용되기 때문이다.

플랫폼 사업에서도 곳곳에 도사린 다양한 장애물을 모두 극복해야만 성공에 이를 수 있다. 발굴, 도입, 성장, 강화, 수확 등 플랫폼 사업의 어느 한 단계에서라도 전략적 실수나 판단착오가 발생한다면 사업의 성공을 보장하기 어렵다. 발굴 단계에서는 고객이 외면하는 무용한 플랫폼이 발굴될 것이고, 도입 단계에서는 기존의 강한 플랫폼의 반격을 받게 될 것이며, 성장 단계에서는 참여자 확대가 더는 이루어지지 않고 정체될 것이다. 강화 단계에서는 수준 낮은 참여자가 유입되어 플랫폼 전체가 붕괴될 것이며, 수확 단계에서는 수익만을 추구하다 참여자 이탈을 초래하게 될 것이다. 따라서 각 단계별로 어떤 문제를 고려해야 할지, 또 그에 대해 어떤 대안을 마련해야 할지 종합적이고 세심한 점검이 필요하다.

성공에 대해 이야기할 때 우리는 하나의 요소만으로 간단히 설명할 수 있기를 바란다. 하지만 현실은 다르다. 어떤 중요한 일에서 성공을 거두려면 특별한 성공비결도 필요하지만, 수많은 실패요인을 피하는 일도 매우 중요하다. 모든 사업은 살얼음판 또는 지뢰밭에 비유할 수 있을 정도로 매 순간 주의를 요한다. 한번 실패하면 되돌리기 어려울 정도로 피해가 커지는 플랫폼 사업은 특히 그렇다. 그런 의미에서 지금까지 살펴본 플랫폼 사업 5단계의 19가지 문제를 다시 한 번 정리해보자.

단계별 전략 가이드

앞서 ICT산업과 일반 산업, 기업과 일반 조직 등 다양한 영역에서 플랫폼 전략을 효과적으로 추진해 성공한 사례와 플랫폼 사업의 고비를 넘기지 못하고 실패한 사례를 살펴보았다. 그리고 각 사례를 통해 플랫폼 사업의 각 단계별로 경영자들이 직면하게 되는 문제와 그 해결에 도움이 될 전략적 가이드를 제시했다. 각 단계별 전략적 문제와 핵심 메시지는 다음과 같다.

먼저 [Stage 1]에서는 새로운 플랫폼을 발굴하는 방법을 소개했다. 무엇보다 새로운 플랫폼은 미지의 영역에 있을 것이라는 선입견에서 벗어나 기존 사업의 공통적 구조나 자산을 찾아내 이를 플랫폼으로 활용할 수 있음을 인식하는 것이 중요하다. 또한 플랫폼은 다수의 외부 참여자를 모아 기업생태계를 구축하는 토대이므로 이들이 절실히 원하는 기능을 제공해야만 한다. 새롭게 부상하는 기술이나 시장트렌드와 부

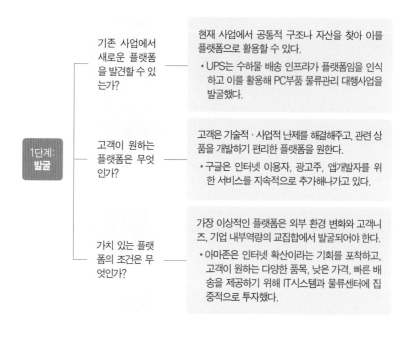

합한다면 플랫폼의 성장성을 더욱 높일 수 있다.

다음으로 [Stage 2]에서는 발굴한 플랫폼을 기존 플랫폼이 버티고 있는 시장에 안착시키는 방법을 다루었다. 새로운 플랫폼을 도입하는 것은 리스크가 큰 전략이므로 신중해야 하며, 기존 플랫폼의 '유효기간'이 다해 새로운 플랫폼이 도전할 여건이 되는지를 평가해야 한다. 기존 플랫폼이 막강한 지위를 유지하고 있더라도 시장 상황에 따라서는 새로운 플랫폼이 진입할 기회가 존재한다는 점도 잊지 말아야 할 것이다. 만일 복수의 플랫폼이 존재하기 어려운 상황이라면 기존 플랫

2단계: 도입	기존 플랫폼 내의 혁신인가, 새로운 플랫폼의 도입인가?	기존 플랫폼 체제에서 더 이상 혁신을 이루기 어렵다면 위험을 감수하고 새로운 플랫폼에 도전해야 한다. • 애플은 통신사 포털 체제에서 휴대폰 개발에 실패한 뒤 아이폰 개발에 도전했고 휴대폰 시장의 판도를 운영체제와 앱마켓 중심으로 바꾸었다.
	강한 플랫폼이 있는 시장에 진입할 수 있는가?	플랫폼의 고정비용이 적고, 네트워크 효과가 크지 않으며, 소비자가 복수 플랫폼을 활용하는 비용이 적고, 소비자 선호가 다양하다면 신규 진입 기회가 있다. • 스포티파이는 애플 아이튠즈가 주도해온 디지털 음악 시장에 스트리밍 방식으로 신규 진입했다.
	기존 플랫폼을 대체하기 위한 전략은 무엇인가?	리스크를 줄이기 위해서는 플랫폼 설계나 제공에 대해 대규모 사업 제휴를 추진하거나 개방된 기술을 활용하는 것이 바람직하다. • 베터플레이스는 전기차 시장에서 배터리를 교환하는 사업모델을 도입했으나 독자전략을 고수하여 실패했다.
	아군을 확장하는 플랫폼 전략은 무엇인가?	자원이 부족한 상황에서 대규모 참여를 유도하기 위해 플랫폼 설계는 자체적으로 하되 플랫폼 제공은 외부 참여자에게 개방하는 라이선싱 전략을 활용할 수 있다. • TED는 누구라도 일정한 규칙만 준수하면 TED와 동일한 형식인 'TEDx'를 개최할 수 있도록 허용했다. • 키바는 100명의 직원으로 저개발국 120만 명에게 소액자금을 대출해주기 위해 지역파트너를 활용한다.

폼을 대체할 수 있는 특단의 전략이 요구된다. 특히 자원이 부족한 신규 플랫폼 기업은 아군을 확장하는 전략이 효과적이다.

3단계: 성장	플랫폼을 성장시 키려면 어떤 준 비가 필요한가?	시장의 승자가 확실히 가려지지 않은 격전지에서 는 수익화보다 플랫폼에 대한 투자와 고객가치 제 고를 통해 네트워크 효과를 극대화하는 데 주력해 야 한다. • 페이스북은 사업 초기에 수익화보다 SW 알고 리즘과 데이터센터 강화를 통한 이용자 확보에 주력했다.
	닭과 달걀의 문 제를 어떻게 해 결할 것인가?	닭과 달걀의 문제를 우회하기 위해서는 단면우선 전략을, 그리고 그 문제를 해결하기 위해서는 지 그재그 전략, 직접 공급, 조건부 계약 등을 활용할 수 있다. • 스퀘어는 스마트폰에 리더기를 부착해 단말기 구입 없이도 신용카드로 결제할 수 있는 방식 을 창안했다. • 구글 헬스는 개인 이용자와 의료기관을 참여시 키는 데 실패해 결국 서비스가 중단되고 말았다.
	네트워크 효과 를 극대화하는 방법은 무엇인 가?	플랫폼 활성화 수단들이 네트워크 효과를 강화하는 방향으로 일관성 있게 활용되도록 설계해야 한다. • 하버드경영대학원은 사례연구 중심으로 강의, 연구, 교수평가 등을 일관성 있게 운영해 세계 최고의 경영대학원으로 성장했다.
	지배적 플랫폼 이 되기 위한 방 법은 무엇인가?	플랫폼을 토대로 다양한 상품이 개발되도록 하여 나의 대체가능성을 낮추고, 생태계 내 타 상품의 대체품이 개발되도록 하여 경쟁 플랫폼의 대체가 능성을 높인다. • MS는 DOS용 응용 소프트웨어 개발뿐 아니라, IBM 핵심기술의 복제품 개발도 지원했다.

[Stage 3]에서는 플랫폼의 성장에 가속도를 붙여 산업의 지배적 플

랫폼으로 자리 잡게 하는 전략을 다루었다. 플랫폼 참여자의 수와 종

류를 늘려 임계점에 도달하는 것이 관건이다. 우선, 네트워크 효과로 인해 생태계가 급성장하는 시기에 대비해 플랫폼에 대한 투자에 주력해야 한다. 본격적으로 성장엔진을 가동하려면 기존 이용자를 최대한 유지하거나 복수 이용자 그룹을 조금씩 차례대로 확보하는 등의 방법으로 참여자 규모가 임계점에 도달하도록 한다. 또한 플랫폼을 활성화하는 다양한 수단을 네트워크 효과가 강화되는 방향으로 일관되게 활용해야 한다. 이렇게 플랫폼을 토대로 한 상품이 많아지고 다른 어떤 것에 의해 이 플랫폼이 대체되기 어렵게 되면 자연히 산업 내에서 플랫폼의 지위가 공고해진다.

[Stage 4]에서는 플랫폼이 성장한 이후에도 품질 하락, 거래 감소, 참여자 활동 저하 및 경쟁력 하락 등이 발생하지 않게 하려면 운영규칙의 설계가 중요함을 강조했다. 운영규칙에는 참여자 관리, 정보 및 인센티브 제공, 거래규칙 제정 등 다양한 내용이 포함될 수 있다. 제품, 소프트웨어, 서비스, 기술뿐만 아니라 운영규칙도 플랫폼의 중요한 요소다. 플랫폼의 내실 있는 성장을 위한 운영규칙의 역할은 아무리 강조해도 지나치지 않다.

마지막으로 [Stage 5]에서는 플랫폼 참여자의 이탈을 가능한 한 줄이면서 수익을 얻는 몇 가지 방법을 소개했다. 첫 번째는 참여자를 세분화해 고급기능을 원하는 참여자에게 가격을 부과하는 '프리미엄 전략'이다. 두 번째는 참여자 중에서 좀 더 혜택을 누리는 그룹에 높은 가격을 치르게 하는 '양면 플랫폼 가격전략'이다. 세 번째는 직접적 이용자는 아니지만 생태계 내에서 가치를 얻고 있는 제3자를 찾아 비용을 내

플랫폼의 품질 악화를 어떻게 막을 것인가?

플랫폼 참여를 제한하거나 참여자에 대한 평가정보를 제공해 수준 낮은 참여자의 유입을 막을 수 있다.

- TFA는 재능 기부를 위해 모여든 지원자라도 엄격한 기준으로 선발하여 교육의 질을 높였다.
- 유튜브는 회원들이 스스로 저질 및 불법 동영상을 걸러내는 자율적 정화 시스템을 도입했다.

플랫폼 참여자의 불안감을 어떻게 해소할 것인가?

거래상대에 대한 정보 부족으로 불안감을 느껴 거래 자체가 일어나지 않는 현상을 방지하기 위해 플랫폼 기업은 커뮤니케이션을 강화해야 한다.

- Y콤비네이터는 벤처투자자가 느낄 불확실성을 해소하기 위해 직접 소액을 투자하고 언론 홍보, 투자자 참여 이벤트 개최를 통해 정확한 정보를 제공한다.

4단계: 강화

플랫폼의 성과를 높이려면 어떻게 설계해야 하는가?

거래상대의 양적 균형을 유지하고 질적 수준 차이를 최소화하는 메커니즘을 설계해야 한다.

- 신장 교환이식 프로그램, 고등학교 배정시스템 등의 메커니즘이 설계되어 참여자들이 더 많이, 더 공정하게 플랫폼을 활용하게 되었다.

플랫폼 참여를 촉진하려면 어떻게 인센티브를 줘야 하는가?

참여자의 내적/외적 동기를 고려해 금전, 재미, 성취감 등 적절한 형태의 보상을 제공해야 한다.

- 쿼키는 참여자에게 수익을 배분하고 제품포장에 참여자 이름을 기재하는 등 다양한 인센티브를 제공한다.

플랫폼과 참여자가 함께 성장하는 방법은 무엇인가?

참여자가 플랫폼에 지나치게 의존하지 않고 스스로 성장할 수 있도록 운영규칙을 설계해야 한다.

- 리앤펑은 '30/70 규칙'을 통해 공급업체가 최신 기술/트렌드를 적극적으로 습득하도록 하고 있다.

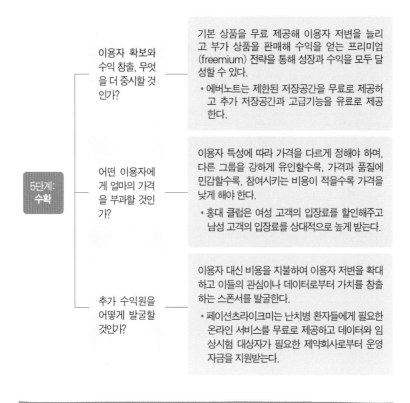

게 하는 '스폰서형 비즈니스 모델'이다. 방법은 다양하지만 기본원리는 비용지불의사가 높은 참여자에게만 선별적으로 가격을 부과하는 것이다. 이처럼 가격을 부과하는 대상을 신중하게 선택하지 않으면 수익화 과정에서 플랫폼 생태계의 성장이 저해되거나 심한 경우 붕괴될 수도 있다.

이상의 내용에서 우리는 성공적인 플랫폼 경영을 위한 큰 맥(脈)을 찾을 수 있다. 무엇보다 발굴 단계에서는 기술 트렌드, 소비자 니즈 등

시장환경에 대한 이해가 중요하다. 도입 및 성장 단계에서는 새로 발굴한 플랫폼을 시장에 안착시키고 성장시키기 위해 산업과 경쟁의 역학에 대해 파악해야 한다. 그리고 강화 및 수확 단계에서는 플랫폼의 지속적이고 건강한 성장을 도모하기 위해 생태계의 작동원리를 이해해야 한다. 요컨대 발굴 단계는 소비자와의 승부이고, 도입 및 성장 단계는 경쟁 생태계와의 승부이며, 강화 및 수확 단계는 자기 생태계와의 승부라고 할 수 있다.

부록

플랫폼에 관한 Q&A

Q. 플랫폼은 어떤 구조인가?

플랫폼은 기능(role)과 규칙(rule)으로 구성된다. 플랫폼이 다양한 상품을 제공하는 데 반복적으로 사용되거나 다양한 이용자를 연결하는 토대가 되기 위해서는 하드웨어, 소프트웨어, 서비스를 결합하여 이용자들이 원하는 '기능'을 제공해야 한다. 또한 다양한 제휴사가 참여해 관련 상품을 공급하려면 기술 표준, 프로토콜, 정책 등의 '규칙'이 편리하게 설계되어야 한다. 예를 들어 PC에서 소프트웨어시스템은 소비자가 원하는 기능을 제공하는 응용 프로그램과 하드웨어 등을 제어하는 운영체제로 구분되는데, 운영체제가 곧 플랫폼이다. 운영체제에서 응용 프로그램의 요청에 따라 하드웨어로 작업을 수행하는 커널(kernel)이 기능에 해당하고 사용자 및 개발자가 커널을 쉽게 이용하도록 하는 인터페이스와 운영체제 사용 관련 정책이 규칙에 해당한다.

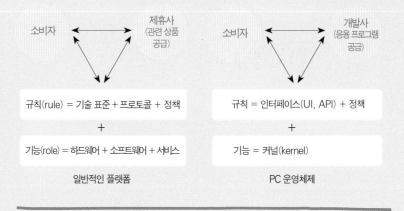

Q. 플랫폼과 플랫폼이 아닌 것을 구분하는 기준은 무엇인가?

플랫폼은 몇 가지 핵심 속성을 가진다. 첫째, 플랫폼은 시스템(최종 제품이나 서비스)이 모듈화되어 있다는 것을 전제로 한다. 모듈화되어 있지 않은 시스템에서는 특정 모듈을 반복적으로 재사용하는 것이 불가능하므로 플랫폼이 나타날 수 없다. 둘째, 플랫폼은 다양한 종류의 시스템을 제공하기 위해 범용적으로 사용되는 모듈이다. 한 가지 시스템에 전용(專用)되는 모듈은 플랫폼이라고 볼 수 없다. 셋째, 플랫폼은 토대이므로 시스템의 다른 모듈을 통제한다. 즉 플랫폼이 다른 모듈을 통제하고 그 반대 방향은 성립하지 않는다.* 요컨대 플랫폼은 모듈화

---

* 예를 들어, 여러 기기에 동일한 나사를 사용한다고 해서 나사를 플랫폼이라고 하지는 않는다.

를 전제로 하며 범용성과 통제력을 그 핵심속성으로 갖는다.

하지만 플랫폼을 정의할 때 모듈화, 범용성, 통제력 같은 추상적이고 주관적인 개념을 사용했기 때문에 어떤 대상이 플랫폼인지 여부 또한 태생적으로 추상적이고 주관적일 수밖에 없다. 심지어는 모든 제품이 플랫폼이 될 수 있다는 주장도 있다.[101] 따라서 어떤 대상이 플랫폼인지 여부를 엄밀히 따지는 것은 큰 의미가 없다. 플랫폼을 너무 넓게 해석해 기업 내에 존재하는 자산들을 모두 플랫폼이라 보는 것도 플랫폼의 전략적 가치를 낮추는 일이다. 특정 대상이 앞서 본문에서 언급한 가치 있는 플랫폼인지, 이를 활용해 산업을 주도할 수 있는 잠재력이 있는지를 평가하는 것이 무엇보다 중요하다.

Q. 플랫폼에는 어떤 종류가 있는가?

플랫폼을 구분하는 방법은 여러 가지가 있겠지만, 플랫폼, 소비자, 제휴사의 역할에 따라 통합플랫폼(integrator platform), 제품플랫폼(product platform), 양면플랫폼(two-sided platform) 등 3가지 모델로 구분할 수도 있다.[102] 통합플랫폼(예를 들어, 쿼키)에서 플랫폼 기업은 제휴사의 아이디어를 활용해 상품을 개발하고 소비자에게 판매한다. 제품플랫폼(예를 들어, 인텔 CPU)에서 제휴사는 플랫폼을 토대로 상품을 개발해 소비자에게 판매한다. 양면플랫폼(예를 들어, 앱마켓)에서 제휴사와 소비자는 플랫폼을 매개로 서로 거래한다.

:: 참여자 역할에 따른 플랫폼의 종류

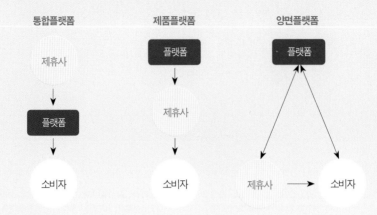

통합플랫폼 | 제품플랫폼 | 양면플랫폼

자료: Boudreau, Kevin J. and Karim R. Lakhani (2009). "How to manage outside innovation". *MIT Sloan Management Review*, 50.4

플랫폼의 사용대상과 범위에 따라 다음과 같이 구분할 수도 있다. 플랫폼의 사용대상이 주로 기업인지, 개인인지가 한 축이며, 플랫폼의 사용범위가 기업 내부에 국한되는지, 외부 기업도 포함하는지가 또 다른

:: 사용 대상 · 범위에 따른 플랫폼의 종류

		사용범위	
		기업 내부(closed)	기업 내부 · 외부(open)
사용대상	기업(B2B)	일반 자동차 플랫폼	전기자동차 플랫폼, 인텔 CPU
	개인(B2C)	웅진코웨이 코디 네트워크	MS 윈도, 애플 앱스토어

주: 웅진코웨이는 정수기 렌털 서비스를 제공하기 위해 구축한 코디 네트워크를 토대로 공기청정기, 비데, 연수기 등으로 사업을 확대하였음

축이다. 이 같은 구분법에 따르면 자동차 플랫폼, CPU, 방문서비스 조
직, 운영체제, 앱마켓 등과 같이 일견 서로 관계가 없어 보이는 다양한
대상들이 모두 '플랫폼'이라는 사실을 알 수 있다.

Q. 플랫폼의 경제적 효과는 무엇인가?

첫째는 재사용으로 인한 비용절감이다. 플랫폼이 없을 경우 상품 개
발비용은 상품 수에 비례하지만, 플랫폼이 있는 경우 일정 부분을 재
사용하므로 상품 개발비용이 감소한다.

:: 플랫폼의 경제적 효과

재사용	외부자원 활용	네트워크 효과
플랫폼이 없을 경우 • 1개 상품 개발비용이 1이면, → N개 상품 개발비용은 N	애플 앱스토어 • 40개월간 앱 50만 개 확보 – 2008년 7월 오픈 – 2011년 10월 앱50만개돌파 • 1명이 2개월 작업하여 앱 1개 만든다면 2만 5,000명 필요	• 한쪽 참여자가 플랫폼에서 얻는 가치가 다른 쪽 참여자 수에 따라 증가하고 그 반대 도 성립 → 선순환 효과 발생
플랫폼이 있을 경우 • 1개 상품 개발비용이 1이면, → N개 상품 개발비용은 n (n≪N) • 자동차 • CPU • 소프트웨어	아마존 • 월마트 대비 15배 많은 품 목(임의 14개 카테고리) • 비결은 'Sell on Amazon' – 누구나 10~20% 수수료 만 내면 아마존의 결제· 배송 인프라 이용해 판매 가능	개발자/판매자 사용자/구매자 증가 증가

둘째는 외부자원을 활용한 비용절감 및 가치제고다. 앱마켓이나 쇼핑몰 등의 인프라를 외부 기업에 개방할 경우 플랫폼 기업은 손쉽게 앱이나 판매물품을 확보할 수 있다. 개발비 등 추가 부담이 없으므로 비용이 절감될 수도 있고, 상품 구색이 잘 갖춰지므로 소비자가치가 제고될 수도 있다. 플랫폼의 외부 참여자 입장에서도 자체 인프라를 구축할 필요가 없어지므로 플랫폼을 활용하는 것이 유익하다.

이렇게 비용절감과 가치제고 효과를 통해 소비자와 기업 등 외부 참여자가 플랫폼에 모이게 되면 서로가 서로를 끌어당기는 네트워크 효과가 나타나 양쪽 참여자가 플랫폼에서 얻는 가치는 한층 커진다.

Q. 플랫폼 전략이 비즈니스에서 최초로 활용된 것은 언제인가?

플랫폼이라는 말은 16세기부터 있었지만 비즈니스 전략으로 활용된 것은 1920년대 자동차산업이 처음이었다. 1923년 알프레드 슬론이 GM의 CEO에 취임했을 당시 세계 자동차 시장에서 GM은 포드에 한참 뒤처진 2위였다. 포드는 세계 최초로 시도한 대량생산방식(mass production)을 통해 업계 최고 수준의 원가경쟁력을 자랑하며 1908년에 출시한 '모델 T'로 시장을 석권하고 있었다. 포드를 따라잡기 위해 슬론이 선택한 전략은 더 값싼 자동차를 만드는 것이 아니라 더 나은 품질, 더 다양한 종류의 자동차로 승부하는 것이었다.

모든 소비자가 각자의 수입과 취향에 따라 원하는 차를 구매할 수 있도록("a car for every purse and purpose") 저가의 시보레부터 폰티악, 올즈모빌, 뷰익, 캐딜락까지 다양한 가격대의 모델을 출시했다. 문제는 다수 모델을 개발하고 생산하려면 비용이 급격히 높아진다는 것이었는데, 슬론의 묘수는 플랫폼 전략이었다. 자동차에서는 기본골격을 플랫폼이라고 부르는데,* 하나의 플랫폼을 만들고 이

를 여러 모델에 공통적으로 사용해 개발 및 생산비를 줄이는 전략이었다. GM의 모델은 점차 늘어나 수십 종이 되었지만 플랫폼은 단 3개를 유지했다.

검은색 단일 모델의 포드와 달리 외관과 색상 그리고 에어컨, 라디오 등 추가 사양 품목 등을 통해 다양한 소비자의 니즈를 반영한 GM 자동차는 시장에서 폭발적 인기를 얻었다. GM은 10년도 채 지나지 않아 포드를 누르고 세계 최대 자동차회사가 될 수 있었다. 비용 최소화 및 모델 다양화에 성공한 슬론은 포드가 처음 만든 대량생산방식을 오늘날의 형태로 완성시킨 주인공으로 평가받는다.[103]

---

* 자동차에서 차체(body) 이외의 부분을 차대(chassis)라고 부르는데 프레임, 엔진, 트랜스미션, 브레이크, 서스펜션, 조향장치 등 주행기능을 담당하는 장치들을 포함한다. 플랫폼은 보통 차대를 말하지만 플로어패널(바닥)까지 포함하기도 하고 엔진은 포함하지 않는 경우도 있다.

Q. 플랫폼은 창조경제에서 어떤 역할을 하는가?

창조경제가 국가경제의 핵심 화두로 등장했다. 창조경제의 정의와 실현방안에 대해서는 다양한 의견이 제시될 수 있을 테지만, 창의적 아이디어를 사업화하는 벤처의 중요성에 대해서는 이론의 여지가 없다. 따라서 벤처창업을 가볍고 용이하게 하는 플랫폼이야말로 창조경제를 구현하는 동인이자 중요한 도구라 할 수 있다.[104]

정부가 벤처창업을 지원한다고 하면 일견 창업지원 자금을 직접 또는 벤처투자자를 통해 제공하는 방식을 떠올리지만 비용 대비 효과성을 담보하기 어렵다. 이에 대한 대안이 정부가 직접 플랫폼을 구축하거나 구축을 지원하는 것이다. 중소기업청이 테크숍(TechShop)을 벤치마킹하여 '시제품제작터'를 개설한 것, 금융위원회가 킥스타터(Kickstarter) 같은 크라우드 펀딩(crowd funding) 플랫폼을 활성화하기 위해 '크라우드 펀딩 제도 도입방안'을 발표한 것 등이 좋은 사례다.

테크숍은 2006년 실리콘밸리 멘로파크에 터를 잡은 회사로, 아이디어는 있는데 마땅한 제조장비가 없어 고민하는 사람들을 위해 생겨난 일종의 작업실이다. 공업용 재봉틀은 물론이고 금속 사출 성형기, 컴퓨터 설계(CAD) 시스템, 심지어 최근 각광받는 3D 프린터도 이용할 수 있다. 하루에 30달러 또는 한 달에 125달러만 내면 테크숍의 설비를 마음껏 이용할 수 있다.

킥스타터는 2009년 설립된 크라우드 펀딩 사이트다. 자금이 없는 예술가, 디자이너, 발명가 등이 자신의 프로젝트를 사이트에 올려 대

중에 공개하고 후원을 받아 이를 실현하도록 돕는 플랫폼이다. 현재까지 약 10만 건의 프로젝트가 등록되었고 44%가 처음에 목표한 금액 모금에 성공해 5억 3,000만 달러가 모였다. 100만 달러 이상 모금된 프로젝트도 32건이나 된다.

스마트폰 시장에서 앱마켓은 개인 개발자들이 앱을 쉽게 개발하도록 도구를 제공해주고, 이렇게 개발된 앱과 소비자들을 연결하는 중개 역할을 한다. 앱마켓이 없었다면 사장(死藏)되었을지 모를 수많은 아이디어가 앱이라는 상품으로 창조되고, 이 과정에서 수많은 벤처와 개발자들이 탄생한다. 테크숍과 킥스타터는 제조업 분야에서 바로 이런 앱마켓 같은 역할을 하고 있다.

과거에는 신제품 아이디어를 가지고 창업을 하려면 연구개발, 생산, 유통 등 거의 모든 분야를 잘해내야 했고, 생산설비를 마련하기 위해 상당한 투자도 감수해야 했다. 한마디로 '무거운 창업'이었다. 하지만 최근에는 제조설비를 지원하는 테크숍, 투자자를 모아주는 킥스타터 같은 플랫폼이 생겨나 '가벼운 창업(lean startup)'이 가능해졌다.[105] 테크숍 CEO는 "스타벅스 중독에 쓰이는 커피값이면 당신은 세상을 바꿀 수도 있다"고 말한다. 플랫폼이 스마트 혁명을 이루어낸 것처럼 플랫폼이 제조업의 혁명, 창업 르네상스까지 열어가고 있는 것이다.

참고문헌

1 http://news.cnet.com/8301-19882_3-20067731-250.html.

2 Gawer, Annabelle (ed.) (2009). *Platforms, Markets and Innovation*. Edward Elgar Publishing Inc.

3 최병삼 (2010. 11). "성장의 화두, 플랫폼" (SERI 경영노트). 삼성경제연구소.

4 Eisenmann, Thomas (2007). "Managing networked businesses: course overview for educators". Harvard Business School Note 807-104.

5 기업생태계에 대한 다양한 정의, 플랫폼과 기업생태계 간의 관계 등에 대해서는 김창욱 등 (2012. 2). "기업생태계와 플랫폼 전략". 삼성경제연구소 참조.

6 데이비드 에반스, 리차드 슈말렌지 (2008). 《카탈리스트 코드》. 김태훈 역. 한스미디어.

7 Cusumano, Michael A. and Annabelle Gawer (2002). "The elements of platform leadership". *MIT Sloan Management Review*. 43.3.

8 Rohlfs, Jeffrey (1974). "A theory of interdependent demand for a communications service". *Bell Journal of Economics and Management Science*. 5.

9 Caillaud, Bernard and Bruno Jullien (2003). "Chicken & egg: Competition among intermediation service providers". *RAND Journal of Economics*. 34.2.

10 조프리 A. 무어 (1997). 《벤처 마케팅》. 유승삼 역. 세종서적.

11 Akerlof, George A. (1970). "The market for 'lemons': qualitative uncertainty and the market mechanism". *Quarterly Journal of Economics*. 84.

12 https://media.gm.com/media/us/en/gm/news.detail.html/content/ Pages/news/us/en/2009/Jul/0721_OnStarExclusive.html.

13 http://www.cnet.co.kr/view/21394.

14 Laurie, Donald L., Yves L. Doz and Claude P. Sheer (2006). "Creating new growth platforms". *Harvard Business Review*. 84.5.

15 Sviokla, J. and A. J. Paoni (2005). "Every Product's a Platform". *Harvard Business Review*. 83.10.

16 Sawhney, Mohanbir S. (1998). "Leveraged high-variety strategies: from portfolio thinking to platform thinking". *Journal of the Academy of Marketing Science*. 26.1.

17 존 바텔 (2005). 《검색으로 세상을 바꾼 구글 스토리》. 이진원, 신윤조 역. 랜덤 하우스코리아.

18 Google Annual Report 2012.

19 Gawer, Annabelle and Michael A. Cusumano (2008). "How companies become platform leaders". *MIT Sloan Management Review*. 49.2.

20 Hagiu, Andrei (2009). "Multi-sided platforms: from microfoundations to design and expansion strategies". Harvard Business School Working Paper 09-115.

21 "Amazon ramps up $13.9 billion warehouse building spree" (2013. 8. 22). *Bloomberg*.

22 "Amazon Kindle Fire: more profitable than expected?" (2012. 1. 18). *Forbes*.

23 "Can Amazon's share of the consumer wallet increase 10x? We think so" (2010. 8). *Cowen and Company*.

24 Kirby, Julia and Thomas A. Stewart (2007). "The institutional yes: an interview with Jeff Bezos". *Harvard Business Review*.

25 "Amazon, the company that ate the world" (2011. 9. 28). *Business Week*.

26 Laurie, Donald L., Yves L. Doz and Claude P. Sheer (2006). "Creating new growth platforms". *Harvard Business Review*. 84.5.

27 Kenny, Martin and Bryan Pon (2011). "Structuring the smartphone industry: Is the mobile internet OS platform the key?". Discussion Papers. No. 1238. The Research Institute of the Finnish Economy.

28 월터 아이작슨 (2011).《스티브 잡스》. 안진환 역. 민음사; "The Untold Story: How the iPhone Blew Up the Wireless Industry" (2008. 1. 9). *WIRED*.

29 http://www.theguardian.com/technology/appsblog/2011/oct/24/steve-jobs-apps-iphone.

30 Anderson, Philip and Michael L. Tushman (1990). "Technological discontinuities and dominant designs: A cyclical model of technological change". *Administrative Science Quarterly*. 35.

31 IFPI Digital Music Report 2013.

32 조용호 (2012).《스트리트 이노베이터》. 21세기북스.

33 http://tech.fortune.cnn.com/2013/06/15/apple-algebra-itunes-asymco/.

34 조용호 (2012).《스트리트 이노베이터》. 21세기북스.

35 Shapiro, Carl and Hal R. Varian (1999). *Information Rules*. Harvard Business School Press; Eisenmann, Thomas, Geoffrey Parker and Marshall Van Alstyne (2006). "Strategies for two-sided markets". *Harvard Business Review*. 84.10.; Eisenmann, Thomas (2007). "Winner-take-all in networked markets". Harvard Business School Case 806-131.

36 http://www.youtube.com/watch?v=VR3oLV4fdcE 등의 동영상을 참조.

37 조용호 (2012).《스트리트 이노베이터》. 21세기북스.

38 Shapiro, Carl and Hal R. Varian (1999). *Information Rules*. Harvard Business School Press.

39 http://www.ted.com/pages/about; http://ted.com.hypestat.com/.

40 "Here's why TED and TEDx are so incredibly appealing" (2012. 6. 19). *Forbes*.

41 http://www.ted.com/OpenTranslationProject.

42 빌 클린턴 (2007).《기빙》. 김태훈 역. 물푸레.

43 http://www.grameen-info.org.

44 조용호 (2012).《스트리트 이노베이터》. 21세기북스.

45 http://www.ted.com/talks/jessica_jackley_poverty_money_and_love. html.

46 조용호 (2012).《스트리트 이노베이터》. 21세기북스.

47 페이스북 홍보사이트(newsroom.fb.com).

48 구창환, 유윤수, 최규문 (2010).《페이스북, 무엇이고 어떻게 활용할 것인가》. 더숲.

49 "The rise and inglorious fall of MySpace" (2011. 6. 22). *Bloomberg Businessweek*.

50 Shapiro, Carl and Hal R. Varian (1999). *Information Rules*. Harvard Business School Press.

51 http://en.wikipedia.org/wiki/Money.

52 조용호 (2012).《스트리트 이노베이터》. 21세기북스.

53 http://blogs.wsj.com/digits/2013/11/06/square-exploring-2014-ipo-with-banks/.

54 http://techcrunch.com/2011/01/11/jack-dorsey-charlie-rose/.

55 "Schmidt: Google Health targets 'the most import search'" (2008. 2. 28). *CNET*.

56 http://www.computerworld.com/s/article/9215996/Consumers_remain_wary_of_personal_health_records.

57 http://www.cmio.net/topics/ehr-emr/personal-health-records-crossroads.

58 Evans, David (2009). "How catalysts ignite: The economics of platform-based start-ups". Gawer, Annabelle (ed.). *Platforms, Markets and Innovation*. Edward Elgar Publishing Inc.

59 데이비드 에반스, 리처드 슈말렌지 (2008).《카탈리스트 코드》. 김태훈 역. 한스미디어.

60 U. S. News & World Report (2012. 5. 7).

61 Harvard Business School. *Annual Report* 2012.

62 Boudreau, Kevin J. and Andrei Hagiu (2009). "Platform rules: multi-sided platforms as regulators". Gawer, Annabelle (ed.). *Platforms, Markets and Innovations*. Edward Elgar Publishing Inc.

63 Gawer, Annabelle and Michael A. Cusumano (2002). *Platform Leadership: How Intel, Microsoft, and Cisco Drive Industry Innovation*. Harvard Business School Press.

64 Jacobides, Michael. G., Thorbjorn Knudsen and Mie Augier (2006). "Benefiting from innovation: Value creation, value appropriation and the role of industry architectures". *Research Policy*. 35.

65 웬디 콥 (2009).《열혈교사 도전기》. 최유강 역. 에이지21.

66 http://www.youtube.com/yt/press/statistics.html.

67 "Uploading longer videos"(http://support.google.com/youtube/bin/answer.py?hl=en&answer=71673).

68 "How will YouTube's video fingerprinting work?" (2007. 6. 18). *Guardian*.

69 Elberse, Anita and Sunil Gupta (2010). "YouTube: Time to Charge Users?". Harvard Business School Case 510-053.

70 Hagiu, Andrei (2009). "Multi-Sided Platforms: From Microfoundations to Design and Expansion Strategies". Harvard Business School Working Paper 09-115.

71 Boudreau, Kevin J. and Andrei Hagiu (2009). "Platform rules: multi-sided platforms as regulators". Gawer, Annabelle (ed.). *Platforms, Markets and Innovations*. Edward Elgar Publishing Inc.

72 Y콤비네이터 홈페이지(http://ycombinator.com/about.html).

73 이승환 외 (2013. 9. 11). "혁신형 창업 활성화의 비결, 플랫폼". CEO Information. 삼성경제연구소.

74 "What's the secret behind Y Combinator's success?"(2013. 2. 18). *Forbes*.

75 http://en.wikipedia.org/wiki/Alvin_E._Roth#New_England_Program_for_Kidney_Exchange.

76 The Royal Swedish Academy of Science, "The prize in economic science 2012-Stable satching : theory, evidence, and practical design".

77 Roth, Alvin E. (2007). "The art of designing markets". *Harvard Business Review*, 85.10.

78 Hall, Brian J. and Nicole Bennett (2008). "Kidney Matchmakers". Harvard Business School Case 908-068.

79 http://www.ama-assn.org/amednews/2011/01/10/prsa0110.htm.

80 The Royal Swedish Academy of Science, "The prize in economic science 2012-Stable satching : theory, evidence, and practical design".

81 http://www.quirky.com/about/team.

82 쿼키의 피봇 파워 페이지(http://www.quirky.com/shop/44-pivot-power-a-creative-outlet).

83 http://www.quirky.com/shop/quirky-ge.

84 Boudreau, Kevin J. and Karim R. Lakhani (2009). "How to manage outside innovation". *MIT Sloan Management Review*, 50.4.

85 최병삼 외 (2011. 5. 4). "비즈니스 플랫폼의 부상과 시사점". 삼성경제연구소 CEO Information.

86 크리스 앤더슨 (2009).《프리 : 비트경제와 공짜 가격이 만드는 혁명적 미래》. 정준희 역. 랜덤하우스.

87 Pujol, Nicolas. (2010). "Freemium : attributes of an emerging business model". Social Science Research Network. Available from : http://papers.ssrn.com/sol3/papers.cfm?abstract_id=1718663.

88 데이비드 에반스 외 (2008).《보이지 않는 엔진》. 최민석 역. 생각의나무.

89 Eisenmann, Thomas, Geoffrey Parker and Marshall Van Alstyne (2006). "Strategies for two-sided markets". *Harvard Business Review*. 84.10.

90 데이비드 에반스, 리처드 슈말렌지 (2008).《카탈리스트 코드》. 김태훈 역. 한스미디어.

91 Eisenmann, Thomas, Geoffrey Parker and Marshall Van Alstyne (2006). "Strategies for two-sided markets". *Harvard Business Review*. 84.10

92 Eisenmann, Thomas, Geoffrey Parker and Marshall Van Alstyne (2006). "Strategies for two-sided markets". *Harvard Business Review*. 84.10

93 Casadesus-Masanell, Ramon and Feng Zhu (2013). "Business model innovation and competitive imitation: The case of sponsor-based business models". *Strategic Management Journal*. 34.

94 "How LinkedIn has turned your resume into a cash machine" (2012. 6. 27). *Fortune*.

95 링크드인 홈페이지(www.linkedin.com).

96 황병선 (2012).《스마트 플랫폼 전략》. 한빛미디어.

97 김진영, 임하늬, 김소연 (2012).《버티컬 플랫폼 혁명》. 클라우드북스.

98 함유근, 채승병 (2012).《빅데이터, 경영을 바꾸다》. 삼성경제연구소.

99 데이비드 에반스 외 (2008).《보이지 않는 엔진》. 최민석 역. 생각의 나무.

100 톨스토이 (2009).《안나 카레니나》. 연진희 역. 민음사.

101 Sviokla, J. and A. J. Paoni (2005). "Every product's a platform". *Harvard Business Review*. 83.10.

102 Boudreau, Kevin J. and Karim R. Lakhani (2009). "How to manage outside innovation". *MIT Sloan Management Review*. 50.4.

103 제임스 P. 워맥 등 (1991).《생산방식의 혁명》. 현영석 역. 기아경제연구소.

104 창조경제와 플랫폼의 관계에 대해서는 이민화, 차두원 (2013).《창조경제》. 북콘서트 참조.

105 창업을 가볍게 하는 각종 플랫폼에 대해서는 이승환 외 (2013. 9. 11). "혁신형 창업 활성화의 비결, 플랫폼". 삼성경제연구소 CEO Information 참조.